U0134943

當代思潮系列叢書

# 寫作的零度

## 結構主義文學理論文選

Le Degré Zéro de l'Écriture

羅蘭・巴特———著
*Roland Barthes*

李幼蒸———譯
吳芳玉———校

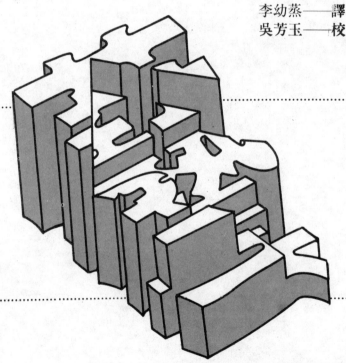

久大文化股份有限公司
桂冠圖書股份有限公司

# 「當代思潮系列叢書」序

　　從高空中鳥瞰大地，細流小溪、低丘矮嶺渺不可見，進入眼簾的只有長江大海、高山深谷，刻畫出大地的主要面貌。在亙古以來的歷史時空裡，人生的悲歡離合，日常的蠅營狗苟，都已為歷史洪流所淹沒，銷蝕得無影無踪；但人類的偉大思潮或思想，却似漫漫歷史長夜中的點點彗星，光耀奪目，萬古長新。這些偉大的思潮或思想，代表人類在不同階段的進步，也代表人類在不同時代的蛻變。它們的形成常是總結了一個舊階段的成就，它們的出現則是標示著一個新時代的發軔。長江大海和高山深谷，刻畫出大地的主要面貌；具有重大時代意義的思潮或思想，刻畫出歷史的主要脈絡。從這個觀點來看，人類的歷史實在就是一部思想史。

　　在中國的歷史中，曾經出現過很多傑出的思想家，創造了很多偉大的思潮或思想。這些中國的思想和思想家，與西方的思想和思想家交相輝映，毫不遜色。這種中西各擅勝場的情勢，到了近代却難繼續維持，中國的思想和思想家已黯然失色，無法與他們的西方同道並駕齊驅。近代中國思潮或思想之不及西方蓬勃，可能是因為中國文化的活力日益衰弱，也可能是由於西方文化的動力逐漸強盛。無論真正的原因為何，中國的思想界和學術界皆

應深自惕勵，努力在思想的創造上發憤圖進，以締造一個思潮澎湃的新紀元。

　　時至今日，世界各國的思潮或思想交互影響，彼此截長補短，力求臻於至善。處在這樣的時代，我們的思想界和學術界，自然不能像中國古代的思想家一樣，用閉門造車或孤芳自賞的方式來從事思考工作。要想創造真能掌握時代脈動的新思潮，形成真能透析社會人生的新思想，不僅必須認真觀察現實世界的種種事象，而且必須切實理解當代國內外的主要思潮或思想。為了達到後一目的，只有從研讀中外學者和思想家的名著入手。研讀當代名家的經典之作，可以吸收其思想的精華，更可以發揮見賢思齊、取法乎上的效果。當然，思潮或思想不會平空產生，其形成一方面要靠思想家和學者的努力，另方面當地社會的民眾也應有相當的思想水準。有水準的社會思想，則要經由閱讀介紹當代思潮的導論性書籍來培養。

　　基於以上的認識，為了提高我國社會思想的水準，深化我國學術理論的基礎，以創造培養新思潮或新思想所需要的良好條件，多年來我們一直期望有見識、有魄力的出版家能挺身而出，長期有系統地出版代表當代思潮的名著。這一等待多年的理想，如今終於有了付諸實現的機會——久大文化公司和桂冠圖書公司決定出版「當代思潮系列叢書」。這兩個出版單位有感於社會中功利主義的濃厚及人文精神的薄弱，這套叢書決定以出版人文學及社會科學方面的書籍為主。為了充實叢書的內容，桂冠和久大特邀請台灣海峽兩岸的多位學者專家參與規劃工作，最後議定以下列十幾個學門為選書的範圍：哲學與宗教學、藝文(含文學、藝術、美學)、史學、語言學、心理學、教育學、人類學、社會學(含未來學)、政治學、法律學、經濟學、管理學及傳播學等。

　　這套叢書所談的內容，主要是有關人文和社會方面的當代思潮。經過各學門編審委員召集人反覆討論後，我們決定以十九世紀末以來作爲「當代」的範圍，各學門所選的名著皆以這一時段所完成者爲主。我們這樣界定「當代」，並非根據歷史學的分期，而是基於各學門在理論發展方面的考慮。好在這只是一項原則，實際選書時還可再作彈性的伸縮。至於「思潮」一詞，經過召集人協調會議的討論後，原則上決定以此詞指謂符合下列條件之一的學術思想或理論：⑴對該學科有開創性的貢獻或影響者，⑵對其他學科有重大的影響者，⑶對社會大眾有廣大的影響者。

　　在這樣的共識下，「當代思潮系列叢書」所包含的書籍可分爲三個層次：經典性者、評析性者及導論性者。第一類書籍以各學門的名著爲限，大都是歐、美、日等國經典著作的中譯本，其讀者對象是本行或他行的學者和學生，兼及好學深思的一般讀書人。第二類書籍則以有系統地分析、評論及整合某家某派（或數家數派）的理論或思想者爲限，可爲翻譯之作，亦可爲我國學者的創作，其讀者對象是本行或他行的學者和學生，兼及好學深思的一般讀書人。至於第三類書籍，則是介紹性的入門讀物，所介紹的可以是一家一派之言，也可以就整個學門的各種理論或思想作深入淺出的闡述。這一類書籍比較適合大學生、高中生及一般民眾閱讀。以上三個層次的書籍，不但內容性質有異，深淺程度也不同，可以滿足各類讀者的求知需要。

　　在這套叢書之下，久大和桂冠初步計畫在五年內出版三百本書，每個學門約爲二十至四十本。這些爲數眾多的書稿，主要有三個來源。首先，出版單位已根據各學門所選書單，分別向台灣、大陸及海外的有關學者邀稿，譯著和創作兼而有之。其次，出版單位也已透過不同的學界管道，以合法方式取得大陸已經出版或

正在編撰之西方學術名著譯叢的版權，如甘陽、蘇國勛、劉小楓主編的「西方學術譯叢」和「人文研究叢書」，華夏出版社出版的「二十世紀文庫」，陳宣良、余紀元、劉繼主編的「文化與價值譯叢」，沈原主編的「文化人類學譯叢」，袁方主編的「當代社會學名著譯叢」，方立天、黃克克主編的「宗教學名著譯叢」等。各學門的編審委員根據議定的書單，從這些譯叢中挑選適當的著作，收入系列叢書。此外，兩個出版單位過去所出版的相關書籍，亦已在選擇後納入叢書，重新加以編排出版。

　　「當代思潮系列叢書」所涉及的學科眾多，為了慎重其事，特分就每一學門組織編審委員會，邀請學有專長的學術文化工作者一百餘位，參與選書、審訂及編輯等工作。各科的編審委員會是由審訂委員和編輯委員組成，前者都是該科的資深學人，後者盡是該科的飽學新秀。每一學門所要出版的書單，先經該科編審委員會擬定，然後由各科召集人會議協商定案，作為選書的基本根據。實際的撰譯工作，皆請學有專攻的學者擔任，其人選由每科的編審委員推薦和邀請。書稿完成後，請相關學科熟諳編譯實務的編輯委員擔任初步校訂工作，就其體例、文詞及可讀性加以判斷，以決定其出版之可行性。校訂者如確認該書可以出版，即交由該科召集人，商請適當審訂委員或其他資深學者作最後之審訂。

　　對於這套叢書的編審工作，我們所以如此慎重其事，主要是希望它在內容和形式上都能具有令人滿意的水準。編印一套有關當代思潮的有水準的系列叢書，是此間出版界和學術界多年的理想，也是我們為海峽兩岸的中國人所能提供的最佳服務。我們誠懇地希望兩岸的學者和思想家能從這套叢書中發現一些靈感的泉源，點燃一片片思想的火花。我們更希望好學深思的民眾和學生，

也能從這套叢書中尋得一塊塊思想的綠洲，使自己在煩擾的生活中獲取一點智性的安息。當然，這套叢書的出版如能為中國人的社會增添一分人文氣息，從而使功利主義的色彩有所淡化，則更是喜出望外。

　　這套叢書之能順利出版，是很多可敬的朋友共同努力的成果。其中最令人欣賞的，當然是各書的譯者和作者，若非他們的努力，這套叢書必無目前的水準。同樣值得稱道的是各科的編審委員，他們的熱心參與和淵博學識，使整個編審工作的進行了無滯礙。同時，也要藉此機會向高信疆先生表達敬佩之意，他從一開始就參與叢書的策劃工作，在實際編務的設計上提供了高明的意見。最後，對久大文化公司負責人林國明先生、發行人張英華女士，及桂冠圖書公司負責人賴阿勝先生，個人也想表示由衷的敬意。他們一向熱心文化事業，此次決心聯合出版這套叢書，益見其重視社會教育及推展學術思想的誠意。

**楊國樞**
一九八九年序於
台灣大學心理學系

# 藝文類召集人序

　　思想史的學者裝西方近、現代的源頭回溯到文藝復興時代，經由這個階段直到十七世紀末和十八世紀初的啓蒙運動，所謂「現代世界」所憑倚的價值體系乃告底定。

　　這套體系的內涵包括對理性的推崇，對人作爲思考主體的認定，甚至於對宇宙中心主宰的設訂等等。在這套價值體系的孕育下，也產生了像理性主義、經驗主義、功利主義、實用主義等各種思潮。

　　中國自五四運動以來所援引自西方的，正是這一套，而在沿襲了七十年之後，這一套價值體系逐漸在人們的思維上形成許多的盲點。

　　自二十世紀中葉以後，歐美各國開始對啓蒙運動以來所造成的思維瓶頸進行質疑。尤其是法國思想家尼采及佛洛依德的研究在在昭示：人的主體性只是一種「訴言效益」而已，結構主義和隨後繼起的後結構主義則讓人瞭解到語言文字作爲記號的指涉功能往往是斷裂而飄忽不定的。其實，若將這種說法比附於佛家所言，意思並不難懂。語言文字的記號（指涉）功能，「如標指月，如復見月，可知所標，畢竟非月」。倘因指而見月，則指亦發揮了它的功能，見月忘指可也：若只見指而不見月，或誤認指即是月，

則難免陷入各相之執。莊子所謂得魚忘荃、得兔忘蹄、得意忘言正是此義。但是，這並不是說，語言文字一概要偏廢，而是告訴我們：語言文字只是一扇方便之門，是糟粕，用不著太武斷、太執著。這些想法在「現代」階段並未受到正視。

晚近這幾年，法國學者李歐塔（Lyotard）和法蘭克福學派的哈伯瑪斯（Habermas）關於「後現代性」的論述雖然立場不同，但是他們卻一致認為西方自啓蒙運動以來直到十九世紀的一些堂皇的偉大議論（grand narrative）已告動搖。換句話說，「後現代」當務之急便是議論的敍述方式開闢新的蹊徑。介紹當代思潮，其目的正是滿足這方面的迫切需要。

一九八〇年代中期以後，美國普遍出現了教育改革的呼聲。依我看來，這些教育改革的主張泰半是針對啓蒙運動旗幟下的產物而發——例如理性主義、功利主義等。我不諱言，教育的改革固然終需落實於體制上的興革、教材之大幅度更換，但是在興革之前，思想上的情況——intellect laundry——是最最必要的期前工作。

為《當代思潮系列叢書》藝文類作個引言，我大可逕談詮釋學、讀者反應、接受美學、解講理論、符號學、後結構主義、女性主義、意識形態分析等等，但是，我寧可從較遼闊的輻員來談它，主要是因為在這時代科技的整合已經是大勢所趨，而且沒有必要再把藝文類自絕於文化和當代思潮的範疇之外，那樣做不但是劃地自限，更抑且斷喪了文學在文化以及思想領域中固有的發言權。

當代西方的文藝思潮確實和其他的領域互動而產生了許多前所未有的東西，例如說，過去在文藝評論方面偏重於實用批評，不論是迎合教學目的之作品分析或書評、藝評、影評等等，都是

就特定的作品而分析討論，所以經常被創作者視爲寄生附庸。隨著當代思想理論之勃興，文學理論成了一個專業化的學科。同時，自從 Thomas Kuhn 的《科學革命的結構》一書問世以來，主觀典範之說成了不爭之實，而文藝評論也從以往的客觀批評轉變爲主觀批評，強調讀者的主體性、主張作品的旨義要靠讀者積極地參與和建構，因此，「讀者反應」批評、接受美學等理論紛紛大批出籠。

接著，以往所說的作品（work）也改以「文本」或「書寫成章」（texte, écriture）稱之。以往叫作品，強調作者既定之意義已在作品中展示，作品是一個不可更改的結果。然而，當代的評論改稱「本文」，旨在交代讀者在閱讀一篇文章時，並非消極地「複製」其意義，而是在創造、建構他自己的意會義。巴特（Roland Barthes）所揭櫫的「作者之死」的旨趣正在這裡。

以往的評論著重於文章在修辭上的洗鍊，批評的焦點擺在遣詞用字和統一結構的安排：當代的評論強調：結構的概念不如「力」（force）的概念——也就是說，一篇文章內部的實質內容和推論關鍵不在於表面結構的工整，而在於文章內部的實質內容和推論是否有力。當代評論捨棄以往的修辭批評，而改以「言說」（dis-course）來涵攝一篇文章中的各種不同語勢。過去的想法認爲統合在一篇文章裡面的語言是統一而一貫的（unitary）；而「言說」這個名詞的拉丁文源頭 dis-curcus 意思是四處來回奔跑，事實上，寫一篇文章，藉語言文字來表達意念，必須不斷地思量推敲，文詞上的破綻在所難免，甚至於書寫時若存有某種結構的概念也只是權宜之計——因爲結構的含概面再大仍難免有疏漏之虞。

當代評論的理論依據及術語相當繁雜，以上所述只是列其大

要舉幾個例子罷了。我們希望這一系列叢書的付梓可以展現出豐厚的理論，並且爲新的一次啓蒙廓繪出一個雛型。

**蔡源煌**

一九八九年序於
台灣大學外國語文學系

# 譯者前言

　　羅蘭‧巴特（1915～1980）是當代法國著名文學理論家和批評家，法國結構主義人文思潮的主要代表人物之一。他的文藝理論思想目前在歐美各國有著廣泛的影響。其文學活動涉及理論、批評家與創作各個方面。在文學研究方面，巴特的工作是布朗肖（Blanchart）、巴什拉（Barche）等現代法國文學批評與理論傳統的繼續；就文學創作來說，巴特雖不是詩人、小說家或劇作家，卻是蒙田以來法國隨筆散文傳統的繼承者；此外，他還是法國現代派文學的一位頗具權威性的解釋者。作為六十年代法國結構主義運動五位主要角色之一的巴特（另外四位是文化人類學家李維史陀、精神分析學家拉崗、思想史哲學家傅柯和馬克思學說研究者阿圖舍），儘管是法國當代新批評潮流的開創者之一，但他卻秉承了純粹法國的文學思考傳統。因此，我們不妨把他豐富多彩的文學生涯看作是今日法國文學精神新趨向的一個縮影。我們選譯這本選集的目的在於通過譯介巴特的幾種代表性作品，使我國讀者了解巴特其人及其文學思想的一個概貌，以及了解當代西方文學生命的衰退和面臨的危機。

　　儘管在自然科學的影響下，十九世紀的法國出現過實證主義的科學式文學研究，但一般而言，法國研究者一直欠缺使文學研

究系統化的興趣，這一點與毗鄰的德國形成對照。在德國近代文化史上始終存在著從哲學與科學兩種角度對歷史和文學進行系統的、概括的整理和傾向，其結果是，我們看到了各種附屬於哲學的文學美學（從康德、黑格爾直到現象學派）和今日在德國甚爲發達的「文學科學」。的確，沒有任何一位德、法哲學家能像柏格森（Bergson）那樣強烈地影響著現代法國文學家與批評家的思想，但是這種影響，主要表現爲人生觀和哲學觀方面，而不是文學研究的策略方面。法國與英國一樣有著豐富的「文論」傳統，主要表現爲批評散文或隨筆的寫作，這類寫作與文學史著作一起構成了法國文學研究史的主流。

二十世紀以來，隨著科學思想方式日益深入人心，歐美各國傳統上那種零敲碎打式的「文論」風格也發生了改變。首先英美兩國的「新批評派」思潮成爲現代最有力的文學反省形態之一，從此「批評」發展爲「理論」，文學研究的系統性、概括性、科學性都是明顯增強。在英美「新批評派」崛起的二、三十年內，法國文學批評界並無類似的建樹。一方面存在著學院派的考據式和文學史式的研究，另一方面仍然存在著法國的文論批評，如雷維里、梯包德、杜波等人的隨筆散文。二次大戰後，當沙特（Sartre）的存在主義籠罩著整個法國文化生活時，文學的反省變成了哲學的反省。沙特對法國文學研究的影響正與柏格森的影響類似，這主要是思想內容方面的影響，文學研究本身性格的變化並不大。

二十世紀四十年代，當韋萊克（Wallack）企圖把歐洲大陸的現象學與結構主義文學研究方法同英美「新批評派」和「心理學派」的文學研究方法結合起來時，一門比較全面的文學理論或文學科學的建立似乎已經在望。因十年後的今日來看，韋萊克的名著《文學理論》與其說是成熟的集大成之作，不如說是在文學反

省急遽演變歷史上的一次暫時性總結。《文學理論》不是文學思考的結束，而是文學思考的新起點。結果五十年代以來不論在西方哪個國家裡，文學研究的內容和方式都在迅速改變之中，其中尤以法國的情況最爲突出。

比較而言，法國的文論家更具有主觀的性格。「文論」往往成爲借題發揮的手段，批評活動本身作爲批評家「介入」文學（而不只是「觀察」文學）和生活的方式。當結構主義思潮取代了存在主義思潮之後，思想家的興趣似乎從關心和改變社會文化生活轉爲對生活的冷靜、客觀的思考。語言學、社會學、心理學的影響，似乎使結構主義更像是科學式的探討了。毋庸置疑，法國結構主義（包括文學結構主義）具有較強的科學性格，但同時它也具有哲學的和非科學的性格，對於文學結構主義思潮來說尤其如此。一般而論，法國文學結構主義是哲學、科學和法國批評傳統的綜合產物；或者說是法國研究者借助於各種知識手段對一些重要文學問題進行綜合性思考的產物。法國結構主義的文學思考旣反映了現代西方文學研究的共同成果，又反映了法國特有的文學批評傳統，巴特本人的文學活動集中體現了各種文學研究態度與方式的交互作用。

西方各國近代文學史的研究，是一種歷史上的綜合研究，其中旣包括歷史事件與人物傳記的記敍，又包括各種準科學式的考察。其中屬於科學研究的部份，逐漸分化爲各種專科類型的研究，於是文學史、文學社會學、文學心理學，文學語言學等均應運而生。儘管文學研究科學化的趨勢使文學現象的說明更準確、更富概括力，但人們逐漸認識到，雖然科學式的研究往往是對文學作品的各種外部條件所做的因果式說明，但是文學作品本身的各種美學特質並不必然因此而使人獲得充分理解。至於韋萊克早年取

自殷格頓（Ingarden）的文學本體論觀念，仍然也是取自文學以
外的哲學領域的，這類哲學式的文學思考，往往會失去許多文學
本身固有的東西；同時，文學與人類生活之間的種種聯繫，也並
不由於科學式文學研究的進步而變得更為明顯。這種困惑的產生
首先是由於文學實體本身的內涵還需作深入探討；其次，文學的
理解似乎越來越有待於人類文化全面理解的提高。這大概就是後
來文學解釋學廣為擴展的根源之一。正是由於人們越來越認識到
文學研究本身的困境，才傾向於對文學研究的內界與外界劃出更
適當的區分線來。

　　在各種科學式的文學研究中，語言學方法佔據特殊地位，這
是由文學與語言的特定關係所決定的。文學就是語言的藝術，語
言似乎自然地被劃入文學研究的「內界」了。不論是韻律學、風
格學的研究，還是俄國形式主義所說的「文學性」探討，都突出
著文學語言本身特點的重要性。結構主義以來的文學語言學研究
與古典語言學研究完全不同，後者具有從歷史生活各方面進行外
在的文學語言資料考證的性質。而由結構主義語言學發展而來的
符號學卻進一步發展了文學語言形式面探討的趨勢。其結果導到
了文學研究的重點從內容面轉到了形式面。法國的存在主義文學
研究向結構主義文學研究的過渡就體現了內容面向形式面的轉
移。文學形式面研究的側重不僅輕忽了傳統的哲學式與歷史學式
的文學研究，也輕忽了各種「外在的」文學科學式研究（包括韋
萊克的各種研究方式）。結果，客觀的、全面的、系統的科學式文
學探討在法國文學發展的新條件下減少了吸引力。

　　但是我們看到，法國結構主義文學理論，的確表現出了另外
一種系統化與精確化傾向，這個新特點反映於今日法國的「新詩
學」之中。「新詩學」與文學科學的主要區別在於前者只關注文學

形式面的系統考察，後者則兼顧到內容面或以內容面爲主。但是「新詩學」並不等於法國文學結構主義，前者是一種純理論研究，後者則包括了各種其它的批評、描述與分析活動。正是在這種區別中我們看到了托多洛夫（Todorov）與巴特的差異。托多洛夫只是研究家，巴特首先是「文士」，其次才是研究家。如果我們的「文學理論」涵義，大致指那些系統性的、概括性的研究，「文學批評」大致指那些零散的、具體性的考察；那麼可以說，二十世紀的法國文學研究思想始終是在這兩個極端間搖擺，而巴特就是這種搖擺運動的突出代表之一。

　　巴特的確是一位當代法國文學理論家，因爲他曾對包括文學在內的一股文化對象進行過十分系統的考察（如《符號學原理》，《時裝系統》），同時他又對具體文學作品進行過系統性的本文分析（如《S／Z》）。當我們說巴特是批評家時，也有幾層意思。首先，他對具體作品〔如巴爾扎克（Balzac）的《薩拉辛》〕、人物〔如對《茶花女》中女主人公的分析〕和作家〔如萊辛（Lessing）〕都作過許多評述。其次，他對文學以外的其他社會文化現象進行過大量的分析，在此意義上他又被稱作社會文化批評家。巴特發表的爲數甚多的文學隨筆使他成爲法國六十年代以來最負盛名的「批評家」。在巴特畢生的文學著述活動中同時表現出這兩種表面上看來有些對立的思考傾向：即系統整理和個別思索。這一對立既是現代科學精神和法國「文論」傳統之間對立的反映，又是當代法國文學思考內在張力的反映。因爲對文學本身有豐富經驗和實踐的巴特始終認識到，系統化與理論化並非總是適當的。因此他寧可時時在具體文學本文的「安全島」上休憩與深思，也許這就是巴特特有的文學符號學分析產生的緣由之一。

　　巴特由於撰寫了大量文筆優美、意蘊深邃的隨筆散文，而成

為當之無愧的文學家或「文體學家」。青年時代的巴特懷有與馬拉美 (Mullarmé)、紀德 (Gide) 和卡繆 (Camus) 同樣的文學家心靈，他也曾為文學與人生使命這類大問題困擾過。然而他內心紀德式的恬淡很早就勝過了沙特式的熱情。法國現代派文藝的超脫與強烈的分析興趣雕塑出他這樣一位別具一格的文學家形像。同時，對語言本身深度的特殊敏感和銳利的意義剖析能力，又使他成為一種新文學形而上學實體──「寫作」(ecriture) 論的提出者，從此開闢了文學形式主義研究的新途徑。巴特在科學與理論的呼聲越來越強大的時代，堅持表明散文批評有在系統理論之外獨立存在的必要；批評家不同於冷靜的科學分析家，他的身分毋寧是介於詩人、小說家與理論家之間，因此也就是廣義「作家」的一員。在這個問題上，巴特既不同於許多純文學理論家，又不同於正統的文學科學家。他的形式主義文學觀，強調文學研究對象不應是只有歷史學才能加以處理的「內容」，而是內容的條件，即形式。形式當然是傳達內容的意義的，但巴特認為這個意義是不斷改變的，並不存在科學家想要找出的那種始終不變的潛在意識。因此文學批評不是科學，科學研究意義的問題，而批評只研究意義的產生方式。巴特倡導的文學形式主義立場在六十年代初曾遭到法國索邦大學學院派權威皮卡爾的激烈攻擊，結果爆發了一九六四年著名的「批評家論爭事件」。導火線是萊辛研究方法問題。皮卡爾是法國權威的研究萊辛的專家之一，他十分討厭巴特的形式主義萊辛研究。一九六五年皮卡爾更以《新批評還是新騙術》一書對巴特本人進行了人身攻擊，稱新批評「無知」、晦澀、狂妄、虛偽，同時重申好的批評家應是：博學、清晰、謙虛、真誠。巴特則從更高的角度指出，這場爭論反映了法國批評理論本身的危機，他強烈批評學院派盲信語義學、心理學、文體學等「科

學方法」的弊病，宣稱一門文學的「後科學」（meta-science）並不成立，認爲學院派想一勞永逸地發現文學本文意義的方法是無效的。這場論戰最終以學院派敗北而告終。

在文學形式的問題上，巴特區別了語言形式與寫作形式。語言是社會強制性系統，它對作家的規定是否定的，它同作家在社會與藝術價值方面的選擇無關。「寫作」則是一種獨立的文化概念，儘管它具有語言的物質性、社會歷史性與身心方面的特性，但它是超出語言和心理的，或者說它是各種有關因素的交互作用場，它呈現出各種形式的特徵。一位作家除了歷史道德的選擇之外，還具有一種寫作形式或方式方面的選擇。不過，早期受過馬克思主義影響的巴特強調，寫作方式的承諾或選擇不是個人的或心理性的，它是由經濟與歷史中各種客觀因素決定的。儘管巴特有關寫作方式（或文章形式）的思想進一步豐富和發展了形式主義的文學研究，但巴特主要是一位「具體的」分析家，而不是理論概述者。巴特的寫作理論仍然是以隨筆散文的形式發表的。巴特的文學形式主義與其說是某種文學理論的完成，不如說是某種新研究方向的開始。

作爲唯美主義文學家的巴特對資本主義社會極其不滿，他沉浸於寫作不僅是「爲了讓自己被人所愛」，同時也是爲了逃脫各種資本主義現實所帶來的苦惱。他曾指出，自己畢生寫作與分析的最終目的在於揭示「資產階級價值體系總崩潰的各種象徵表現」。巴特早年對沙特、布萊希特、卡繆的興趣，表明他本來也具有以作家之筆來干預生活的志趣；然而不久他就像卡繆一樣採取了「不介入」態度。馬克思主義對他來說只成了理論分析工具之一。他的寫作於是變成「白色的了」，理論根據不再是內容上的道德原則，而是形式上的「道德原則」。這難道是可能的嗎？他不是像其

他唯美主義者一樣躲進象牙之塔中去了嗎？但是巴特也許會說（
像許多其他西方現代派文藝家一樣），新形式的選擇可成爲有效
的反抗資本主義的利器。可是讀者不難發現，巴特充其量只不過
是想指出當前西方文化與思想的病因，卻無意提供介入解決之
途。這是巴特爲自己一生所劃定的界域。值得注意的是，巴特的
文學態度與選擇，加強了羅伯-格里葉 (Robbe–Grillet) 以來各種
非寫實主義的法國文學創作方向，甚至影響了法國當代人的文藝
思想。可以說，巴特的美學認識論的相對主義本身就集中地反映
了今日西方文藝思想的危機。

這本文選希望把巴特這位文學理論家、文學批評家和文化批
評家以及符號學家的面貌展現出來。由於巴特論著甚爲豐富，本
文選只能反映其文學思想的幾個側面，希望這個初步的介紹能引
起我國研究者進一步探討的興趣。

1977 年初在法蘭西學院文學符號講座上所作的這篇著名的
〈就職演講〉，概述了巴特自己的基本文學觀點和設想，發表之後
引起了正反兩方面的強烈反響。我把這篇演講詞置於首篇地位，
意在讓巴特本人直接向讀者談述一下自己的文學思想。

接下去選譯了幾篇巴特的隨筆散文。關於紀德的一些片斷隨
想可以讓我們了解巴特成爲理論家之前的基本文學趣味。接下去
兩篇隨筆散文一短一長，可以介紹一下巴特特有的文化分析或批
評的寫作風格。最後一篇〈歷史的話語〉是他對歷史學寫作形式
結構分析的代表作，本文有助於讀者了解巴特的歷史哲學觀。巴
特大量的隨筆散文今後應當有專門的譯文集加以介紹。

《寫作的零度》這個以語言學術語「零度」標名的著作是巴
特的第一本書，實際上是一些文章的匯集，算是巴特形式主義文
學觀的一份綱領性宣言。這時的巴特尚未受到語言學的正式洗

禮，但他的語言觀已不期而然地接近於索緒爾的語言觀了。許多研究者都指出過，這本書中的主題已包含了他後來加以展開的大部分重要討論，如有關語言結構與寫作方式的關係，歷史與寫作方式的聯繫，思想內容與形式的關係，寫作方式的多重根源，寫作的效力等等。研究者指出，此書的動機之一是企圖間接地回答沙特在幾年前提出的「文學是什麼？」的問題。然而巴特這本處理所謂「自由與制約的辯證關係」的書提出了與沙特相反的或補充性的回答。在當時來說，巴特的文學形式觀是與流行的存在主義文學觀正相對立的。巴特認為沙特對自己的問題只提出了「外部的」回答，他卻要深入到文學內的核心中去。後來巴特曾回憶此書付印前夕他在巴黎街頭獨自漫步時的緊張心情，那時他已意識到這本小書將會給法國文學研究帶來的深遠影響。對於我國讀者，這本書一方面可使我們了解，巴特是如何通過寫作形式的分析來解剖資產階級文學生命的內在危機的，另一方面也提供了有關文學內容與形式的關係的有用資料。

〈符號學原理〉最初發表於《通訊》期刊中，後來才發行單行本。這本小書很快使巴特贏得了當代文學符號學家的聲譽，雖然這本書大部分內容只是巴特從別人有關著作中擷取而來的。一般來說，巴特是符號學概念與方法的應用家，而非純理論家，但是這本書由於論述整齊嚴密，簡潔明瞭，已成為當前西方文學符號學研究的必讀書和入門書了。由於今日西方符號學派別林立，內容紛繁，巴特這部「原理」並不能成為有關符號學各種理論的全面導論，然而它包含了目前西方文學符號學分析中所用的大部分概念和方法。無論在英美還是在法國，文學符號學都是當代文學理論研究的主要內容之一，因此巴特的《符號學原理》對於研究當代西方文學理論來說是必不可少的讀物。

　　最後我們選擇了今日美國和法國兩位著名的女文學理論家評述巴特思想的專論。蘇珊・桑塔格是美國著名文學理論家，反詮釋學的代表人物之一，她所編選的《巴特文選》目前在美國大學裡很流行。〈寫作本身：論羅蘭・巴特〉即是她為該文撰寫的長篇導言，算是她對巴特逝世之後所作的一篇「蓋棺論定」。由於法國文學理論家往往用語抽象，文句晦澀，英美一般讀者習慣於透過英美研究者的解釋來理解法國人的思想，桑塔格這篇文章也寫得比較明白易懂，同時她所側重的是作為批評家的巴特，對於我們很有用處。本選集最後還選譯了當今法國著名文學理論家和符號學家克莉思蒂娃在七十年代初寫的一篇專論〈人怎樣對文學說話〉。當時巴特的結構主義思想正在（包括克莉思蒂娃在內的）所謂「後結構主義」影響下開始轉變。克莉思蒂娃這篇長論更能從哲學和文學理論角度闡釋巴特的寫作觀，但用語卻更抽象難懂一些。兩篇文章配合起來讀，就可從不同方面幫助我們了解巴特的文學觀，同時也可展示美、法兩國不同的文學研究風格（對同一人物和同一主題的不同論述態度和方式）。

　　最後談一下本選集中名詞翻譯的問題。六十年代以來由於人文科學領域內跨學科研究傾向和抽象性不斷增加，有關術語名詞中譯問題較前更為困難，其中尤以法國的文學理論為甚。本書的處理與我在其它有關著述中的處理相同，主要依賴同一名詞在不同語境中的適當性，而不是譯名涵義的絕對貼切，因為目前這是很難做到的。原因不僅在中西語言本身語義結構的差異性，更主要的在於我們對當代西方人文科學知識的接觸還不夠深廣，現成的中文名詞還未經過大量的詞義結構的擴大調整。隨著中西文化交流的展開，中西語言詞義對應的程度當會逐漸增加。因此我們希望讀者多從上下文中去領悟一些專有名詞的涵義，而不要按中

文通常的詞義幅度來把握它們（如「寫作」這個詞就與中文裡該詞通常的含義很不相同）。本書譯文中的錯誤與不妥之處，敬請讀者不吝指正。本選集中各篇除〈歷史的話語〉譯出於一九七九年外，其它都是今年譯出的。各篇原文出處請見各篇譯註。

李　幼　蒸

一九八五年十一月

於北京中國社會科學院哲學研究所

# 目　錄

# 法蘭西學院
# 文學符號學講座就職演講 *

今天我感受到的另外一
種快樂由於更起作
用，因此
也就更爲重要，這就是在我是進一處我們可以
嚴格稱作
「權勢之外」的學
府時，所感受到的快樂

＊本文譯自羅蘭·巴特：《就職演講》法文版，1978年，巴黎色伊出版社。

在講演開始，請允許我先回顧一下導致法蘭西學院接納一位衆議紛紜的人物的理由。這個人的每一種品質，在某種程度上都受到過他的對手的反對。因爲儘管我任教多年，卻並無通常接受這一高級職位所需的資格。雖然長期以來我確實將我的著述列入了科學、文學、詞彙學和社會學諸領域，但應該承認，我所寫的只是各種隨筆文字。這是一種性質含混的文體，在這種文體中寫作與分析各行其事。雖然很早以來我也確實使我的研究與符號學的產生和發展聯繫在一起，但我其實並無權利代表這一研究領域，於是我在它似乎剛剛形成時就傾向於修改它的定義，使自己主要依賴於一種反常規的現代主義文藝的力量，結果對《Tel Quel》雜誌的接近，遠超過對許多其它也可呈現符號學研究潛力的雜誌的接近。

於是不言而喻，在這座由科學、學術、嚴格性和革新性支配的大廈裡所接待的這個人，具有著不純的背景。一方面是出於愼重，另一方面是由於每當我遇到理智的困惑時，總要自問這個選擇是否使我感到快樂的習慣，我就不談那些促使法蘭西學院歡迎我的理由（因爲在我看來這些理由是不無疑問的），而來談一下那些使我來到這裡感到快樂更甚於感到榮譽的理由。因爲榮譽可以名實不符，快樂則表裡如一。我感到快樂，因爲在這裡我又憶起或遇到我所熱愛的那些在法蘭西學院任教或曾經任教過的作家們。首先當然應當提到米歇萊，當我開始思想生活的時候，正是透過他我才發現了歷史學在人文科學全體中的主導地位，以及寫作所具有的力量，後來學術界對此也加以承認了。然後是那些距今不遠的人物如讓·巴魯吉和保羅·瓦萊里，我就在同一間大廈

裡聽過他們的講課，那時我還是一個青年。再晚些的是摩里斯、梅羅－龐蒂和艾米爾・本維尼斯特。而現在呢，請允許我冒昧地提到米歇爾・傅柯，本來出於我們之間的友誼，應當對此保持緘默的，我始終如一的感情、思想與感激都與他聯繫在一起，因爲正是他向教授委員會提出設立這個講座和主持這個講座的人選的。

今天我感受到的另外一種快樂由於更起作用，因此也就更爲重要，這就是我走進一處我們可以嚴格地稱作「權勢之外」（hors-pouvoir）的學府時所感到的那種快樂。因爲，如果輪到我來對學院進行解釋的話，我將說，在學術機構領域內，它是歷史的最後策略之一。榮譽通常都是權勢的一種損耗，而在這裡它乾脆是權勢的消除，是權勢鞭長莫及之處。在這裡，教授除了研究和說話之外別無他務，我想說，這就是高聲談論他的研究夢想，而不必去判斷、選擇、推進，不必去屈從於某種有指導的學術活動。這在目前來說是一種巨大的、幾乎是不甚公平的特權了。因爲當前文學教學已由於技術專制論的要求和學生革命願望的雙重壓力而疲憊不堪。當然，在學校允許的限度之外去教學和說話，並非是一種從道理上可免除權勢影響的活動。權勢（支配性的利必多）總是存在的，它隱藏在一切話語之中，即使當話語產生於權勢以外的某處亦然。因此，這樣的教學越自由，就越需要探討在什麼條件下和按照什麼程序，話語可以擺脫任何一種攫取的意志。在我看來，這種探索就構成了今日開創這個講座時最深刻的教學構想。

實際上在這裡我們間接但堅持要去質詢的正是權勢。我們「單純的」現代人把權勢看成是一種有些人擁有、有些人不擁有的東西。我們曾經認爲權勢是一種典型的政治現象；現在我們則相信它也是一種意識形態現象，它滲入了那類我們最初不曾從中看出

它來的領域，滲入到學校、教學裡來，但它始終還是某種東西。然而如果權勢像魔鬼一樣是個複合的東西，那會怎麼樣呢？它可以說：「我的名字叫軍團」，它無處不在——各個方面、各種領導、大小機構、壓迫集團或壓力集團——到處都有「有權威的」聲音，它被授權發出各種權勢的話語——頤指氣使的話語。於是我們發現權勢出現於社會交流的各種精巧的機構中，不只是在國家、階級、集團裡，而且也在時裝、輿論、演出、遊樂、運動、新聞、家庭和私人關係中，甚至在那些企圖對抗權勢的解放衝動中。我把所有那類話語都稱作「權勢的話語」，即在接受話語的人中間導致錯誤乃至罪惡的話語。有些人期待我們知識分子會尋找機會致力於反抗權勢，但是我們真正的戰鬥卻在別的地方，這將是反抗各種權勢的戰鬥，而且它不會是一種輕而易舉的鬥爭。因為如果說權勢在社會空間內是多重性的，那麼在歷史時間中它反過來就是永存的；它在這裡被驅趕或耗盡，又會在別處重新出現，永不會消失；如果為了消滅它而去發動一場革命，不久它又會死灰復燃，會在新的事件中重新發展。它這種無處不在、永久延續的原因是，權勢是一種超社會有機體的寄生物、它和人類的整個歷史，而不只是和政治的和歷史學的歷史聯繫在一起。在人類長存的歷史中，權勢於其中寄寓的東西就是語言，或者再準確些說，是語言必不可少的部分：語言結構（la langue）。

　　語言（langue）是一種立法，語言結構則是一種法規（code）。我們見不到存在於語言結構中的權勢，因為我們忘記了整個語言結構是一種分類現象，而所有的分類都是壓制性的：秩序既意味著分配又意味著威脅。雅克布遜曾經指出過，一個習慣語與其說按照它允許去說的來定義，不如說是按它迫使人說的來定義。在我們法語語言結構中（我舉明顯的例子），我必須首先假定我自己

是主語，然後才陳述行為，後者只不過是我的屬性；我所做的僅只是我所是的結果和推論。同樣，我必須永遠在陰性與陽性之間進行選擇，中性和複數是對我禁用的，此外同樣地，我必須指出我與他人的關係，或者通過tu（你），或者通過vous（你們），感情上的和社會上的中斷對我是禁止的。同樣，語言按其結構本身包含著一種不可避免的異化關係。說話（parler），或更嚴格些說發出話語（discourir），這並非像人們經常強調的那樣是去交流，而是使人屈服：全部語言結構是一種普遍化的支配力量。

我想引述雷南的幾句話，他在一次會議上說過：「女士們和先生們，法語從來也不是荒謬的語言，它也絕不會是一種反動的語言。我不能想像一種嚴肅的反應會以法語為其發音手段」。是的，就雷南而言他是有洞察力的，他發現，語言結構不可能被其產生的信息所耗盡，它比後者存在更久，並以一種往往是驚人的共振作用在後者之中使人們理解某種言外之意，在主體有意識的、理性的聲音之上，強加上結構具有的支配性的、固執的、不可違抗的聲音：也就是當其發話時的「類屬」（espece）的聲音。雷南的錯誤是歷史性的、不是結構性的。他認為法語是由理性構成的，它必然產生政治理性的表達，在他看來這種表達只可能是民主的。但是語言結構運用之語言既不是反動的也不是進步的，它不折不扣地是法西斯的。因為法西斯主義並不阻止人說話，而是強迫人說話。

話一旦說出來了，即使它只在主體內心深處發出，語言也要為權勢服務。在語言中必然出現兩個範疇：斷定的權威性和重複的群體性。一方面，語言具有直接的斷定性：否定、懷疑、可能性、終止判斷等需要一些特殊的機制，這些機制本身將參與各種語言偽裝的作用。語言學家所說的情態範疇只不過是語言結構的

補充部分，透過這種類似於請求的方式，我企圖弱化語言結構不可改變的確認力量（pouvoir de constatation）。另一方面，構成語言的符號之所以存在，只因爲它們被確認了，即只因爲它們被重複著。符號是追隨者、合群者，在每個符號中都隱藏著一個怪物：固定型式（stereo type）。我只能通過那些在語言結構中閒蕩著的符號來說話。每當我說話時，這兩個範疇都在我心中聯合行動，我於是既是主人又是奴僕。我不滿於重複已經說過的東西，不滿於安然地爲符號所奴役；我說話，我斷言，我反駁著我所重複的東西。

但是在語言結構中奴役和權勢必然混合在一起。如果我們說自由不只是指逃避權勢的能力，同時尤其亦非不使別人屈從自己的能力，那麼這種自由就只能存在於語言之外。遺憾的是人類語言沒有外部，它「禁止旁聽」。我們只能求諸不可能之事來越出語言之外，如透過一種神秘的個別性，像齊克果所描述的那樣。他把亞伯拉罕的獻祭描繪成一種十分奇特的行爲，它不包含任何言語，甚至連內心的言語也沒有，以此來反抗語言的一般性，群體性和道德性。或者通過尼采的「阿們」，它像是給予語言奴役性的、給予德魯茲所說的語言的反應性僞裝的：一種令人愉快的震動。但對我們這些既非信仰的騎士又非超人的凡夫俗子來說，唯一可做的選擇仍然是（如果我可以這樣說的話），這種躲躲閃閃，這種輝煌的欺騙使我們得以在權勢之外來理解語言，在語言永久革命的光輝燦爛之中來理解語言。我願把這種弄虛做假（trichevie）稱作文學。

我並不把文學理解爲一組或一套作品，甚至也不把它理解爲溝通或教學的一個部分，而是理解爲有關一種實踐的蹤跡（traces d'une pratique）的複雜字形記錄，我指的是寫作的實

踐。因此對文學來說，我主要關心的是本文 (texte)，也就是構成作品意指的組織 (tissu des signifiant)。因爲本文就是語言的外顯部分，而且正是在語言內部，語言結構可能被抗拒和使本身偏離正軌。但這並不是由於語言結構爲其工具的信息，而是由於語言結構爲其活動場所的字詞運用。所以我可以不加區別地使用文學、寫作或本文這些字眼。文學中的自由力量並不取決於作家的儒雅風度，也不取決於他的政治承諾（因爲他畢竟只是衆人中的一員），甚至也不取決於他的作品的思想內容，而是取決於他對語言所做的改變。按此觀點塞林與雨果不相伯仲，夏多布里昂與左拉旗鼓相當。我打算指出，在這裡起決定作用的是形式，但是我們不應根據意識形態的理由來評價這種作用，因此有關意識形態的科學對形式問題的影響一直十分有限。在文學的各種力量之中我想指出三種，並借助三個希臘文概念對它們加以討論，即mathésis（科學）、mimésis（模仿）、semiosis（符號過程）。

文學包含有很多科學知識。在像《魯濱遜飄流記》這樣的小說裡包含了以下各種知識：歷史、地理、社會（殖民地）、技術、植物學、人類學（魯濱遜從自然向文化過渡）。如果由於社會主義或野蠻政策的難以想像的過激措施，我們的全部學科除了一門以外都從教學系統中排除了，那麼這唯一倖免的學科就是文學，因爲一切學科都出現在文學的紀念碑中。因此我們可以說，不管文學宣稱自己屬於何種流派，它斷然絕對地是現實主義的，它就是現實，就是現實的閃現。但是由於本身這種眞正百科全書式的特點，文學使這些知識發生了變化，它既未專注於某一門知識，又未使其偶像化；它賦予知識以間接的地位，而這種間接性正是文學珍貴性的所在。一方面，它可使人們確定可能的知識範圍（未被懷疑的，未完成的）：文學是在科學的夾縫中存在的，它總是不

是在科學之前就是在科學之後，非常像是波維納的石頭，它以白日的儲積準備晚間的照明，並以這間接的光亮來爲次日新的一天來照明。科學是概念性的，生命卻是精微的，對我們來說文學的重要性正在於調整兩者之間的這種差距。另一方面，文學所聚集的知識既不全面又非確定不變，它不說它知道什麼，而是說它聽說過什麼，或者說它知道些有關的什麼，即它知道許多有關人的一切。它關於人所知道的東西也就是我們可以稱之爲語言的巨大混沌的東西，人對這片混沌施以作用，這片混沌又對人施以作用。文學可以複製出各種各樣的社會方言，但由於它頗爲這種多樣性的分裂所苦，就幻想和企圖發展一種可以作爲其零度的語言限制。由於文學要使語言自行表演，而不只是利用語言，它就使知識編入了具有無窮自反性的齒輪機制之中。透過寫作，知識不斷地反映著知識，所根據的話語不再是認識性的，而是戲劇性的了。

今日人們對科學和文學之間的對立提出疑問是頗有見地的，因爲有越來越多的模式或方法的聯繫把兩個領域結合起來，而往往消除了二者之間的邊界。很可能有朝一日這種對立會變成一種歷史神話。但從我們在此討論的語言觀點看，這種對立卻是適宜的。此外，這種對立並不一定涉及眞實與幻想、客觀與主觀、眞與美之間的分界，而只涉及不同的言語領域。按照科學的話語（或按照科學的某一話語）來看，知識是一種陳述（énoncé），在寫作中它卻是一種陳述行爲（énonciation）。作爲語言學一般對象的陳述乃是陳述不在（absence）的一種產物。陳述行爲在顯示主體的位置和能量，甚至主體的欠缺（manque，它不同於不在）的同時，專注於語言的現實本身。它認識到語言是由涵義、效果、迴響、曲折、返回、分界等組成的巨大光量。陳述行爲的職責是使一個主體被理解，這個主體既堅定存在又不可言傳，由於其令人

不安的熟悉性，既不被認識又被認識，因此語言不再被虛幻地看作是一種簡單的工具，語言字詞是被作為投射、爆發、震動、機件、趣味而表達的。寫作使知識成為一種歡樂（fête）。

我在此提出的文學形態並非遵循功能劃分論，它並不想讓科學家和研究家站在一邊，作家和散文家在另一邊。反之，它建議，寫作存在於任何其中字詞饒有趣味的本文裡〔在拉丁文中「知識」(savoir) 與「趣味」(saveur) 字源相同〕。克爾農斯基說過，在烹調中「一切都應具有它們本身的味道」。對知識來說，一切要想如其所是，就應具有其基本成分──字詞之妙趣。正是字詞的趣味性才使知識深刻和豐富。例如我要說，大多數米歇萊的主張都為歷史科學所否定，然而米歇萊還是奠定了某種類似於法國人種學的東西，而且每當一位歷史家在改變歷史學知識的時候（按這個詞的廣義理解，並不管其對象是什麼），我們就在他那裡直接了當地看到一種寫作。

文學的第二種力量即它的再現力。從古代直到先鋒派的探索活動，文學都與再現某種事物有關。什麼事物呢？我想粗略地說：現實。現實是無法再現的，而且因為人不斷想用語言來再現現實，於是就有了文學史。人們可以用幾種不同的方式來表現現實的不可再現性（現實只能被指示），或者按照拉康的說法稱其為不可能性，就是說這是不可達到的，言語無法捕捉的：或者用拓撲學術語說，我們不可能使一種多維系統（現實）與一種一維系統（語言）相互對應。但是正是這種拓撲學的不可能性，文學不願意並永遠不會願意受其拘束。人們不願意屈從於現實和語言之間分裂的事實，而且正是這種或許像語言本身一樣古老的拒絕態度，在紛擾不絕的人類生活中創造了文學。我們可以想像這樣一種文學史，或更明確地說，語言生產的歷史，也就是作為往往不合理性

的語言之權宜手段的歷史，人們運用這類手段去減弱、制服、否定或反之接受一種永遠是譫言妄語的東西，即語言和現實之間基本的不符合性。我剛才說過，就知識而言，文學是絕對現實性的，因為只有現實才是文學中欲望的對象，現在我卻要說文學不可改變地也是非現實的，但我的話並不矛盾，因為我現在用這個詞時是按其習常的意義。文學認為對不可能之事的欲望是合理的。

文學的這種功能或許是反常的，但卻適當，它有一個名稱，即烏托邦的功能。因為在十九世紀後半葉，也就是在資本主義弊病肆虐最甚的時期，文學從馬拉美開始找到了（至少對我們法國人來說）它的確切的形象：現代主義。從那時開始，我們的現代主義或許可用這樣一種新的現象來定義，這就是我們所說的語言烏托邦。沒有任何「文學史」（如果仍然要寫這樣的文學史的話）能夠仍然是正當的，如果它像以往一樣滿足於把各種流派串連在一起而不指出它們彼此之間的重大差別，這種差別揭示了一種新的預言觀，即寫作的預言觀。馬拉美說的「改變語言」與馬克思所說的「改變世界」是同時出現的。那些追隨過以及仍在追隨馬拉美的人從他的作品中體會到某種政治涵義。

由此引出了關於文學語言的某種倫理問題，我們應當加以肯定，因為它是受到懷疑的。人們常責備作家、責備知識分子寫「大眾」的語言。但是人們在同一種民族語言的內部（對我們法國人來說）用若干種語言是適當的。如果我是立法者（對於從字源上說是「無政府主義者」的人，這是一個反常的假定），絕不強行推廣法語統一化，不論是資產階級的法語還是民眾的法語，反之我將鼓勵同時運用數種法語語言，運用使它們彼此平等的各種語言功能。但丁曾十分認真地討論過用什麼語言來寫《新生》的問題，用拉丁文還是托斯卡納語？他選擇民間語言，既非出於政治理由

也非出於論戰的需要，而是考慮到某種語言與他的主題的適應
性。這兩種語言於是構成了他可按欲望的真實自由從中取用的儲
倉，正如我們有古典法語與現代法語或書寫法語與口頭法語的情
形一樣。這種自由是一切社會都應使其成員享有的義務，是因爲
任何社會都還未打算承認存在著多種欲望的事實。因爲不管什麼
語言都不壓制另一種語言，因爲主體可能毫無內疚和壓抑地了解
掌握兩種語言的快樂，因爲他可以任憑自己的嗜好而不必依照法
則去說這種語言或那種語言。

當然，烏托邦並未使我們擺脫權勢。關於語言的烏托邦爲關
於烏托邦的語言所彌補，後者是一種語言，正像其它各種語言一
樣。我們可以說，任何一位作家捲入了單槍匹馬反對語言權勢的
鬥爭之中，都不可能避免被其重新吞沒，或者以官方文化內幕這
種身後出現的形式，或者以時裝的現在的形式，後者把自己的形
象強加於他並迫使他符合人們期待於他的規則。對於這位作家來
說別無出路，只有或者轉移或者固執己見，或者同時採取兩種態
度。

固執意味著對文學的不可還原性的肯定。文學抗拒和因更長
的延存而超過圍繞著它的各種定型的話語，如哲學、科學、心理
學，似乎表現出了不可比較與不會衰亡的特點。一位作家（我用
這個稱呼不是指一種功能的所有者或一種藝術的僕人，而是一種
實踐的主體）應當稟賦監督者的頑強，他位於各種其它話語的交
匯處，與各種學理的純粹性相比，他的地位是輕浮（輕浮是「妓
女」一詞的字源學屬性，她等待在三條路的交义口上）。簡言之，
固執就意味著不顧一切地維持轉移和期待的力量。而這正是由於
文學固執地認爲寫作被引向轉移之途了。因爲權勢攫取了寫作的
享樂，正像它攫取了其它一切享樂一樣，以便對其操縱並使其成

爲非變態的、合群的產物，其方式正如它攫取了愛情享樂的遺傳產物，以便爲它自己的利益將其變爲士兵和戰士一樣。於是轉移可以意味著：走到不爲人們期待之地，或者更徹底地說，離棄你所寫的（但不一定離棄你所想的），當合群的權勢在對其加以利用和役使之時。帕索里尼就是這樣被引向「離棄」（abjurer，這是他首創的詞）他的「生命三部曲」中的三部影片的，因爲他宣稱權勢利用了它們，同時他並不遺憾自己曾寫過它們。他在死後才發表的文章中說到：「在行動之前，在任何情況下我們都不應害怕權勢和權勢的文化的兼併。我們必須我行我素，好像這種危險的可能性並不存在似的……。但是在此之後我們也必須想到我們最終會被權勢利用到什麼程度。而當我們的眞誠和需要被利用和操縱以後，我想我們就必須有離棄的勇氣。」

　　簡單來說，固執和轉移都指一種遊戲方法。而且我們也無須驚奇，如果在語言的無政府狀態的不可能領域中（在此，語言傾向於逃避它自己的權勢和奴性），我們發現了某種與戲劇有關的東西的話。我舉出齊克果和尼朵這兩位作家來表明語言的不可能領域。他們兩位都寫作，但都具有與作家身份相反的因素，他們都參與一種文字遊戲，都肆無忌憚地玩弄著專有名詞。一位不斷地使用著假名，另一位在他寫作生涯結束時，如克羅索夫斯基指出的，達到了戲劇化的極限。我們可以說，文學的第三種力量，它的嚴格的符號學力量，在於玩弄符號，而不是消除符號，這就是將符號置於一種語言機器裡，這種機器的制動器和安全栓都丟掉了。簡言之，這就是在奴性語言的內部建立起各種各樣眞正的同形異質體。

　　於是我們就來到了符號學面前。

　　首先我們必須重複說，科學（至少是那些我在其中進行閱讀

的科學）不是永恆的，它們是一些在交易所（即歷史交易所）中起伏不定的價值。對此我們只需舉出神學的交易值升降的變遷就夠了！今日神學言語的地位已很有限，而在過去它是列於七藝之外的領先學科。所謂人文科學的脆弱性或許表現在：它們都是不可預測的科學（由此產生了經濟學的挫折和分類的尷尬），於是就直接改變了科學的觀念。精神分析學這門有關欲望的科學有朝一日也避免不了衰亡的命運，儘管我們從這一學科中獲益甚多，正如我們曾從神學中獲益甚多一樣，因爲欲望比對欲望的解釋更強而有力。

我們可以把符號學正式地定義作符號的科學或有關一切符號的科學，它是透過運作性概念從語言學中產生的。但是語言學本身多少有些像經濟學一樣（這種比較並非無關緊要），在我看來，正在遭受著分裂。一方面，語言學正在趨向形式的一極，像經濟學一樣變得越來越形式化了。另一方面，它正吸收著越來越多的、越來越遠離其最初領域的內容。正如今日經濟學的對象無處不在一樣（政治、社會、文化各個領域），語言學的對象也是沒有限制的。按照本維尼斯特的一種直觀的說法，語言結構就是社會性本身。簡言之，或者由於過度節制，或者由於過度飢渴，或者因爲過瘦，或者因爲過胖，語言學正在解體。對我來說，我把語言學的這種解體過程就稱作符號學。

你們可能注意到，隨著我的演講的進行，我已悄悄地從語言結構過渡到了話語，以便，有時不加提醒地，再從話語回到語言結構，似乎我在討論同一個對象似的。實際上我相信，按照今日演講中選擇的相關性（pertinence）標準，語言結構與話語未加區分，因爲它們都沿著同一權勢軸在滑動。然而在索緒爾最初提出這一區別時（即語言結構與言語的這對對立範疇），這個區別是十

分有用的，它促使符號學有勇氣來創立門戶。按照這一對立，我可以將話語還原，把它縮小為語法的事例，從而我可以期望把人的全部通訊控制在我的網絡中，正如瓦當和洛惹把阿爾伯雷希變為小蛤蟆似的。但事例並不是「事物本身」，語言的事物不可能只存於語句的範圍內。受到有監督的自由系統轄制的不只是音素、字詞和句子連結，因為我們不能任意地組合它們。話語的所有層次都受到由規則、限制因素、壓制因素、壓抑因素等組成的網絡所決定，這些因素在修辭的層次上是大量的和模糊的，而在語法的層次上是精細的和嚴格的。語言結構流入了話語，話語又回流入語言結構，二者爭相居上有如玩疊手遊戲一樣。語言結構與話語之間的區別只有被當作暫時的運作程序時才出現，簡單來說，這種區別就是某種要「離棄」的東西。現在到了這樣一個時期，就像重聽日甚一日的患者一樣，我只聽到一種聲音，即語言結構與話語混合的聲音。於是在我看來，語言學的研究對象是一個巨大的圈套，是其透過抹消話語的錯綜複雜性以使後者不正當地純淨化了的對象，有如特里馬爾其諾剃光了他的奴隸的頭髮似的。因而符號學就是這樣一種研究，它接收了語言的不純部分，語言學棄而不顧的部分以及信息的直接變形部分，這也就是欲望、恐懼、表情、威嚇、溫情、抗議、藉口、侵犯以及構成現行語言結構的各種譜式。

我瞭解，上述這樣一種定義未免過於個人化了。我知道它迫使我緘口無言，從某種意義上說，而且相當矛盾的是，所有的符號學，那些已被研究並已被承認作有關符號的實證科學的符號學，在雜誌上、協會裡、大學裡和各種研究中心裡都正取得進展。然而我覺得，在法蘭西學院設立這一講座，與其說是為了接受一門學科，不如說是為一種個人的工作、為一種主題的歷險提供繼

續進行的機會。但是就我而言，符號學是一種具有情感性的運動的一部分。我以爲（大約在 1954 年前後）一種符號科學可能刺激社會批評，而且沙特、布萊希特和索緒爾本來有可能參加這一構想。簡言之，它有關於理解（或描述）一個社會如何產生各種固定型式，即作爲人爲方法的成就加以利用；接著社會又將其作爲內在的意義，即自然的成就，加以運用。符號學（至少是我的符號學）是由於不能容忍自我欺瞞和標誌一般道德的良心這二者的混合物而產生的。布萊希特把後者攻擊爲「偉大的習慣」。受權勢影響的語言結構，這就是這種最初符號學的對象。

於是符號學轉移了地盤，其形象色彩起了變化，但仍保持著同樣的對象──政治，因爲除此之外別無對象。轉移的發生是由於知識界的改變，如果說這種改變只是由一九六八年五月的「斷裂」造成的話。一方面，當代研究改變了並仍在改變著社會主體和說話主體的批評形象。另一方面，由於論爭的工具增加了，似乎作爲話語範疇的權勢本身也分化和擴展了，就像一片水漬四處流溢似地。每一個對立團體都以各自的方式成爲壓力集團，並以各自的名義爲權勢的話語本身──普遍的話語定出基調。每個政治團體都爲一種道德熱情所左右，甚至當人們爲了高興而要求道德時，其語調也充滿了威脅性。於是我們到處看到解放的呼聲：社會的解放、文化的解放、藝術的解放、性的解放，它們都以權勢話語的形式表達出來。人們興高采烈地使那些已被粉碎了的東西重新出現，卻沒有注意到他們這樣做時又粉碎了其它東西。

如果我所談論的符號學又回到了本文，這是因爲在各種小權勢的和諧一致的整體中，本文似乎是非權勢（depouvoir）的標誌本身。本文自身包含了無限逃避合群的言語（那些聚合的言語）的力量，甚至當言語企圖在本文中重新形成自己的時候，本文永

遠延擱下去，這種幻影的運動正是我在談論文學的時候企圖去描述和辯護的。它延擱到了別處，即未被分類的、非其正常位置的地方，我們甚至可以說，它離開了政治化了的文化的形式法則。尼釆對此說道：「那種形成概念、種類、形式、目的、法則……的強制性；這是一個同一性的世界」。本文輕微地、暫時地揭開了那個沉沉地壓在我們集體性話語上面的普遍性、道德性、非一區別性（in-différence，我們在此明確地使字頭與字根分開）的罩子。因此文學與符號學就結合起來彼此糾正對方。一方面，不斷回到古代和現代的本文中去，經常侵入意指性實踐的最複雜的活動——寫作中去（因為寫作是用現成的符號來工作的），這就迫使符號學研究區別性，使其避免獨斷性、避免「執著」，即避免把自己看作是本來不是的普遍性話語。而另一方面，專注於本文的符號學目光又迫使我們拒絕一種神話，這就是我們通常依靠使文學擺脫並環繞著它、壓迫著它的合群性言語的神話，同時這也就是純創造性的神話。記號應當最好被看作（或被重新看作）是空的。

我所談論的符號學既是否定的又是肯定的。某些畢生或好或壞地被語言這個惡魔攪得精疲力竭的人，只能被語言空虛（vide）的各種形式所迷惑，而語言的「空虛」與語言的「空洞」（creax）是正相對立的。因此我們在這裡提出的符號學是否定性的（或者最好說，儘管這個詞有些言之過重，神學否定性的），不是因為它否定了記號，而是因為它否定了如下看法，即認為有可能賦予記號以肯定的、固定的、非歷史性的、非具體性的，或乾脆說，科學性的屬性。這樣一種神學式的否定性至少產生了兩個直接與符號教學有義的結論。

第一個結論是，符號學本身不可能是一種後設語言，儘管在

起初時人們是這樣來構想它的，因爲它是有關於各種語言的語言。符號學正是在考慮符號問題時發現，一種語言與另一種語言的外在關係歸根結底是不能證實的。時間磨損了我的距離的力量，使其腐壞，使其僵化。我不可能生存於語言之外，把它當作一個目標，也不可能生存於語言之內，把它當作一件武器。如果科學的主題眞的就是那種不能顯示出來的主題，簡言之就是那種我們稱作「後設語言」的圖景，那麼我被引導用符號來談論符號時去假定的就是這樣一種具有奇異相符性的圖景了，有如我在通過一種特殊的斜視與中國皮影戲表演者之間的關係一般，後者同時顯示了他的雙手以及他透過手影投射模擬出來的兔子、鴨子和狼。而如果有人企圖利用這一情況來否定一種肯定的符號學，即那種從事寫作的、與科學關係密切的符號學，我們就必須指出，這是由於我們從認識論上錯誤地把後設語言與科學等量齊觀了（這種看法正在開始瓦解），似乎一方是另一方的必要條件似的，其實存在的只是歷史的，因而就是可以改變的符號。或許已經到了應當把後設語言與科學加以區分的時候，前者是一種稱號，正如任何其它的稱號一樣，而後者的準則則存在於別處（讓我們順便指出，也許眞正科學的東西就是那種毀壞在它之前的科學的東西）。

符號學與科學有一種關係，但它不是一門學科（這是它的神學否定性的第二結論）。什麼樣的關係呢？女僕式的關係。它可以爲一些科學服務，在一段時間內作爲它們在旅途上的伴侶，爲它們提出一種運作規程，而每門科學在這種運作規程之外還應擬定各自的不同細節。因此符號學中發展最充分的部分，即敍事分析，可爲歷史學、人種學、本文批評、釋經學、肖像學（一切形象都是某種敍事的表現）等研究服務。換言之，符號學不是一種架構，

它不能將一幅襯格總圖紙強加於現實使其可被理解，它不能使我們直接把握現實。反之，它只是企圖時時處處引出現實來，它認為透過引出現實所獲得的效果是無須任何架構來支持的。而當符號學想要成為一種架構時，它就可能什麼也引不出來了。由此我們不妨說，符號學不可能引起代替任何其它學科的作用。我希望符號學不取代任何其它研究，而是反之幫助一切學科，它這把椅子是一種輪椅，是今日人類知識的「百搭」，正如符號本身是一切話語的百搭一樣。

這種否定性的符號學也是一種肯定性的符號學，它活動於死亡之外。我的意思是說它所依據的不是一種「符號物理學」（se–miophysis），即那種關於符號的呆滯本性的研究；它也不是依據一種「符號分裂學」（semioclastoe），即對符號的破壞。反之，讓我們再用希臘字形來表示，它是一種「符號譬喻學」（se–miotropie），這種符號學朝向符號，為符號所吸引，接受符號、處理符號，必要時模仿符號，如一種想像的圖景一樣。符號學家簡單說來就是一種藝術家（此處用這個稱呼不含褒貶之意，只是指出一種分類學的事實），他把符號當作一種有意的圈套加以玩弄，他對此加以玩味並使別人也加以玩味和領悟其媚力。符號（至少他所看見的符號）永遠是直接的，由某種直觀到的明證所調節的，就像想像機能的一個扳機似的。因此符號學（是否需要我再重申一下，這是指我在此論述的符號學）不是一門解釋學。它塗泥而不挖掘，它放下而不提起。它偏愛的對象是各種想像的本文，如小說、影像、肖像、語言表達、方言、情感、結構等，它們都玩弄著一種似真的表面性和真實的不確定性。我想把「符號學」稱作這樣一種運作的過程，按照這一過程有可能（甚至有必要）把符號當作一塊彩色面紗，甚至當作一種虛構物來加以玩弄。

　　想像性符號帶來的這種享樂今日由於最近出現的一些變化而可以令人理解了，這些變化對文化的影響甚於對社會本身的影響。我們對我所談論的文學力量的運用已爲一種新的情況所改變。首先，一方面因爲解放運動以來，有關法國大作家，即有關一切高級價值的神聖託管者的神話已經解體和消散，並隨著兩次大戰之間最後一批餘存大師的——逝去而瀕於終結。一批新型人物出現在舞台上，我們不再知道（或還不知道）怎樣稱呼他們：是作家、知識分子還是書寫家？無論如何，文學的統治已經消失，作家再也不能耀武揚威了。其次另一方面，一九六八年五月也暴露了教學的危機，陳舊的價值不再被承繼，不再被流傳，不再引人注意了。文學遭到了非神聖化洗禮，學校無能對其加以保護或強行樹立爲人的潛在的楷模。但這並不是說文學已被消滅，而只是說它不再被看守了，因此這才眞正是從事文學的時代。文學符號學似乎像是這樣一種旅程，它使我們踏上一處由於無人繼承而成爲自由的土地，在這裡無論是天使還是魔鬼都不再維護它。於是我們的目光不無任性地仍可落在那些陳舊而美好的事物上，它們的意指是抽象的和過時的。這樣的時代既是頹廢性的又是預見性的，這是溫和的啓示性的時候，是包含有最大快樂的歷史時代。

　　如果在這種教學中因其本身之故，除了聽眾的忠實以外不再期待任何認可，如果方法只作爲一種系統性的程序而起作用，那麼它也不可能是一種說明性的方法，它並不想導致任何解碼的活動，並不想提出任何結論。在這裡，方法只可能針對著語言本身，因爲語言極力阻礙著任何說出的話語，所以我們可以正確地說，這一方法本身也是一種虛構。其實馬拉美早已提出過這個命題，當他在考慮一種語言學的問題的時候。他說道：「一切方法都是一種虛構。語言本身似乎就是虛構的工具。語言緊隨在語言的方

法之後：語言反思著語言。」每年當我有機會在此教學的時候，我所希望的就是能夠不斷更新授課和研究班討論的方式；簡單說來，即「提出」一種話語而非將其強加於人。這將是一種方法的賭注、一種探求（quaestio），以及一種有待辯駁的論點。因為在教學中能夠變成壓制性的東西，最終並不是教學所傳達的知識或文化，而是人們藉以提出知識或文化的話語形式。因為這種教學，就如我試圖指出的，以在其權勢的必然性中提出的話語為對象，實際上方法只能與那種可以阻礙、擺脫，或至少是削弱這種權勢的正確手段有關。而且我在寫作或教學時越來越相信，這種擺脫權勢方法的基本程序在寫作中就是分割作用，而在講課時就是離題作用，或者用一個可貴的涵義模糊的詞：偏離作用（excursion）。因此，我喜歡用言語和聆聽這兩個詞，它們在這裡結合在一起頗像是一個在媽媽身邊玩的孩子的來來去去，孩子跑開又跑回，給媽媽帶回了一片石子、一根絨繩，於是圍繞著一處安靜的中心描繪起整個遊戲場來，在遊戲場內石子、絨繩最終都不如由它們所構成的滿懷熱忱的贈予行為本身重要了。

　　當孩子這樣做時，他所做的只不過是展現一種欲望的來來去去，對此他不斷地加以呈現和再現。我深深相信，在進行這樣一種教學的開頭必須同意人們永遠安排一種幻想，這種幻想可年年改變。我知道，這一提議可能使人發怒，在即使如此自由的一所學府裡，我們如何敢於談論一種幻想式的教學呢？但是只要我們稍微考慮一下人文科學中最可靠的一門——即歷史學的話，就不得不承認它與幻想之間有著一種始終存在的關係。這就是米歇萊所理解的歷史，在他看來，歷史歸根結底是有關典型的幻想領域——即人的身體的歷史。正是從這種幻想出發並通過使過去的身體重新活靈活現，米歇萊才能使歷史成為一門巨型人類學。這樣

就從幻想中產生了科學。正是說出的或未說出的這種幻想，是教授在決定自己旅程方向時每年都應重新考慮的。這樣他就離開了人們期待他自己要達到的地方，這是他長眠地下的父輩的地方，對此我們十分清楚。因為只有兒輩才有幻想，生存著的只有兒輩。

有一天我重讀了托馬斯・曼的小說《魔山》。這本書描寫了我熟知的一種病——肺結核。在閱讀時我意識到了與這種病有關的三種期間：故事本身的時間，它發生於第一次大戰之前；我自己生肺結核病的時間，大約在一九四二年前後；以及現在的時間，此時這種病已為化學療法所征服，與以前的情況大不相同了。然而我所經歷過的肺結核病與《魔山》中的肺結核病十分相近，這兩種時間混合在一起，都遠離開我的現在了。於是我驚駭地（只有顯而易見的事物才能使人驚駭）察覺，我自己的身體是歷史性的。在某種意義上，我的身體與《魔山》中的主人翁漢斯・加斯托普屬於同一時代。一九六七年時我的尚未誕生的身體已經二十歲了，這一年漢斯進入並定居在「山區」，我的身體比我老得多，似乎我們永遠保持著這個社會性憂慮的年齡，這種憂慮是世態滄桑使我們易於感受到的。如果我想生存，我就必須忘記我的身體是歷史的，我就必須投入這樣的幻想，我與當前這個年輕的身體同齡，而不是與我自己過去的身體同齡。簡言之，我必須周而復始地再生，使我比我現在更年輕。米歇萊是在五十一歲時開始他的新生的：新的作品和新的愛情。我在比他年長的時候（你們會理解，我是出於感情的理由做這個比較的）他進入了一種新生，今日它是以這個新處所，這個新的熱情接待為標誌的。於是我企圖使自己獲得一切現存生命的力量的支持，這種力量就是遺忘。在一種年齡時我們教授自己所知道的東西。接著而來的是另一種年齡，這時我們教授自己所不知道的東西，即所謂研究。現在來

到的也許是體驗另一種經驗的年齡，即不學習的年齡，也就是讓
不可預見的變化去支配的年齡，這種變化是遺忘強加於我們所遭
遇的知識、文化、信仰的沉澱之上的。我相信這種經驗有一個響
亮但過時的名稱，我在其字源學的交匯點上毫無猶豫地想要採取
的這個名稱即是「薩皮安提亞」（Sapientia）（聖經的箴言），其涵
義包括：毫無權勢，一些知識，一些智慧，以及儘可能多的趣味。
我的話完了。

一九七七年一月七日

# 文學隨筆

固執意味著對文學不可
還原性的肯定，文
學抗拒和
透過更長的延存而超過圍繞著它的各種定型的
話語，似
乎它表現出了不可
比較與不會衰亡的特點

# 論紀德和他的日記*

由於不情願把紀德（André Gide）納入一個絕不會令我滿意的體系中，我也曾徒勞地企圖在這些筆記之間找到某種聯繫。後來決定，最好把這些筆記照原樣刊出，不再想掩飾它們之間欠缺的連續性了。對我來說，不連貫似乎總比歪曲的秩序要好一些。

## 1. 日記

我懷疑這本日記究竟會引起多大興趣，如果讀者在閱讀它時不曾產生對紀德其人的某種好奇心的話。

在紀德的《日記》裡讀者會看到他的道德、著作的起源和經歷、他的閱讀、評判他作品的基礎、沉默與敏銳的機智、瑣碎的自白，這些內容使他成為不同凡響的人物，成為另一位蒙田。

日記中的許多條目無疑會使那些對紀德暗中或公然懷有成見的人感到不快。而這些條目，卻會使那些由於某種理由暗中或公然相信自己很像紀德的人感到愉快。對於任何那些洩露隱私的個性來說，結果都會如此。

《日記》不是一部解說性的、外在性的作品，它不是一本編年紀事（雖然真實事項往往編入它的網絡之中）。它不像柔利·雷

---

\* 《論紀德和他的日記》於1942年7月發表於《存在》上，這是（伊澤爾省）聖·伊萊爾法學生療養院辦的一份期刊。巴爾特因患肺結核於1942年時曾在那裡休養。本文由理查·霍瓦德譯成英文，載於《巴爾特文選》，英文版，1983年。

納爾或聖・西蒙（Saint Simon）的日記，而那些希望從中翻閱到對某位同時代人〔如紀德常常談到的瓦萊里或克勞戴爾（Claudel）〕著作的重要評論的人，肯定會大失所望。實際上這是一本自我中心的著作，特別在它談到他人的時候。雖然紀德的目的總是好的，只是由於它反歸紀德本身的那種反省力量，它才具有意義。

「在這裡應當出現的東西，正是那些瑣碎、無謂、不值得任何作品的篩孔截留住的東西。在日記裡我必須寫細節，而且不預加構思。」（1929）所以我們不應假定《日記》與作品對立或它本身不是一件藝術作品。《日記》中有些句子介乎懺悔自白與創作之間，應當把它們插入一本小說之中，而且它們已經不那麼真誠了（或準確些說，它們的真誠性不像我們在閱讀日記時感興趣的其它部分那麼重要）。我寧可說，並不是《艾杜阿爾的日記》與紀德的《日記》相像，正相反，紀德《日記》中的許多段落都具有《艾杜阿爾日記》的特點。它們已不再完全屬於紀德，它們開始越出了他，而朝向某個它們想在其中出現的、想呼喚其出現的未定作品。

尼采寫道：「一個偉大的法國人絕不是膚淺之徒，但他充分地具有自己的外表，一個自然的封套包裹著他的深部。」（《黎明》，格言第 192 節）。紀德的作品構成了他的深度。我想說，他的《日記》則是他的外表，他勾繪自己的輪廓，列示他的邊緣，閱讀、反省、敍述，顯示出這些邊緣彼此相距有多麼遠，紀德的外表有多麼寬廣！

# 2.戰慄

紀德引歌德 (Johann Wolfgang von Goëthe) 的話說：「恐懼和顫抖 (das schaudern) 是人的至善」。

歌德的「戰慄」非常像蒙田的「極其柔順的人」。我不知道是否對紀德的歌德觀已給予足夠的重視；他與蒙田的類似性也值得注意（紀德的偏好不表示一種影響，而是表示一種相同性）。紀德完全有理由來寫一本批評著作。他為蒙田文選寫的序言，甚至他的文章選法，對紀德的說明正像對蒙田的說明一樣多。

**對話**　沒有什麼比從一個世紀到另一個世紀在同一階級作家之間出現的那些「二重唱」更富於法國文學特色，更可貴的了。如巴斯卡和蒙田、盧梭和莫里哀、雨果和伏爾泰、瓦萊里和笛卡爾、蒙田和紀德。沒有什麼比這一特點能更清楚地證明法國文學青春常駐的了，同時它也正好證明了法國文學的戰慄性和柔順性，這些特性使它逃脫了系統的僵化，並使其古老的過去和現在的智慧一接觸就恢復了活力。如果說偉大的法國文學經典是永恆的，這正是因為它們始終可以被改變。水流比大理石更經久長存。

紀德的批評家不應企圖根據善惡觀來描繪他，像傳記家們習慣去做的那樣。這個角色應當足以使我們不致錯誤判斷他的某些作品或語句，不管是由於無知，還是更糟地由於故意地或非故意地省略。這一個有關「無限尊重個性」的問題，正如紀德本人尊重他人一樣。的確，《日記》中常有糾正我們本來獲得的一些有關紀德的看法，這是由於斷章取義、錯誤報導、不準確的語言所致。這是一種永遠存在的自我糾正活動。紀德就像一位審慎的放映員一樣，不斷調節自己的形象以抵制觀眾怠惰的或惡意的觀點。「他

們想把我變成一個可怕的憂心忡忡的傢伙。我唯一的焦慮是發現我的思想被曲解了」(《日記》，1927 年)。

那些責備紀德自相矛盾（他拒絕清理這些矛盾）的人最好看看關於黑格爾（Hegel）的這一頁：「在常識看來，真偽的對立是某種固定的東西；常識期待我們去贊成或拒絕一個現存的系統全體。它不把各哲學系統之間的區別看作真理的逐步發展；對常識來說，差異只意味著矛盾……。把握矛盾的心靈不可能將其消除或只看到其片面性，而是（在似乎與本身對立和矛盾的東西的形式中）承認相互必需的因素。」

紀德是一位同時性的存在者。大自然在某種程度上從一開始就使其完整無缺。他只是花些時間依次揭示自己的各個方面，但我們必須永遠記住，實際上這些彼此都是同時存在的，正如他的作品一樣：「他們還很難承認這些書籍是同時存在的，甚至現在也同時存在於我心間。只是在紙面上它們才彼此延續，因為不可能同時把它們寫下來。不論我寫什麼書，我絕不使自己全心傾注在它上面，反而熱切地纏繞我下一次去處理的主題，甚至現在已在我內心的另一端發展起來」(《日記》，1909 年)。為什麼呢？忠實和矛盾。紀德整個存在於安德烈·瓦爾特之中，而安德烈·瓦爾特仍然存在於紀德一九三九年的日記中。結果我們看到，紀德是與年齡無關的，永遠年青，永遠成熟，永遠是智者，類似於古希臘悲劇詩人。但他能夠把他的某些傾向（或某些方面）既托附在青年人身上，又托附在老年人身上（紀德的人物從來不是純客觀性的，而是體現著他自己）；既在拉夫卡的歐身上，又在拉波陸絲身上。紀德有一顆忠誠之心，一個忠誠的心靈。確實很奇怪，他的博覽群書很少改變他的性格。他的發現從來也不是否定。當他讀尼采、杜斯妥也夫斯基、惠特曼、布雷克或布朗寧時（除了

歌德，他承認受過歌德的影響），這些心靈的接觸大多相當於自我的確認，所以也就成了一次次延續的理由。紀德在各主要衝突潮流交匯點上的處境並不容易應付，這就使其堅韌不拔的表現，令人肅然起敬。確實，是他存在的理由，是局勢，使他成為偉大的。有多少人會使轉變成為一種終結呢？對自己生命眞實的忠誠是英勇的。「按照一種現成的美學和現成的倫理去行事要容易得多了！順從一種被承認的宗教作家可以信心十足地前進，我卻必須發明每一件東西。有時它致使無窮無盡的摸索無法察覺的光亮，而有時我會喃喃自語：這樣有用麼？」（《日記》，1930 年）。

　　**矛盾**　那麼，這種忠誠的天性能沿什麼方向行進呢？雖然他的每一部作品都留下了五彩繽紛和變化萬千的印象，因此人們常常責備他們前後不一和躲躲閃閃。我們應當清除那種頑固的偏見：有些心靈似乎始終如一，因為他們彈奏同樣的音調，他們驅散了自己的猶豫不決，只呈現出自己新意見的挺硬的外表，其代價是粗暴地對待許多其它的意見。紀德的態度和這類人相比，顯得較為謙遜和適度。紀德的良心會被世俗道德習慣地稱作病態的，他自我剖析，無所保留，巧妙地退縮或勇敢地維護自己，但從不以自己的改變而對讀者濫施影響。紀德在他的思想的運動之中來表達一切，而不以令人難受的宣告的方式。我想這種態度有幾種理由：(1)靈魂的衝動是其眞實性的標記（紀德的全部努力是使自己和他人「眞實」）；(2)在緩緩地揭示他本性中極細微的變化時，他感到一種美學的快樂（在紀德來看，運動始終是人的最好的部分）；(3)在以極精微的辯析方法來追求眞理時，他的遲疑不決有增無減（眞理絕不是赤裸裸的）；(4)最後，衝突的狀態被賦以道德的重要性，或許因為這類狀態是謙卑的根據。

　　在日本，天主教和新教，希臘人文主義和基督教之間的衝突

可能沒有多大意義，然而紀德是無所不讀的。在他身上什麼是該
被人尊敬的呢？回答是：一個誠實追求其眞理的良心形象。

關於紀德的發展我們所能談的唯一一點是，對他來說在某一
時刻，社會問題比倫理問題更爲重要。一九〇一年他在日記中寫
道：「社會問題嗎？當然。但倫理問題更優先。人比衆人更引人
注意。上帝在其形象中創造的是他，而不是他們。每個人都比全
體人更可貴」。而在一九三四年當世界革命把他從藝術世界中拖
了出來時，他又說：「……我心裡充滿了同情。目光所及，到處
都是不幸。今日要想保持冷靜的沉思，作一名旁觀者，只證明了
一種非人性的哲學或一種可怕的盲目」。但這表明了一種眞正的
發展嗎？至多這只是一種宗教狂熱的復發，他更加容易被這種狂
熱所俘獲，而不再像青年時那樣被捆住手脚了，而且他一直用人
性的眼光來衡量現實。

有些人選擇了一條路，不停地走下去；另一些人改變了道
路，但每次都懷著同樣的信念。紀德留在交义點上，始終不渝，
這是一個最重要的、最擁擠的交义點，這裡匯聚著西方十字路口
上的兩條大道：希臘文明和基督文明。紀德喜歡的是整個情境，
在這個情境中，他可以吸收兩種光芒，兩種能量，這個英雄主義
的情境無所依托，無所佑護，他在這裡遭受著每一種攻擊，投入
每一種愛的懷抱。爲了在這樣一種危險重重的情境中忍受下去，
這個人需要一種無比的堅強勇毅，偉大的作品即由此而生……

然而，我們不能否認：「誰愛其生命將失去它」。基督這句話
是紀德每部作品的基礎。他的全部成果可看作是一種與自尊心有
關的神話學。對他來說，自尊是首要的道德現象。每位批評家都
應當強調這一點並指出這個主題佔據的位置，從《杜斯妥也夫斯
基》到《南基和你》，以及《非道德主義者》和《窄門》這兩套對

立的兩部曲。如果我們對這句宗教格言的重要性沒有清楚的瞭解，是不能自以爲對紀德有某種程度的認識的。

在過去的百年裡有三個人在宗教教條或神秘主義之外對基督其人懷有最熱烈、最親切，甚至可以說最友善的興趣，他們是尼采（作爲一名「敵友」）、羅扎諾夫和紀德。

紀德在一九三二年的日記中寫道：「和這種亞細亞主義相比（他說的是雷南、巴勒、羅梯、勒麥特等），我多像亞利安人！」紀德的希臘精神到了晚年日益充實。從《地糧》發表以來，在他身上總可看到這種精神，彼埃爾・盧玉斯相去不遠。但後來他變成了眞正的希臘主義者，即成爲悲劇性的了。在最後幾年的日記中，有幾頁極爲精釆，奇特地表現出智慧與痛苦在純淨與近似之間的迴蕩。於是五世紀希臘人成功地達到的困難成就是：智慧而不一定合乎理性，快樂而不一定放棄痛苦。在紀德最終的智慧中，沒有確信而只有戰慄；魔鬼並未被驅逐，而他由於年邁而下垂的眼簾，也不再以挑釁性的凝神目光注視著上帝了。在日記的最後幾頁中，我似乎望見了伊底帕斯，但不是在卡洛努斯的伊底帕斯，也不再是伊底帕斯王。

## 3. 藝術作品

「對於我寫的作品應當從藝術的觀點加以判斷，而批評家們從不或幾乎從不採取這一觀點……此外，只有這個觀點是不排斥其它的觀點的。」（《日記》，1918 年）

「我首先把自己看成一個純藝術家，而且像福樓拜一樣只關心自己作品的寫作質量。嚴格來說，我根本不考慮作品的深刻意義」（《日記》，1931 年），只有在接觸到別人的反應時，紀德才意

識到自己作品的深刻意義，他把這類意義在其批評著作中加以歸
納整理。如果他有意識地在作品形成之前就先賦予其某種意圖，
而把作品只看作是意圖的某種方便的骨架的話，像《地糧》這類
作品不會這樣優美雋永，如果他有意識地在作品形成之前就先賦
予其種意圖，而把作品只看作是意圖的某種方便的骨架的話。詩
集尤其如此，在詩集中，作者正像拉丁字詩人（Vates）一樣，不
再是一名解釋者，他的信息超越了他，他甚至自己也不能很好地
理解它了。信息來自某種比他更強的東西，某種在他之內的東西
或人物，來自上帝。作品一旦創作出來甚至會使他本人驚詫。詩
作已外於自己到這樣的程度，他會對其鍾情，就像皮格馬利翁愛
上了自己雕出的少女像一樣。

　　**合法的假托**　　關於紀德的批評工作我們不要有誤解，正是在
這類作品中藏有他自己最內在的部分。這些作品都是他的系統的
論述，表明紀德是有一個理論系統的；其它書籍則主要是藝術作
品，並無根據或理由。只是間接地透過這些批評作品的說明（但
可以說他是不由自主地），《地糧》或《伊底帕斯》才能具有福音
書的面目，而其中包含的信息，才被看作是一種新倫理觀。紀德
的作品就像一張網，其中任何一個網眼都不能被忽略。我想那種
按時序或方法原則將其分割成碎片的作法是徒勞無益的。紀德的
作品，差不多都要求人們按某些帶有註釋概要圖表的聖經的方式
來閱讀，甚至像《百科全書》上那些帶有眉批邊註的篇章一樣的
讀，這些註釋可以給正文以某種極具啓發性的價值。紀德往往是
他自己作品的「注經家」，這對於使作品保持其非功利性和自由性
是必要的。紀德式的藝術作品，是特意要難以捕捉的，它要逃避
（感謝上帝）黨派和教條的任何吞併，即使它們是革命的。如若不
然，就不成其為藝術作品了。但由此而推論紀德的思想是難以捉

摸的就大錯特錯了。在自己的批評著作中，在他的《日記》中，紀德使我們能夠十分明確地把握和說明他。當我們瞭解了晚年的紀德以後，從他的詩作中就產生出某種新的聲音，一種令人鼓舞的對人的系統看法。

「在這本《愛的嘗試》中，我想指出這本書對作者的影響，以及在寫作過程中對他產生的影響。因為當它離開我們時，它改變了我們，它改變了我們生命的進程……我們的行為對我們有一種反作用。」（《日記》，1983 年）把這些話和米歇萊的話比較一下：「歷史在時間的行進中，對歷史家的創作，遠多於歷史家對它的創作。我的書創造了我，我是它的作品。」（1869 年，序言）。如果我們承認，作品是紀德意志的表現（拉夫卡的歐、密歇爾、艾杜阿爾等人的生命），《日記》卻正好是作品的反面，它相反面的補充。作品是紀德應是（願是）的樣子。《日記》是紀德所是的樣子，或更準確些說，是艾杜阿爾、密歇爾和拉夫卡的歐把他創造成的那個樣子（對此可以從《日記》中引證許多適當的段落）。

因為在生命的某個時刻他想成為某個人物時，他就呼喚出了梅那爾克、拉夫卡的歐、密歇爾、或艾杜阿爾，這樣他就寫出了《地糧》、《非道德主義者》和《偽幣製造者》。「我相信，描繪我們遇到過的某個人物的願望是很普遍的。但新人物的創造只對這樣一些人才成為一種自然的必要，即那些被一種不可擺脫的複雜情境所折磨的人物，而且他們自己的姿態不足以含括那些新人物的姿態。」（《日記》，1924 年）

**小說與故事**　紀德的美學包括兩方面，一方面它要充分強調他賦予人的道德性的重要位置；另一方面又充分強調他通過把自己想像成為另一個人而獲得的感官快樂。

故事（《安德烈·瓦爾特》、《田園交響曲》、《非道德主義者》、

《窄門》），把一個案例、一個主題、一個變態病例虛構化（如果
是這樣的話）。如果這不是由於紀德的特殊藝術手法的必要，它將
會是一種藉口，一種並不屬於任何特殊理論的藉口。簡單地說，
這些故事差不多是各種各樣的神話。這是紀德的神話系統（一種
普羅米修斯的，而不是一種奧林匹亞的神話系統），其中每個人物
並不怕某種程度上類似於其他人物，而且這種神話正像任何其他
神話一樣，都傾向於成為寓言、象徵，或者至少可以這樣加以解
釋。每位英雄都吸引著讀者，都樹立著楷模或破壞著偶像。紀德
故事中的神話什麼也不證明，它是一件藝術品，其中充滿了各種
信念；它是一篇人們願意相信的虛構故事，因為它闡釋了生活，
並且比生活本身更強而有力，更廣闊（它為一個理想提供了形象，
每個神話都是一個夢）。而且，紀德的這些故事，正像每個神話一
樣都是在抽象真實與具體虛構之間的一種平衡物。所有這些著作
都是基督式的作品。

　　小說（《拉夫卡的歐歷險記》、《偽幣製造者》），這些小說的特
性是它們的絕對無用性，它們是一些遊戲（相對於義務的遊戲是
「無為」而為者）。它們什麼都不證明，甚至不是心理學現象，除
非因為它們表現了和生活本身十分符合的混亂和複雜的情境。它
們是由構想故事的無上快樂中產生的，作家在無限眾多和生動的
可能方面中（他不可能具有其中任何一個方面）將自己輸入故事。
正是和兒童相像的那種虛構本能賦予《拉夫卡的歐歷險記》如此
豐富的輕巧行徑與如此妙趣橫生的魯莽言行，賦予了《偽幣製造
者》以現實中極不可能發生的複雜情節。紀德懷著極大的快樂構
思著他的人物，他的願望正是變成他們，他托現在他們身上，這
些都在無數不可能騙住我們的瑣碎細節中加以證實；拉夫卡的歐
穿新衣服時的快樂是用心加以描繪的（就像孩子詳述他想要的玩

具一般，特別當玩具只是在想像中存在時）；艾杜阿爾對奧利維的
態度，正像在兒童的遊戲中一樣，現實突然溢入幻想世界：眞實
情節被安揷在小說之中，紀德顧不得改變其中的名字，如老拉・
普魯斯的一段，喬治行竊一段等等。

　　《僞幣製造者》「我想讓這本小說成爲什麼呢？一個十字路
口——衆多問題的交匯點」（《日記》，1923 年）。當然，批評家會
有興趣把這本書看成是一部由一位偉大的法國作家構思和寫出的
偉大俄國小說。在《僞幣製造者》第一場中，幾乎完全重複著《卡
拉瑪助夫兄弟們》中男孩們一段的情調和精神。像杜斯妥也夫斯
基的所有小說一樣（也許除了《永恆的丈夫》），《僞幣製造者》是
由各個分散故事編織而成，這些故事之間的聯繫不是一目了然的）
由於馬丁・德・加爾的勸告，紀德把這些彼此無關的情節串聯在
一起）。《僞幣製造者》像《拉夫卡的歐歷險記》一樣是一部魔幻
小說，我的意思是，行爲的統一性由於不可預料的和往往未加利
用的情節展望而解體，於是我們在此重新發現了一場地獄幻想
曲。相反的證明是，紀德的故事是宗敎式作品，它們的音調和情
節都具天使般的單純性。

　　**紀德人物的專名詞源學**　　我們可以區別有首名的的人物與有
姓的人物。父姓往往是富有特徵或諷刺涵義的（雖然是精心選擇
的），如巴拉格里奧、普羅費特地歐、弗羅雷斯瓦。紀德用他們的
姓來嘲笑大多數人沾沾自喜的東西，但在他看來這正是使他們不
眞實的原因。反之，首名永遠是糊模的非個人性的，如：艾杜阿
爾、密歇爾、貝爾納爾、羅伯爾。它們是鬆鬆散散的外衣，什麼
都不洩露。這些人物的個性表現於名字以外的什麼地方（如他們
的家庭和社會），對此他們不可能負責。也有一些神秘性的或富於
異國情調的首名（也是完全因爲其響亮悅耳而選用的），如：梅那

爾克、拉夫卡的歐這些名字的歷史的或地理的古怪性使人物失去了社會身份或錯置了地位，從而提醒我們，我們不可能在我們當代社會中遇到他們，並（或許有諷刺性地）為其道德或行為的異常性進行辯護。它們似乎在說：「放心吧，你不會在我們中間找到梅那爾克或拉夫卡的歐的，但這眞是太遺憾了！」

**紀德的小說**　注意，小說通常的方面（觀察、氛圍、心理）都略而不談了。這些因素都被看成旣定的了。小說是從日常的經緯佈局出發，往下寫下去的，它依賴於讀者的品質。在現代幾位最偉大的小說家中（實際上自從愛倫・坡以來），我們的時代被這種小說創作法所否定，從而藝術家本人分解了創作程序，對程序的興趣幾乎像對作品本身的興趣一樣大。因爲我們理解藝術是一種遊戲，一種技巧（這種看法來自法國人發明的爲藝術而藝術的公式。參見尼采的《超出善惡》，第 254 節）。如果我說瓦萊里使一位詩人能對詩學程序提供準確的論述，我不認爲是誤解了他。艾杜阿爾的令人驚異的《日記》是如此，紀德自己的《日記》中的許多片段也是如此。

**自然科學**　《日記》將使未來的批評家注意紀德對自然科學的愛好。「……我錯過了自己的事業。我曾想作一名博物學家，而且應當成爲一名博物學家。」（《日記》，1938 年）。這種愛好使他能非常細心地注意形式世界。在描繪一位詩人時，你總會發現一位博物學家。自然科學爲紀德提供了許多比較，甚至於整段整段的證明（在《考里東》一書中他對馬特林斯克的科學書籍的批評）。因爲沒有什麼比這類比較更清楚地提供本體論的問題了。許多偉大的才智之士都利用科學來闡明這個問題，首先是對他們自己，然後再對讀者。瓦萊里對認識論的注意，紀德對自然科學的注意應當使我們思考……

**平凡性**　有時在紀德作品中我們看到一種平凡性的影子，但包裹在那種永遠令人讚美的風格中，這個影子或許此時在引導著他，欺騙著他。但我不敢肯定這種「中立的」思想不是特意形成的，以便更鮮明地與他語言表達的優美相對照，或者甚至於謙卑，即出於使他如此詳細地（在《日記》中）說明不重要的翻譯問題的那種良心。對這個人來說，你無法肯定。他使自己處於阻止你猜測他的弱點的地位，因此你很難把這些弱點歸罪於他。你不能斷定他是否是故意地產生這些弱點，不加任何提示，不告訴我們，他究竟是否意識到這些弱點。

**普通性的魅力**　這表現於，在人人都具有相等的和通常的武器的地方更難發出亮光，勝利只是價值更高的東西。對紀德也一樣，他的平凡性與普通性中包含有一種魅力。他企圖借用和每個其他人同樣的觀念和字句去說某種正確的東西。這是一條經典規則：有勇氣最好說出顯然的道理。因此，在我們第一次閱讀時，經典作家從不會使我們滿意。實際上，他是用未說出的東西來引誘我們，我們會很自然地被引導去發現它們。主要的線條是清楚地繪出的，但接著隱蔽住了次要的線條。這是一切藝術的特徵（在這一點上可參見畢卡索的一些重要的繪畫）。正如孟德斯鳩所說：「我們在描述時，總是省略一些中間的概念」。紀德對此補充道：「任何藝術品中都有透視性的縮短」。因此，一開始總有晦暗不明之處或極端簡單化的處理，以致於平庸之輩會說他不「理解」。在此意義上，經典作家是表現晦暗不明，甚至模棱兩可主題的大師——即省略掉多餘物（庸俗之輩總喜歡這些多餘之物）的大師。或者你也可以說，經典作家的一個可能的定義是迫使我們為自己而思考，因此它不再為某一世紀所獨占，而是屬於一切心靈了，不管他們被叫作拉辛、斯湯達爾、波特萊爾，還是紀德。

# 脫衣舞的幻滅*

　　脫衣舞（至少巴黎的脫衣舞）是以一種矛盾為基礎的：女人在脫光衣服的剎那間被剝奪了性感。因此我們可以說，在某種意義上我們面對的是一種恐懼，或準確些說以「使我恐懼」的場景的意義為基礎。在這裡色情似乎變成了一種美妙的驚恐，宣佈了它的儀式化記號，以便使人既想到性，又想到性的魔法。

　　把觀眾變成觀淫者的只是脫衣時花費的時間，但在這裡正像在任何有神秘化作用的場景中一樣，佈景、道具和各種程式等一起和本來具有挑逗性的意圖發生對抗，並終於使其淹沒在無意義之中：宣布惡，以便更有效地阻止它和驅除其魔力。法國的脫衣舞似乎產生於我先前說的人造奶油的運作，這種神秘的作用在於對觀眾輸入少許惡，以便之後將其淹沒在永不遭受玷污的道理至善之中。結果由烘托表演的情境所突出的少許色情感，實際上被一種使人放心的儀式所吸收，這種儀式徹底地否定了肉體，正像牛痘疫苗和禁忌限制控制住疾病或罪行一般。

　　因而在脫衣舞表演中，隨著她佯裝要把衣服脫光而有一整套遮掩物覆蓋在女人的軀體上。異國情調是這些障礙中的第一項，因為它永遠具有一種固定性，這種性質把軀體放逐到傳說或浪漫世界中。例如，一個「中國女人」手拿著大煙槍（「中國女子」必不可少的象徵），一位混身扭捏的蕩婦配著一支特大的煙嘴，帶有貢杜拉小船的威尼斯佈景，帶裙撐的女服和唱小夜曲的人，這一

---

*本文譯自巴特：《神話學》，法文版，1957年，巴黎。

切從一開始就要把女人造成一個僞裝的對象。於是脫衣舞表演結束時並未使隱藏的深處顯明，而是透過脫去不協調的和人爲的衣衫使裸體意味著女人的一件自然的衣服，從而最終相當於重新恢復了肉體的絕對貞潔。

音樂廳的古典道具總是爲脫衣舞表演所用，這類道具永遠使不著衣衫的身體更顯得疏遠，並迫使它回到一種熟悉的儀式，即具有彌漫舞台的輕鬆氛圍之中：皮大衣、羽扇、手套、頭飾、網狀絲襪。總之，整整一套裝飾物使活生生的人體歸入了豪華物件類，這些物件用魔術般的裝飾把人包圍起來。披戴著羽飾或配戴著手套的女人在表演中相當於音樂廳中的一個固定成分。她脫掉這些飾物時的方式極具儀式性，以致於不再像是眞正的脫衣動作了。羽飾、皮大衣和手套即使去掉以後也仍然以它們的魔力留在女人身上，賦予她某種使人想起一個豪華驅殼的東西，因爲不言自明的規律是：整個脫衣舞的效力是存在於女人身上最初的衣衫本性之中的。如果不是這樣，如我們在中國女人或穿皮大衣的女人的例子中所見，後來出現的裸體就仍然是非眞實的，無刺激力的，被裹著的，正像一件美麗光滑的物體，由於它被人們過分使用而失去作用一樣。這就是掛滿寶石或金幣的內褲具有的深刻意義，它只能是脫衣舞生命的結束。這塊最後的三角，連同它的純幾何形狀，它的光亮硬挺的質地，就像一把純潔的利劍擋住了通往性部位的通路，並肯定將女人驅入了一個礦物世界。在這裡寶石成了純粹物性的不可否認的象徵，對於任何目的來說它都不再有任何用處了。

與一般成見相反，從頭到尾伴隨著脫衣舞表演的舞蹈，絕不是一種色情因素。也許正相反，有節奏的輕微扭動此時驅散了手足無措的擔心，它不僅賦予表演以藝術的藉口（脫衣舞表演中的

舞蹈永遠是「藝術性的」），而且更主要的是它構成了最後一道障
礙，而且是其中最有效的一種。舞蹈是由已被看過千萬遍的儀式
化姿勢組成，其動作具有一種裝飾性，並使場景披上一種多餘而
又必要的姿勢保護層，因為在這裡，裸露行為被轉化為在不大可
能發生的背景中實現的依附性活動領域了。於是我們看到脫衣舞
職業演員都處在令人驚異的輕鬆氣氛中，這種氣氛始終圍繞著她
們，使她們顯得遠不可及，使她們流露出熟練從業員具有的冷冰
冰的無所謂的神情，高傲地躲藏在對本身技巧的自信中，結果，
她們的專門技巧給她們披上了衣裳。

　　驅除性魔的所有這些細緻的技巧，都可在業餘脫衣舞「民間
比賽」（sic）中從相反方面加以證實。在這裡「新手」當著幾百名
觀眾脫去衣服，沒有魔術的憑藉或只能笨拙地求諸於魔法的護
佑，這就肯定地使場景恢復了其色情力量。此時，我們一開始看
到少數中國或西班牙女人沒有（剪裁入時的）羽飾或皮大衣，一
開始也沒有什麼偽裝物，笨拙的步法，糟糕的舞姿，姑娘們老是
擔心無所動作，尤其是擔心「技巧的」拙劣（短褲、外衣或胸罩
的妨礙），這一切使得脫衣動作的姿態具有了一件出乎意料的重
要性，否定了女人的藝術性假托和成為一件物體的逃避所，將其
拘束在脆弱無依與羞怯難當的狀態中。

　　但是，在「紅磨坊」舞廳，我們看見了另外一類性的驅魔術，
或許這是典型法國式的，這種驅魔術實際上與其說會使色情感失
效，不如說想將其馴服。演出指揮者企圖賦予脫衣舞一種使人心
安的小資產階級身份。首先，脫衣舞是一種運動。這裡有一種脫
衣舞俱樂部，它組織健康的比賽，獲勝者頭戴皇冠走到台前並領
取有教育意義的獎品（對身體訓練課的一種贊助），一本小說（它
只能是羅伯-格里葉《窺視者》一類的書）或有用的獎品（一雙尼

龍襪，五千元法朗等）。這樣，脫衣舞就被看成了一種專業（其中有新手、半職業家、職業家），也就是一種專業化的可敬的訓諫（脫衣舞者成了技術性工人）。人們甚至可以使其以工作作為有魔力作用的托詞：即職業。人們會說，一個姑娘「幹得好」或「前途大有可為」，或只說在艱難的脫衣舞表演中「剛邁出第一步」。最後尤其重要的是，競爭者都具有社會位置，她可以是女售貨員或女秘書（在脫衣舞俱樂部中有很多女秘書）。在這種情況下，脫衣舞又重新被納入公共世界，為人們所熟悉和成為資產階級。似乎法國人與美國觀衆不同（至少據說如此），他們都遵循著自己社會身份的不可違抗的傾向，只有賦予色情表現以某種習常性質才能對其加以設想，這種習常性，更多地是由每週體育運動為藉口，而很少是由一種魔術般的場景的假托加以認可的。因此在法國脫衣舞已被民族化了。

# 艾菲爾鐵塔*

　　莫泊桑常在艾菲爾鐵塔上用午餐，雖然他並不很喜歡那裡的菜餚。他常說：「這是巴黎唯一一處不是非得看見鐵塔的地方」。真的，在巴黎，你要想看不見艾菲爾鐵塔，就得時時處處當心。不管什麼季節，不管雲霧瀰漫、陰天、晴天還是雨天，不管你在那裡，也不管那一幢建築物、教堂或樹木的枝葉把你和它隔開，鐵塔總在那兒。它已被溶入我們的日常生活，你不再能賦予它任何特殊屬性，它只是被決定了像一塊岩石或一條河流一樣地存在著，刻板呆滯地像一種自然現象，其意義雖可不斷加以置疑，而其存在卻是不容爭辯的。在一天的任何時刻，巴黎人的目光都不會不觸及它。當我寫著關於它的這幾行字時，鐵塔正在那兒，在我眼前，它被框在我的窗子裡，而當無月的夜色模糊了它的形影，差不多要使它看不到了，使它不再顯現了時，兩束微弱的燈光點亮，在塔頂上輕柔地閃爍著。於是漫漫長夜中它將仍在那裡，從巴黎上空把我和我的每一個友人連繫在一起，因為他們也在望著它。我們每個人都含有它的不同角度的形象，而它是那個不變的中心。艾菲爾鐵塔是友善的。

　　鐵塔其實也出現於整個世界。首先，作為巴黎的一個普遍象徵，它出現在世界各處，只要人們想用形象來表示巴黎時。從美國中西部到澳大利亞，任何到法國來的旅行計畫都會提到鐵塔的名字，任何有關法國的課本、海報或電影都必定把它看作一個民

---

＊本文譯自《巴特文選》，英文版，1983年。

族和一個國度的主要象徵：它屬於世界性的旅行語言。此外，它除了表示狹義的巴黎，也觸及最普遍的人類形象語言。它的簡單質樸的外形賦予它一種涵義無窮的密碼的使命，結果隨著我們的想像的推移，它依次成為如下事物的象徵：巴黎、現代、通訊、科學或十九世紀、火箭、樹幹、起重機、陰莖、避雷針或螢火蟲，隨著我們夢想的遨遊，它必然總是一個符號。正如每個巴黎人的目光都不得不與其交遇一樣，任何幻想都必然或遲或早地確認其形式和其滋養。撿起一隻鉛筆，讓你的手，換言之你的思想，隨著活動，結果往往會是鐵塔的形象出現在紙上，那簡單線條的唯一神話式功能，是把底與頂或把地與天連結起來，正像詩人們所說的那樣。

　　這樣的純粹的（實際上是空的）符號，是不可避免要存在的，因為它意味著任何事物。為了否定艾菲爾鐵塔（雖然這樣做的企圖很少有，因為這個象徵物對我們並無任何冒犯），你必須像莫泊桑一樣爬上鐵塔並使自己和它融為一體。人是唯一不知道他自己目光的人，鐵塔也像人一樣是以它為中心的整個視覺系統中的唯一盲點，巴黎則是這個系統中心的周圍地帶。但是在這個似乎限制了它的運動中，鐵塔獲得了一種新的力量。當我們看它時，它是一件物體；而當我們到鐵塔遊覽時，它就變成了一種景色，而且現在它構造了那個剛才還在望著它的巴黎，此時巴黎成為在它腳下既伸展又在收攏的對象。鐵塔是一件會看的物體，也是一束被看的目光。鐵塔是一個既主動又被動的完全動詞，不欠缺任何功能和語態（像我們在語法學中所說的，這裡當然帶有一種戲謔的含混性）。這種論證絕非陳腔濫調，它使鐵塔成為一個有獨特風格的紀念碑。因為世界通常（或者）產生純功能性的有機體（照像機或眼睛），它們的目的是看物，但不提供任何被看的東西，看

的主體神秘地同藏於背後的東西聯繫起來（這是窺視癖者的主題）；或者產生景象，它們是盲目的並始終留在可見對象的純被動態中。鐵塔（而且這是它的神話力量之一）違犯了上述分離現象——看與被看的習慣性的分裂。它在兩種功能之間造成了一種充分的流通性。我們也許可以這樣說，凡具有兩種視覺「性別」之物即是一種完全之物。在知覺秩序中，這種輝煌的地位使其具有一種奇妙的意義傾向：鐵塔吸引著意義，有如避雷針吸引著雷電。對於一切意義創生的愛好者來說，它都有著一種迷人的作用，一個純能指的作用，即這樣一種形式的作用，人們可以不斷地把意義納入這種形式中（他們可以任意地從自己的知識、夢想和歷史中抽出引出這些意義），而意義不會因此被限定和固定。誰能說鐵塔對明日的人類又意味著什麼呢？但不容置疑，它將永遠是某種東西，是某種與人類本身有關的東西。目光、物體、象徵這就是功能的無限循環，它使鐵塔能永遠是什麼別的東西，是比艾菲爾鐵塔多得多的某種東西。

為了滿足這種使其成為某種完整的紀念塔的巨大夢幻功能，鐵塔必須逃脫理性。要實現這種成功的逃避，首要條件是：鐵塔需是一個完全無用的紀念塔。鐵塔的無用性一直隱隱約約地被人們看作是一椿醜聞，也就是這樣一種真實：造價昂貴，不能接受。甚至在鐵塔建造之前，人們就抱怨說它是無用的，當時人們認為，僅僅由於這個理由就足以對其加以譴責。一個通常信奉資產階級大企業的合理性和經驗主義時代精神的人，是無法容忍一個無用物體的存在的（除非它被公平宣稱為一件藝術品，而把鐵塔看成一件藝術品是不可思議的），所以古斯塔夫・艾菲爾在對「藝術家請願團」辨護自己的設計時，審慎地列舉了鐵塔未來的一切用途。我們可以想像，這位工程師列舉的項目都是科學的用途：空氣動

力學測量、材料耐力研究、爬山者生理學、無線電研究、電信問題、氣象觀察等等。這些用途當然是無須爭辯的，但是一和鐵塔的壓倒一切的神話力量相比、和它在全世界所承擔的人類意義的神話相比，它們就顯得太可笑了。因為不管科學的神話會使功利的藉口顯得多麼堂而皇之，它們和使人成為真正人性的那種偉大的想像功能相比就不屑一顧了。但是，人類作品的無意義性是從來不會直接加以宣佈的，它在用處這一範疇下被合理化了。艾菲爾把他的鐵塔看成是一件嚴肅的、合理的、有用的東西，而人們卻還給它一個偉大的、奇異的夢想，這個夢想極其自然地進到了非理性的邊緣。

　　這種雙向運動是深刻的，建築物永遠既是夢想又是功能的體現者，既是某種空想的表現，又是一種使用的工具。甚至在鐵塔誕生之前，十九世紀（特別是在美國和英國）的人們已經常常在夢想一種具有驚人高度的建築物了，因為上一世紀對工業技術十分傾倒，於是對空間的征服願望再一次俘獲了人類。一八八一年，正好在鐵塔建造之前，一位法國建築師設計了一個太陽塔。現在看來，這個設計方案從技術上說是相當荒謬的，因為它依賴的是磚石結構而不是鋼架結構，並且也以一種純經驗主義的功用性為理由。一方面，在建築物頂端有煙火裝置，它借助一組鏡面（這套裝置當然十分複雜）來照亮巴黎每一處黑暗的角落；另一方面這個太陽塔（約一千英尺，與艾菲爾鐵塔相仿）設計的最後一道幻想是有關一種日光浴室的，患者可以在室內呼吸到新鮮空氣，「就像山中的空氣一樣純淨」。但是太陽塔的情形也像鐵塔一樣，建築事業具有的單純功利主義與無限強大的夢幻功能是分不開的，實際上鼓舞人們進行這種創造的正是後一動機：用處除了掩飾意義之外別無所為。因此我們可以在人類中間，看到一種真正

的聖經通天塔情結：通天塔應當用於與上帝交流。然而這是一種夢想，它所觸及的深度遠超過神學性構想的深度。擺脫了其功利性支撐的這種宏偉的升天夢想，最終存留在畫家表現的無數個通天塔中，似乎藝術的功能只在於揭示物體深刻的無用性。同樣地，鐵塔幾乎完全與認可其存在的科學考慮分離（在這裡鐵塔和其用途事實上並無多大關係），它產生於人類的一種宏偉的夢想，其中各種可變的和無限的意義混合在一起：鐵塔重新克服了那種使其生存於人類想像中的基本無用性。最初，人們企圖（因為一個空洞無用的紀念塔的概念是自相矛盾的）使其成為一個「科學廟堂」，但它只是一個隱喻，實際上鐵塔什麼也不是；它達到了紀念塔的某種「零」狀態，它不參與任何儀式或禮拜，甚至也不參與藝術。你不可能把鐵塔當作一個博物館去參觀：在塔內毫無可看。但這座空的紀念塔每年接待的遊客比羅浮宮還多兩倍，比巴黎最大電影院的觀眾人數還多得多。

　　話說回來，我們為什麼要去參觀艾菲爾鐵塔呢？毫無疑問，是為了參與一個夢幻，在這個夢幻中艾菲爾鐵塔與其說是一個真實的物體，不如說是一種凝聚器（這是它的存在根源）。鐵塔並不是一種通常的景物，走進鐵塔向上爬上去，沿著一層層通道環行，等於是既單純又深刻地臨近一種景象，並探索一件物體（雖然是一種鏤空雕塑品）的內部，把旅遊的儀式轉換為對景觀和智慧的歷險。我想先簡單地談談它的這種雙重功能，最後再進而論述鐵塔的主要象徵功能，後一種功能才是其最終的意義。

　　鐵塔俯瞰著巴黎。參觀鐵塔就是讓自己登臨塔樓的看台，以便察覺、理解和品味一下巴黎的某種本質。同時鐵塔也是一座有獨特風格的紀念碑。觀景台習慣上也就是對自然風光的眺望台，

這些觀景台把大自然的各種元素——水流、溪谷、森林盡收於眼底，於是「美景」的觀賞必然含蘊著一種崇拜自然的神話觀。雖然鐵塔所眺望的不僅有大自然而且還有城市，但是鐵塔由於其作爲遊覽地的位置而使城市變成了一種自然，它使川流不息的人潮成爲一種風景，它使那往往是嚴酷的都會神話，增添上一層浪漫色彩，一種和諧和鬆弛的氣氛。巴黎由於有了鐵塔並以它爲起點而加入了滿是人類好奇心的各種大自然的主題曲：海岸、風暴、山岳、雨雪、河流。於是，參觀鐵塔，就不是去和歷史聖地神交，像參觀大多數紀念碑時的情形那樣，而是和人類空間中新的大自然親和。鐵塔不是一處遺跡、一件紀念物，或一種文化現象，而是對一種人性的直接消費，這種人性由於轉換爲一種空間的目光而成爲自然的了。

　　我們可以說，正因如此，鐵塔把一種最初在文學中流露出來的想像加以物質化了（通常偉大作品的功能正在於預先完成隨後僅僅由技術加以實行的構想）。在十九世紀，鐵塔出現前的五十年左右的確出現過兩部作品，它們都以傑出的詩意寫作（écriture）體現了這種（或許相當古老的）俯瞰全景的幻想：這就是提供了一幅巴黎鳥瞰圖景的《巴黎聖母院》和米歇萊的《編年紀事》。在一個是關於巴黎和另一個是關於法國的這兩幅宏偉圖景中最令人讚嘆之處在於，雨果和米歇萊都清楚地理解，全景圖像把一種理智作用的無比力量，添加到崇高地勢所具有的撫慰人心的奇妙功能之上。每一位鐵塔的參觀者都可於瞬息之間將一幅鳥瞰圖景盡收眼底。這幅圖景，向我們呈現的是被讀解的世界，而不只是被覺察的世界，因此它相應於一種新的圖像觀感。在過去，旅遊（我們當然會想起——仍然是令人羨慕的——盧梭的漫遊）就是使自己被塞入感覺之中，只去感覺一種事物的潮流。由我們的浪漫派

作家所表現的鳥瞰圖景則正相反，他們好像預測感到鐵塔的建造和航空的出現似的，這樣的圖景使我們能超越感覺並看透事物的結構。所以這類文學和這些觀賞建築標誌了一種新感覺，一種唯智主義方式的出現（它們都產生於同一個世紀，而且也許產生於同一種歷史）。巴黎和法國在雨果和米歇萊的筆下（而且在鐵塔的環視下）成爲可理解物，但並不損失它們的任何物質性（這一點正是新穎之處）。一種新的範疇——具體的抽象範疇出現了，而且這就是我們今日可以賦予結構這個詞的意義：一組理智的形成。

正像若爾丹先生面對散文時的情況一樣，每一位鐵塔的參觀者都在不知不覺中實踐著結構主義（這並不妨礙散文和結構照舊存在）。巴黎在他身上開展，他自動地區分開各個地點（因爲已知道這些地點），但並未停止把各個地點再聯合起來，在一個大功能空間內來知覺它們。總之，他在進行區分和組合，巴黎對他呈現爲一個潛在地爲理智準備好的，向理智敞開的對象，但他必須運用最後的心智活動親自將其構造出來：鐵塔提供給巴黎的全景絕非消極被動的東西。由旅遊者一己微弱的目光所傳達的這種心智活動有一個名稱：譯解。

究竟什麼是一幅全景呢？一個我們打算去譯解的形象，在其中我們企圖認出已知的地點和識別街區標誌。讓我們看一幅從鐵塔上看到的巴黎風景，你可以分辨出由夏約宮傾斜而下的山丘，在那邊是波羅納森林。但凱旋門在那裡呢？你看不見它，它的不在，迫使你再一次審視全景，尋找這個在你的結構中失去的地點。你的知識（你對巴黎地形可能有的知識）在和你的感覺鬥爭，而且在某種意義上，這就是理智的涵義：去構造，去協同運用記憶和感覺，以便在你心中產生一個巴黎的模擬物，這個模擬物的成分展現在眼前，它們是真實的，自古已然的，但卻在呈現給你的

整個空間內迷失了方位。由此我們就接近了一切全景圖都具有的複雜的、辯證的性質了。一方面它是一種令人心曠神怡的景象，因爲它可以緩慢而輕柔地滑過巴黎形象的整個周長，而且最初沒有「偶然事件」希冀截斷這條巨大的礦物與植物層帶，這是你在居高臨下的喜悅中從遠外瞥見的。但另一方面，這個連續體又使你的心智捲入一場鬥爭中，以求得被譯解，我們必須在其中發現符號，發現從歷史和神話中產生的某種熟知的東西。因此，一幅全景絕不可能被當作一件藝術品加以享用，一旦我們企圖在一幅畫中識別那些由我們的知識中推出的特殊之點，它的美學興味也就消失了。當我們說，這裡有巴黎美景展現在鐵塔腳下，那就無疑等於承認對這樣一種空間景觀的讚詞，這個景觀中只含有優美相連的空間地域，但它也掩蔽了面對著一個對象的目光所包含的理智活動，這個對象需要被區分、認識和重新使其與記憶聯繫起來。因爲感覺的歡愉（沒有什麼比居高臨下、極目遠眺更使人欣快的了）並不足以逃脫心智在任何形象面前的置疑傾向。

　　全景觀的這種普遍理智化的特性，又由下述現象進一步加以證實，雨果和米歇萊進而將這個現象納入他們的鳥瞰圖的主要動因之內。從上空眺望巴黎時必然會想到一種歷史；從塔頂俯瞰時心靈會幻想眼前風景的遞變；它會透過壯麗的空間景象沉浸於時間的神秘性中去，情不自禁地陶醉於往昔雲煙之中。結果，時間綿延本身成爲全景式的了。讓我們回到普通常識的水平上去（這並非難事），對巴黎的全景提一個普通的問題，這樣就有四種因素立即踏入我們的視野，即我們的意識中：第一個是史前史的因素，那時巴黎爲一片水域所環繞，其中幾乎沒有幾塊陸地，遊客登上鐵塔的第一層時或許剛達到早先水面的高度，或許只能看見一些零散的孤島、戴高樂廣場、先賢祠、一片曾是蒙馬特區的林

島和遠處兩條蘭柱、巴黎聖母院塔樓，然後往左側可看見鄰近大湖的瓦勒林山的山坡。反之，如果在霧天遊客寧可留在這個高度，就會看見鐵塔的最高兩層從流動的底部拔起。鐵塔和水域的這種史前關係，可以說象徵地保留到今日，因為鐵塔部分地建築於已填實的（直到大學路）塞納河的一段凹入處，而且它似乎仍像是從一條河流旁拔起，護衛著河上的橋樑。在鐵塔眼前橫陳的第二種歷史是中世紀。考克多曾說過，鐵塔就是左岸的聖母院，雖然這座巴黎大教堂不是都市紀念建築物中最高的一座（榮軍醫院、先賢祠、聖心大教堂都比它高），它卻與鐵塔堪稱一對，它們是象徵的一對，可以說已為旅遊的民俗學所認可，所以就把鐵塔和聖母院當成巴黎的象徵。這個象徵表現為過去（中世紀永遠表示一種壓縮的時間）和現在的對立，以及像世界一樣古老的磚石和象徵現代性的金屬的對立。從鐵塔可以讀出的第三種因素是和一種通史有關，它從君主時代到帝國時代，從榮軍醫院到凱旋門，無法將其劃分。嚴格說來，這就是法國史，正如法國學童所學習的歷史，而且呈現在每個學童腦海中的法國史的許多片段都同巴黎有關。最後，鐵塔俯視著巴黎的第四種歷史，即當代人創造的歷史。有些現代紀念建築物（聯合國教科文組織大廈，無線電電視中心）開始在內部裝置上未來的標記。鐵塔能夠使這些互不適應的材料（玻璃、金屬），這些新的形式與往昔的磚石和圓頂協調一致。在鐵塔的注視下，在歷史綿延中的巴黎，使自己成為一塊抽象的畫布，在這塊畫布上，深色的橢圓形（從很久以前流傳下來的）與現代建築的白色長方形交錯並列著。

　　一旦這些歷史遺跡和空間位置為遊客的目光從塔頂上所確定，想像還可繼續填充這幅巴黎全景圖，賦予它以結構，但此時介入的是人的某些功能了。遊客在爬到巴黎上空時，就像阿斯摩

生斯妖似地產生出掀開了一個碩大無比的蓋子的幻覺，這個蓋子
籠罩著千家萬戶的私人生活。於是都市變成了親近熟悉的東西，
遊客要譯解它的各種功能或彼此的聯繫。在與河流的水平向曲線
垂直的對角線上，三個地區彼此聯結，猶如傾斜軀體上人類生活
的三種功能。在頂部，即在蒙馬特區下緣，是快樂；在中心，即
大歌劇院周圍，是物質性、企業和商業；在底部，即在先賢祠腳
下，是知識和學習。然後在左右側，有兩大片住宅區圍繞著這根
重要的軸線，像兩個防護的手籠，一個是普通住宅區，另一個是
藍領階層住宅區。再往前是兩條樹林帶，波羅納和文森。人們注
意到，一種十分古老的法律鼓勵著城市向西方向，即向太陽落山
的方向發展。於是在西側是有錢的人街區，東側則一直是窮人區。
鐵塔在建立時似乎有心地遵循著這一運動方向，我們可以說，它
伴隨著巴黎向西移動，我們的首都也未離開向西方的運動。而且
鐵塔甚至吸引著城市，朝向它的展開軸線，朝向陽光較暖的南部
和西部，從而參予那個使每個城市都變成一個生命機體的、重要
的神話功能。鐵塔既非大腦也非器官，它座落在離巴黎主要街區
略有距離之處，它只是見證人和目擊者，它以其微弱的信號審慎
地凝視著巴黎地區整個的（地理的、歷史的和社會的）結構。由
鐵塔的目光所實現的對巴黎的譯解，不只是一種心智活動，同時
也是一種「入族式」。爬上鐵塔以便好好眺望巴黎，猶如從外省來
到巴黎的少年所做的征服巴黎的初次旅行。幼年時的艾菲爾，在
十二歲時就隨母親乘驛車來到這裡，並發現了巴黎的「魔力」。這
個作為繁華首都的大城市，呼喚著登上那包含著快樂、價值、藝
術和豪華等高級存在領域的運動。這是一個無比珍貴的世界，對
這個世界的認識使人成熟，標誌著你已進入了充滿熱情和責任的
真正生活。鐵塔的旅遊，仍然能促使我們提出的正是這個神話（

當然是一個十分古老的神話）。對爬上鐵塔的旅遊者來說，不管
他性情多麼溫和，透過孤獨的沉思默想而使其呈現在眼前的巴
黎，多少仍然是拉斯梯格納克所面對、所挑戰、所占有的那個巴
黎。因此在外國人或外省人遊覽過的一切名勝中，鐵塔是必須登
臨的第一紀念建築物。它是一座大門，標誌著向一種知識的過渡：
人們必須透過一種「入族禮」來臨祭鐵塔，而只有巴黎人才能找
到免除致祭的托詞。鐵塔的確是這樣一個處所，它使人們加入一
種競賽，而且當它注視著巴黎時，它所聚攏的正是首都的這一本
質，並贈予給向它奉獻自己「入族禮」的外來人。

現在，我們應該從被凝視思考的巴黎返回到鐵塔本身來：即
（在被變成一個象徵以前）作爲一件物體延存著的那個鐵塔。對
旅遊者來說，每一目標通常都首先是一個內部地區，因爲一切觀
光活動都涉及到對一處封閉空間的探索。訪問一座教堂、一家博
物館、一座皇宮，首先就是把自己關入其內。「巡視」其內部，多
少有點像所有者的樣子：每次探索都是一次佔用。況且對內部的
旅遊與外部提出的問題相互對應：紀念建築物是一個謎語，走進
去就是爲了解謎，就是爲了擁有它。在此時的旅遊參觀中，我們
又認出了談到參觀鐵塔時剛提到的那種「入族禮」功能。一群遊
客被圍在建築物內，沿著屋內彎彎曲曲的通道魚貫而行，最後又
回到外部，這時的遊客很像是新入族者，後者爲了升至族內成員
的地位，必須穿過行入族禮的建築內的黑暗且陌生的路徑。在宗
教禮儀中與在旅遊活動中的情境類似，因此將人圍入建築物是儀
式的一種功能。在這裡，鐵塔也是一個自相矛盾的物體：你不可
能被關在它的內部，因爲鐵塔的本性正是它的細長形狀和它的鏤
空結構，你怎麼能被圈入空蕩蕩的場所之中呢？你又如何能訪問

一條直線呢？但毫無疑問的是，我們的確在參觀鐵塔，在其內逗留，直到把它當作瞭望台。那麼究竟發生了什麼呢？內部的主要的探索功能，應用於這個空的和無深處的建築物時又會怎樣呢？我們可以說，這個建築物是完全由一種外在的材料構成的。

　　為了理解現代旅遊者如何使自己適應於這個供其運用自己想像力的建築物，我們只需注意鐵塔給了他什麼，因為我們在其內看見一個物體，而不再是看見一處景觀。就此而言，鐵塔的供應內容有兩類：第一類屬於技術層。鐵塔提供了一定數量的演示或者（如果你願意的話）矛盾論供人消費，而旅遊者變成了代理技師。首先，這裡有四塊基石，而且尤其是（碩大並不使人驚奇的）金屬柱子極度傾斜地插入岩石塊中。這種傾斜性很奇特，因為它產生一種直立形式，其垂直性本身使其地勢傾斜，而且在這裡對於參觀者還有一種令人欣悅的挑戰。然後是斜度很驚人的升降梯，因為通常的想像力要求機械地升起的東西要沿著一根垂直軸滑行。而且對於任何爬樓梯的人來說，都會看到有關一切細節的放大景象，即鋼板、樑柱、螺栓，它們構成了鐵塔。看到這種在巴黎每個角落都被利用著的直線形狀，如何由數不盡的相互連結和交义的部分組成，真是令人驚嘆不已；這是一種把某一外觀（直線）歸結為其對立現實（由零碎材料組成的網眼狀物體）的操作，一種通過單純放大知覺水平而導致的非神秘化作用；正如在有些照片中，臉部曲線在放大時，看起來是由上千個五彩小方塊構成似的。於是作為物體的鐵塔為觀察者（只要他漸漸進入其內的話）提供了一整套「矛盾論」，這就是一種外表和與其對立的現實二者所構成的令人愉快的對比關係。

　　作為一種物體的鐵塔的第二種供應內容是，儘管它在技術上別具特色，卻構成了一個熟悉的「小世界」。從地面起，有一整套

簡單的商業網點伴隨著旅遊的開始：明信片、紀念品、小玩意、氣球、玩具、太陽鏡等物品的售賣，預示出一種商業生活氣氛，我們再次看到它們又擺設在第二層平台上。現在，任何商業都具有一種馴服空間的功能。賣、買、交換，正是由於這些簡單的姿態，人們眞地控制住了最荒野的處所和最神聖的建築物。有關被逐出寺院的放款者的神話，實際上涵義並不清楚，因爲這種商業行爲證實了對一處紀念建築物在感情上的熟悉性，這個建築物的別具一格，不再使人感到驚恐，而且由於一種基督敎情感（在某種程度上由於一種特殊的基督敎情感），精神性排除了熟悉性。在古代，在重大的宗敎節日以及戲劇表演會上，一種眞正神聖的慶典絕不妨礙對最日常的姿態的展現，如吃和喝等行爲。一切快樂都不是野蠻的並肯定不會提出和平常事物相矛盾的東西。鐵塔不是一處神聖的紀念建築物，而且沒有什麼禁忌能禁止普通生活內容在那裡展開，然而在這裡也不可能有微不足道的現象。例如在塔上設立餐廳（食物是貿易活動中最具象徵性的對象），是一種與閒暇的全部意義相符的現象。人似乎永遠傾向於（如果沒有什麼限制會阻擋住他的話）在其快樂中尋找對偶物，這就是人們說的舒適。艾菲爾鐵塔是一個舒適的物體，此外它因此也是一個很古老（例如類似於古代競技場）或很現代（類似美國某些玩意，像汽車電影，在那裡觀衆可同時享用電影、汽車、食物和夜晚新鮮的空氣）。此外，透過向參觀者提供一整套綜合性的快樂，從技術性的奇蹟到高級烹調以及俯瞰都市全景，鐵塔最終與一切重要人類場所具有的基本功能重新統一起來了，它擁有絕對的主權。鐵塔可獨立自存，你可以夢想、吃喝、觀賞、理解、驚嘆、購物，正像在一條大郵輪（這是令孩子們夢想的另一個神話對象）上一樣，你會感到完全與世隔絕，但仍然是世界的主人。

# 歷史的話語*

　　人們對於比語句更大的語言單位（即話語，discourse）進行形式的描述，不是新的事情。從高爾吉亞（Gorgias of Leontini）①到十九世紀，這一直都是古典修辭學主要關心的問題。然而語言科學晚近的發展使人們對這一主題重新發生了興趣，並且它還帶來了處理這一問題的新穎技巧。現在，一門關於話語的語言學可以說已經跨入了可能性的門檻。它對文學分析──以及對於文學分析在其中起著很大作用的教育過程──所可能具有的意義使它成為符號學②（semiology）當前重要的研究項目之一。

　　這樣一種第二級的語言學的目標應該不只是去探求話語的一般性概念（如果存在的話），以及表達一般性概念的單位和結合規則，而且也應用於判定結構分析是否認可了傳統的話語形態（discours－genres）的類型學──譬如說，在把詩和小說中的話語、把虛構的和歷史的敍述加以對比時，我們是否總是有道理呢？這兩組對比中的第二組也就是下面要探索的主題：實際上在事實和想像的敍述之間有無任何特定的區別，有無任何語言學上的特徵，按照這一特徵，我們可以把適合於敍述歷史事件的方式──一個在我們的文化傳統中從屬於歷史「科學」規範的問題，它要求符合「實際發生的事情」的準則，並根據「合理的」說明原則來加以判斷──與適合於史詩、小說或戲劇的方式加以區別嗎？如果存在著這些區別特徵，那麼它們又影響著話語的哪些部分，以及在語言行為（languagye－act）的哪一點上起著作用呢？本文

*本文譯自雷恩（編）：《結構主義選讀》，英文版，1970年，倫敦。

將透過對某些古典歷史學名家如希羅多德（Herodotus）、馬基雅
維利（Niccolò Machiavelli）、鮑緒埃③和米歇萊④的著作中的
話語所做的非嚴謹的（並且絕非徹底的）考察，來對這個問題作
一嘗試性的解答。

一、

首先，古典歷史學家是在什麼情況下在自己所寫的話語中被
引導（或被允許）去談及表達話語的行為的呢？在話語中，像雅
克布遜（Jakobson）（不過他所關心的是分析語言，而不是分析話
語）所說的那種標誌著轉入和轉出自身指示（sui-referential）方
式的轉換語（shifters）⑤，採取的形式是什麼呢？

歷史話語似乎有兩種標準類型的轉換語。第一種可以稱作審
核方式（monitorial mode），它對應著雅克布遜（Jakobson）所
說的（還是在語言的層次上）證據類（evidential category），它
把信息（報導的事件）、代碼陳述（報導者的作用部分），以及有
關代碼陳述的信息（作者對其資料來源的評價）組合在一起。因
此，證據類顯然包括了對於資料來源和見證者報導的各種論述。
這一方式的選擇是不受限制的——史學家可能心安理得地默默使
用著他的資料來源，但是一旦他選擇了這一方式，也就接近於人
種史學家的地位了，後者通常都需提供關於消息報導者的細節資
料，因而審核方式為希羅多德這類人種史家——歷史學家們所共
同採用。它可能具有多種表現形式：像「據我所聞」、「據實而言」
等開場白。現在時態的使用標誌著史學家的介入，或者標誌著對
史學家個人經驗的談述。例如，米歇萊（Michelet）透過一種主
觀解釋的過濾方式「審核」了法國史（1830 年的革命），並且明白

地談到了這一點。但是審核方式當然不限於歷史的話語。它在會話和小說中的某些解說性手法裡（屬於虛構報導者的軼事等等）也是常見的。

　　第二種類型的轉換語包括所有作家據以表示離開或返回其敍述路線的方法，它包括著任何有關話語組織情況的清楚路標。這是很重要的一類，它具有很多可能的形態；然而諸形態都可歸結為一種有關內容的，或更準確些說，與內容在同一層次裡的某種話語置換的指示語，乾脆說就是以時間和地點指示詞這裡（voici）和那裡（voila）這種方式來表示，與敍事面（narrative dimension）的可能的關係包括不變（「如上所述」），倒退〔「再次重複」（altius repetere）、「進一步重複」（replicare de plúalto luogo）〕，復原〔「但是回到我們本題上來，我認為……」（ma ritorando all' ordine nosfro, dico come……）〕，結束（「關於這個問題無可再說了」），宣告（「這一統治時期的其它值得注意的業績還會談到」）。組織轉換語（organization-shifter）提出了一個值得注意的問題，現在我們只能簡單地談一下，這就是由歷史本身的時間制⑥與史書中的時間並存，或更確切說，二者之間的衝突所產生的困難。這一衝突在話語中引出了很多有趣的特徵，其中三個特徵可以在這裡談一下：第一個是有關種種加速現象的：同樣的頁數（如果這可以看作是史書自己的時間制的粗略的度量的話）覆蓋著歷史時間不同的時程。在馬基雅維利的《佛羅倫斯史》中，同一文字容量（一章）可以包括二十年或幾個世紀。歷史家越接近自己的時代，話語行為的壓力就越大，而時間制也就越緩慢：兩種時間制不是等時性的（isochronic）。

　　但是這就意味著話語不是線性的，並暗示著歷史陳述中的「雙關語式」（paragrammatism）的可能性。⑦要注意的這個第二個

特徵使我們想起，甚至在話語必須保持線性的這種純實質的意義上，它的作用似乎應該是對照於歷史本身曲折的進程給歷史時間增加深度。於是當希羅多德（Herodotus）頭次提到一個新人物時，他就回過頭來描述一下他的家世，然後再返回起點並繼續向前，直到下一個新人物出場，這時整個的過程又重複一遍；第三個特徵，很重要的一個特徵，說明歷史時間的均勻時序如何可能被標誌著歷史話語起點的組織轉換語所破壞，在這一點上，歷史事件的開端與編年史事件的開端是相符的。⑧這種起點可以取兩種形式中的一種：第一種可以叫作執行性開端（performative opening），這裡所用的言語不折不扣的是一個正式的開場白；典型的例子是史詩詩人的「我歌唱」。於是熱萬維勒以宗教祈禱開始他的歷史（「以全能上帝的名義，我，耶安，熱萬維勒之父，在此講述我們神聖的國王路易的生平」），甚至社會主義者路易‧布朗也不輕視精美的首句 ⑨，因為在任何語言行為的起始處總有某種令人敬畏的──幾乎可以說神聖不可侵犯的──東西。第二種起始的形式──前言，則普通得多，它是後陳述（metastatement）的典型的一例，它既可以是展望性的（要做的事被宣布時），也可以是回溯性的（完成的工作被判斷時，如米歇萊在他的《法國史》全書完成並出版後所添加的前言）。這些例子表明，向自身指示性的後陳述方式的轉換，與其說是如通常所認為的那樣，目的在於使歷史學家能夠表現其主觀世界，不如說是在於通過把它與話語本身中其它時間制的對比，來「反簡化」（desimplify）歷史的年代順序的時間〔為了簡便，我們把它稱作文獻時間（document–time）〕，在於使歷史線路「反年代順序化」（dechronologize），並恢復──只要透過回憶和懷舊──一種既是複數的，參數的，又是非線性的本原時間（Time），它在其維度的豐富性上類似於

與詩人或占卜者的語言不可分開的那種古代宇宙起源說的神秘時間。組織轉換語揭示（雖然事實有時被種種唯理主義的手法所僞裝），歷史學家的作用是預斷性的：因爲他知道還沒有被講述的東西，所以歷史學家像說神話的人一樣，需要一種雙層時間（two–layered Time）來把主題的時序與報導主題的語言行爲的時序編織起來。

上面所討論的符號（sign）或轉換語只與語言行爲本身有關。還有其它一些表現雅克布遜之爲參加者（protagonist）——信息發出者與收受者——的詞項。非常奇怪的是，文學話語很少帶有任何承認讀者存在的標記，人們甚至可以把它描繪爲（似乎是）一種沒有你（Thou）這一人稱的話語——雖然實際上它的整個結構都暗含著作爲「主體」的讀者。在歷史的話語中，目的符號（destination–sign）通常是沒有的，只有當歷史作爲一種訓誡被講授時才能發現它們，如由教師向他的皇族弟子直接講述的鮑緒埃（J. B. Bossuet）的《世界通史》，即使這樣，在某種意義上之所以可能有這種作品的結構，只因爲鮑緒埃的話語被看作是上帝本人的話語——因而也就是上帝賜予人類去沉思的歷史——對人類的異質同態的複述。正是因爲人的歷史就是神諭，鮑緒埃才能用這樣一種方式來寫作，即：在年輕王子和他本人之間建立目的關係的方式來寫作。

表明作者存在的標幟當然要常見得多。它們包括所有那樣一類話語的片段，透過這些片段，最初我們除了其作家身份以外一無所知的歷史家其人，逐漸由於那些使他作爲一個人、一個心理實體建立起來的一切屬性而被充實。這種「充實方式」（filling–in）的一個特例，更直接地說是一個文學批評的問題，就是在作者企圖通過故意省略對作品創作者的任何直接指示，以避開他本人的

話語的地方，歷史似乎在自行寫作。這一方法被極爲廣泛地運用著，因爲它適合歷史話語的所謂「客觀的」方式，而歷史學家本身則從不在這種方式中出現。實際的情況是，作者放棄了人性的人物 (human persona)，而代之以一個「客觀的」人物，作者的主體依然明顯，但他變成了一個客觀的主體。這就是福斯太•德庫朗惹⑩如示眞諦地或不如說天眞地稱作「歷史的貞潔」的過程。在話語層次上、客觀性，或者說對講述者的存在的任何提示的闕如，結果就成爲一種特殊形式的虛構，這是可被稱作指示性幻覺 (referential illusion) 的產物，歷史學家企圖透過指示性幻覺給人以這種印象：所指物在自言自語。這一幻覺不限於歷史話語：現實主義時代的小說家們大多數都認爲自己是「客觀的」，因爲他們在其作品的本文中壓制了一切「我」的痕跡。現在，語言學和精神分析學一起使我們對於這種禁欲主義的言語方式有了更爲清醒的看法：我們認識到，一個記號的欠缺 (absence) 也是能夠有意義的。

語言行爲的最後一個方面還應略微提一下，它是這樣一種特殊情況——雅克布遜把它看作一系列轉換語之一 (還是在語言而不是在話語的層次上) ——在這裡話語的說者同時也是所描述的事件的參加者，也就是說，語言行爲的實行者與歷史事件的實行者是同一個人——一句話，行爲者成了歷史學家，如色諾芬⑪與萬人撤退的事件。關於歷史中的「我」與編史的「我」結合爲一體的最著名例子，即凱撒著作中有關人稱代詞「他」的著名用法它被限用於對應著編史方式中的「我們」(「如前所示」) 的歷史方式。乍看起來，凱撒的這個「他」似乎與其他人物無法區別，而且因此之故，它被看作是客觀性程度最高的記號，然而我們能從形式上按照搭配關係把它與其他人物區別開來，它被限用於幾個

或許可稱爲領導系統組合段 (syntagm of leadership) 的組合段⑫（發令、主持會議、檢閱、祝賀、解釋、思考），它們實際上都接近於其中言語和行爲是合二爲一的那種執行語。把「他」作爲過去的行動者和目前的講解者來運用的還有其它的例子（特別是在克勞塞維茨的著作中）：它們表明，選擇非個性的人稱代詞只是一種修辭學的託詞，而講解者的眞實處境在他選擇來表達其過去行爲的組合段中是一目瞭然的。

## 二、

　　當然，把歷史學家的信息分解爲可依種種方式加以分類的內容分析單位 (content–analytical units) 應當是可能的。這些單位代表了史書所談論的對象，它們都具有所指對象 (significata) 的性質，不應被等同於全部話語，也不應被等同於純粹的所指物，而寧可說它們是相當於那種被分開的、被命名的和可理解的所指物，但這些所指物還未被任何句法所制約。企圖對這些單位做徹底的分析爲時還過早；以下所談只是初步的。

　　歷史陳述與任何其它陳述一樣可被分爲「存在項」(exis-tents，實體或主題) 和「發生項」(occurrent，屬性或主題)。經過初步考察，其中每一個似乎都是一個相對封閉的（因此就是可限制的）項目表或「集合」(collection)，它的項目總會重現，雖然不言而喻地是透過各種不同的組合的方式。例如在希羅多德的作品中，存在項的項目表僅包括王朝、君主、將帥、士兵、平民和場所等，而發生項則限於劫掠、征服、聯盟、遠征、乞靈等等活動。由於這些集合是（相對）有限的，它們必須服從替換 (substi-tution) 和轉換 (transformation) 規則，也必定有可能被賦予結

構——這一工作對於某些歷史學家自然比其他歷史學家來得更爲容易一些。希羅多德作品中的單位大部分由軍事詞彙組成，或許值得探討一下，近代歷史學家在何種程度上需要更複雜的詞語組合，而且即使情況確是如此，歷史話語是否歸根結底並不總是建立在某種結構完善的「集合」（不是「詞彙」，因爲我們是在內容層次上討論）之上呢？馬基雅維利似乎對這樣的結構有一種直覺，因爲在他的《弗羅倫斯史》的開頭，他就提出了自己的「集合」，也就是那些在其敍述中要被調配和組合起來的實體。

對於（不如希羅多德那麼古遠的歷史學家的）更富流動性的集合來說，內容單位（content-unit）仍然可能達到不是經由詞彙而是經由作者本身個人性的執意所產生的高度結構。這類重複出現的主題在米歇萊一流的浪漫派歷史學家的著作中是屢見不鮮的，但是它們也可以在一般認爲更富理智特徵的作家中看到——「詩敎之神」（fama）對於塔西佗來說是一個個人單位，而馬基雅弗利則把他的歷史建立在「維持」（mantenere，指政府人士的基本能量）和「毀滅」（ruinare，指事物頹敗的邏輯）之間的主題對比上。⑬

就主題單位（thematic unit）通常由同一個詞項來表示而言，它不只是用作內容單位，而且也是用作話語單位的指示詞。這就使我們面臨著歷史實體名詞化（nominalization）的問題，按照名詞化的方法，使用一個單個的詞可以免去列舉整套的情境或行動，這就促使結構化達到這樣一個程度：名詞對映出其內涵層面本身就是一個小型結構。這樣馬基雅維利就使用「陰謀」一詞作爲一整套複雜史實的速記號，用以傳達當政府對所有公開反對者處於優勝地位時所存在的那種獨一無二的鬥爭形式。名詞性的風格促進了話語的清晰的分節（articulation），從而也就加強

了它的結構。一切結構程度高的歷史都是以名詞（substantive）來進行的，鮑緒埃——對他來說人類歷史是由上帝來組織的——常常使用整串的這類單個名詞速記法（single noun short-hand notation）。⑭

以上所談對於發生項與對於存在項都同樣適用。這就產生了一個有關編史工作過程（獨立於編史過程名稱的歷史）的性質的問題。一般來說，一個敍述可能是肯定的、否定的或疑問的。然而在歷史話語中敍述卻只是肯定的——歷史事實在其語言表達上具有本體論的優越性；我們講述發生的事物，而不是沒有發生過的事物，或講述可能與不可能發生的事物。簡而言之，歷史話語沒有（或極少有，或在極反常情況下才有）否定句。奇怪而重要的是注意到這點：精神病患者的情況也是這樣的，他不能夠把句子變換成否定句。⑮我們可以說，在某種意義上，「客觀的」話語（如在實證論的歷史中）類似於精神分裂症的話語，在兩種情況下都存在著對言詞的徹底檢查，在二者的語言中都不可能表達否定性（雖然能夠感覺到），而且存在著大量的話語從自身指示的形式逆轉的現象，或者甚至（就歷史家來說）是朝向純意指物層次逆轉的現象——即無人對其負責的言語。

必須談一下歷史言語的另一本質，在這裡，內容單位進入了較高層次的類或系列。我們的初步研究指出，這些類與虛構故事中的類是一樣的。⑯這樣一個類包括了所有那些以隱喻方式涉及含蓄意義的話語片段，例如，米歇萊（Michelet）描繪了十五世紀初的五彩衣裳，俗艷紋章和混雜的建築風格，並把它們作為這樣一種意義的等價表述——中世紀末的道德崩潰，因而此類中的諸項就是標誌（index，在皮爾士的意義上），或具體地說就是記號（sign），它們在古典小說中是常見的。另一類包含了那些標誌

著三段論式（或者更確切說，省略三段論式，因爲它們幾乎總是不完全的、近似的三段論式）中推理步驟的話語中的項目。⑰

省略三段論不專限於歷史話語：它們在小說中也很常見，小說中情節線索的轉折由於一種三段論型式的假推理而被讀者認爲是正當的。歷史話語中的省略三段論的有趣之處在於，它把可理解物（intelligile）與非象徵物（non-symbolic）結合了起來。對於試圖與經典的亞里士多德模式一刀兩斷的現代歷史是否也如此呢？最後但非最不重要的是，第三類具有普羅普⑱所說的那種敍事「功能」（function of the narrative），即故事中重要的轉折點，這些功能成組出現，它們從句法上說是項目已定的功能表列，從邏輯上說是一種有盡的序列。例如在希羅多德的作品中就出現過幾次「神諭」序列，這個序列由三項組成，每一項都是一個二項選擇（binary choice，問或不問、答或不答、從或不從），它們可以被其它的單位而不是被序列的部分截開——或者是其它重疊序列中的項目，或者是起催化作用的次要展開（minor development），它們填補了序列節點（node of the sequence）之間的裂隙。

從有關信息結構的這些論說中作出普遍的結論時（也許有點倉促），我們可以假定，歷史話語按照標誌對功能的相互關係在兩軸之間擺動。當標誌型單位（unit of index type）爲主時（不斷涉及內含的意義），歷史就具有隱喻的形式，並傾向於成爲抒情的和象徵的，其代表者爲米歇萊。反之，當功能單位爲主時，歷史就採取換喻形式，並傾向於成爲史詩，其代表者有奧古斯汀、梯埃雷⑲。第三種類型是，話語結構企圖複製主人公實際所面臨的困境的結構。在這種情況下就以推理論說爲主，歷史就具有反省的——可以說策略性的——風格。馬基雅維利是這一類別最好的例

子。

## 三、

　　對於一種完全沒有意義的歷史來說，它的話語必定只是孤立觀察的無組織的羅列，如年表（從這個詞的嚴格意義上說）和編年史就是如此。在組織完好的「流動性的」話語中，事實或者作爲標誌，或者作爲標誌序列的節點，不可抵抗地起著作用，甚至對事實的一種無秩序的描述至少也傳達了「混亂」這個意義，並暗示了一種否定性的特殊的歷史哲學。

　　歷史話語能夠至少在兩個層次上有意義。在第一個層次上，意義是歷史內容所固有的──歷史家提供解釋（如米歇萊的十五世紀的五彩衣裝，或杜西底德思的某些特別「重要的」衝突），或吸取道德的或政治的敎訓（如馬基雅維利或鮑緒埃）。如果敎訓是徹底的，我們就進入了第二類，其中意義獨立於歷史話語本身，並由歷史學家個人性的執意（private obsession）的型式來表達；例如，希羅多德的極不完善的敍事結構（由於某些事件系列的非結束性收尾）歸根結底表現了一種特殊的歷史哲學──即倡舉由人、處置由神，或者在米歇萊的著作中，有意義的項目是以在概念和形態兩方面形成對比的對極偶（pair of polar opposites）形式，嚴密地組織起來的，其結果意味著摩尼敎的生死觀。在鬼的文明中，存在著提高歷史的意義性的永恆壓力，歷史學家與其說是在搜集事實，不如說是在搜集「意符」（signifiant）⑳，並且他把這些意符聯合和組織起來，以取代受制於固定意義的純事項清單的貧乏性。

　　十分明顯，歷史的話語，不按內容只按結構來看，本質上是

意識形態的產物，或更準確些說，是想象的產物，如果我們接受
這樣的觀點的話，即對言語所負之責，正是經由想像性的語言，
才從純語言的實體轉移到心理的或意識形態的實體上。正因如
此，歷史「事實」這一概念在各個時代中似乎都是可疑的了。尼
采說：「事實本身不存在」，「事實要想存在，我們必須先引入意
義。」一旦語言介入（實際總是如此），事實只能同語反覆地加以
定義：我們注意能夠給予注意的東西，但是能注意的東西（而且
對希羅多德來說這個詞已經失去其神話的意義）不過就是值得注
意的東西。結果，區別歷史話語與其它話語的唯一特徵就成了一
個悖論：「事實」只能作為話語中存在於語言上的一項，而我們
通常的作法倒像是說，它完全是另一存在面上某物的、以及某種
結構之外（extra-structural）「現實」的單純複製。歷史話語大
概是針對著實際上永遠不可能達到的自身「之外」的所指物的唯
一的一種話語。因而我們必須再問自己：「現實」在話語結構中
的位置究竟是什麼？

　　歷史的話語預先假定了一種複雜的、雙重的程序。在第一階
段，（當然是譬喻地說）意指物是與話語脫離的，而且是在它之前
存在的；這是「事物處理」（resgestae）時期，此時話語似乎不過
是「被處理的事物的歷史」（historia rerum gestarum），但是之
後就拋棄了歷史能有一種非指示性的意義（意指）的想法。意指
物及其表達（意符）被看作是直接相關聯的；話語的功能只限定
在現實的表面表達之內，而意義，想像中的結構的基本項，則成
為多餘的了。如同一切自命為「現實主義」的話語一樣，歷史話
語認為只需要在其語義模式上承認兩項：意指物和表達者。這一
意指物與意義的（虛幻的）混淆，當然是像執行語（performative）
這類自身指示的話語所特有的，我們可以說，歷史的話語是一種

假的執行語，其中自認爲是描述性成分的東西，實際上僅只是該
特定語言行爲的獨斷性的表現。㉑

　　換言之，在「客觀性的」歷史中，「現實」始終是藏身於表面
上萬能的意指物背後的、未加表述的意義。這種情況說明了我們
可以稱作「現實效果」（reality effect）的東西。從「客觀性的」
話語中刪除意義，只不過又產生一種新的意義。我們再次斷言：
系統中一個成分的不存在正與它的存在同樣是有意義的。這一新
的意義適用於整個話語，而且歸根結底構成了使歷史話語區別於
一切其它話語的東西，它是偷偷地變成了羞答答意義的現實：歷
史話語並不順依現實，它只是賦予現實以意義，它隨時斷言：「該
事發生了」，但所傳達的意義只不過是：某人作了這一斷言而已。

　　「某事發生了」的這種斷言的無上權威具有眞正歷史上的重
要性。我們整個文明都被現實效果引導著，如現實主義小說、日
記體、紀實體、消遣小說等各種文學形式的發展、歷史博物館、
古物陳列，以及特別是攝影藝術的大規模發展所證實的。㉒這就是
我們世俗化了的聖骨匣，除了它與曾經存在過而現在不再存在
的、但又表現爲某件已死之物的當前符號的東西不可分之外，它
已失去一切神聖意義的痕跡。反之，一旦我們達到這種洞識：現
實不過就是意義，於是褻瀆這些聖骨就相當於摧毀現實本身，並
且「正如我們所知道的」，㉓當歷史要求顚覆文明的基礎時，現實
就可以被改變，以符合歷史的需要。

　　在否認這種看法時，在拒絕把意指物與對意指物的單純陳述
分割時，歷史不得不──在十九世紀這種看法盛行的時期，歷史
曾企圖成爲一門獨立自存的學科──把事實的「直截了當的」敍
述作爲它們曾經是眞實的最好證明，並因而把敍述提高到一種表
現現實的優越形式。持這一觀點的理論家是奧古斯汀、梯埃雷，

他們在處理歷史敍述中，在其布局的精緻和所提供的「具體細節」㉔的豐富性中，盡力保證「眞實性」。悖論繞了一圈又回到原位：敍述結構是在虛構文學（經由神話和最初的史詩）的嚴酷考驗中演進的，但它同時旣變成了現實的符號，也變成了現實的證據。顯然，在處理結構而不是編年史料的當代歷史學家中，敍述方式的減少（如果不是消失），就不只意味著學派風格的變化了。它實際上代表了一種根本的意識形態的轉變：歷史敍述正在消亡：從今以後歷史的試金石與其說是現實，不如說是可理解性（intelligibility）。

# 註　釋

①與蘇格拉底同時代的古希臘詭辯學派著名學者，他的三論點是：什麼都沒有；如果有什麼事物，則無法認識；如果可認識，也不能傳達。──中譯者

②符號學為研究記號系統之學，它研究各人文學科中的記號現象，具體來說就是研究語言標誌（意符）與被標誌者（意指）之間複雜的意指關係，──中譯者

③鮑緒埃（J. B. Bossuet, 1627～1704 年），法國神學家、歷史哲學家，曾為路易十四宮廷教師。──中譯者

④米歇萊（J. Michelet, 1978～1874 年），曾著 17 卷《法國史》。──中譯者

⑤雅布克遜：《普通語言學文集》第 9 章，子夜出版社，巴黎，1963 年。

⑥由歷史時間劃分單位（如時、日、月、年、世紀……等）構成的時間系統，用以描述各種規模的歷史事件。──中譯者

⑦此詞來自索緒爾的「換音造詞法」（anagram）研究。克莉思蒂娃在〈巴赫丁，語言，對話，小說〉（載《批評》雜誌1967年4月號）中引用過。它指那種在兩個層次上的寫作，這種寫作方式保持著某一具體作品的本文與其它作品本文間的對話關係，因而提出了一種新的邏輯。

⑧在任何類型的話語中，開端都提出了一個十分有趣的修詞學的問題，它把默語的裂隙（breache of silence）也編織入話語中，並竭力抵制失語症（aphasia）。（此處所說的「失語症」係指患者喪失在語言中建立隱喻表達與換喻表達的能力，即喪失選擇者替代詞的能力或詞語組合能力。雅克布遜曾從語言學角度對此進行研究。──中譯者）

⑨「我們在動筆之前先捫心自省。我們知道，對於任何生物來說，專門利己

之愛與毫不容情之恨都是不存在的，我確信自己可以在不損害正義與眞實的必要前提下對人與事做出判斷。」（載路易·布朗：《十年歷史》，1842年）

⑩德庫朗德（Fustel de Coulanges,1830～1889年），法國歷史學家，研究古代史和中世紀史，著有《古代城市》、《法國古代政治制度史》。——中譯者

⑪色諾芬（Xenophon，公元前435～前351年），古希臘歷史學家蘇格拉底弟子，曾隨斯巴達遠征軍至波斯，於庫納薩戰敗時率殘兵萬人逃回國，後將經歷記於史書中。——中譯者

⑫橫組合爲結構主義語言學術語，指話語中詞項依一定構句規則組成的相互鄰接的語言組合體。結構主義符號學家認爲社會生活中到處都存在著類似於話語組合段的組合關係，此處涉及的是軍事隸屬關係中的「橫組合」性質，即指揮行爲中各組成部分之間的固定關係，人類於話語組合段中各詞項間的相互制約關係。——中譯者

⑬參見萊蒙地：《馬基雅維利文集》。米蘭，1966年。

⑭例如：「年青的約瑟夫的單純和智慧……他的奇異的夢……他的嫉妒心強的兄弟們……這位偉大的人物被當作奴隸給賣掉了……他對主人忠誠……他的值得盛讚的貞潔以及因此而身受的種種迫害，他入獄而堅定不移的信念……」（載鮑埃緒：《世界史導論》）

⑮艾瑞加雷：〈精神分裂症患者語言中的否定與否定的轉換〉，載《語言》雜誌，1967年第5期，第84～98頁。

⑯參見〈故事結構分析導論〉，載《通訊》雜誌，1966年第8期。

⑰米歇萊：《中世紀》，第3卷第5冊第1章中的一段，即有下列三段論式的結構：(1)爲了避免叛亂的威脅，必須先分散平民的注意力；(2)爲達此目的最佳方策是給他們一個代罪羔羊；(3)因而君主們選擇了奧勃雷歐。

⑱俄國文學形式主義研究者，研究民間故事的形態學，他的學說對法國結構

主義者很有影響。──中譯者

⑲梯埃雷（J. N. A. Thierry，1795～1856 年），倡實證主義歷史研究法。
　　──中譯者

⑳結構主義語言學術語，又稱「記號表現」，爲符號的物質性的（可知覺的）
　方面。結構主義者認爲，它所標誌的「意指」之間的關係是任意性的，非
　代表性的。──中譯者

㉑這種把指向的錯覺或意義與指向對象當成一回事的天眞現象，在梯埃雷
　一類注重歷史家理想的史學家中十分明顯。「完全屬實。正如其本來所是
　的那樣，不多也不少，不多也不少。」（引自吉里安：《十九世紀的法國
　歷史學家們》）

㉒參見〈形象修辭學〉，載《通訊》，1964 年第 4 期。

㉓這就是在 1967 年 1 月紅衛兵褻瀆孔廟的意義（但不只是一種對宗教的顛
　覆），於是所謂「文化大革命」就不過是對「文明基礎的破壞」，使文明貧
　乏化的別稱而已。

㉔「歷史家的目標是未經證明的故事。這是否正當，我們不清楚。在歷史中
　最好的證明，最可取的證明，無可懷疑的證明⋯⋯當可信爲最完美的歷史
　語言⋯⋯」（梯林：《索羅維恩朝歷史》，1851 年第 2 卷）。

# 寫作的零度

巴特回憶中，此書付印前
夕，他在巴黎街頭
獨自漫步
心情緊張，他已意識到這本小書將會爲法國文
學研究帶
來深遠的影響，他決
意深入文學內的核心中

＊本篇譯自《寫作的零度》，法文版，1972年，色伊出版社，巴黎。

# 導 言

　　埃貝爾 (Hébert) 在開始編寫每一期《杜歇納神父》(Le Pere Duchene)的時候總要用一些「見鬼！」和「媽的！」字眼。這類粗俗字眼雖無眞實意義，但卻表示出某種含意。爲什麼會這樣？這是當時人以這種方式來表達整個革命情勢。因此我們看到了這樣一種寫作的例證，其作用不再只是去傳達或表達，而是超越了語言的功能，一方面旣是歷史的因素，又是人們在歷史中所起的作用。

　　世界上並不存在無標記的書寫語言，《杜歇納神父》的分析也同樣適用於文學。文學也必然表示某種不同於其內容和其個別化形式的東西，這就是文學自身的界域，正因如此，文學才被人們稱之爲文學。文學中一組記號的表達與思想內容、語言和風格無關，它們都在一切可能的表達方式內，確定著一種定型化語言的殊異性。書寫符號的這種神聖秩序，使文學呈現爲一種組織體系，並顯然使其超越了歷史，因爲任何界域都有待於一種永恆觀念才能形成。但正是在歷史被排斥之處，文學的表現才最爲明顯。因此有可能探索一種文學語言的歷史，這旣不是語言的歷史，也不是風格的歷史，而只是文學符號的歷史。我們可以推測，這樣一種形式的歷史十分清晰地表現出了同深層歷史的聯繫。

　　當然，這種聯繫的形式會隨歷史本身而改變。沒有必要依賴一種直接決定論而讓歷史構成寫作的形式。這種功能性的特點使事件、情境和觀念沿著歷史的時間流動，在這裡它所提出的與其說是效果，不如說是一種選擇的限制。於是對作家來說，歷史像

是在若干種語言倫理中的一種必要選擇。歷史迫使作家按照他無法掌握的種種可能因素來意陳文學。例如我們看到，資產階級意識形態的統一性產生了一種獨特的寫作，而且在資產階級的（也就是古典的和浪漫主義的）時代，形式不可能分裂，因爲人的意識尚未分裂。反之，當作家不再是普遍性的證人，而具現了悲劇意識時（大約在1850年左右），他的最切姿態就是去選擇其形式的因素，或者是繼承或者是拒絕其過去時代的寫作。因此古典時代的寫作崩解了，從福樓拜（Flaubert）到我們時代，整個文學都變成了一個語言的問題。

此時文學（這個詞不久以前才產生）被明確地看成一種對象。古典藝術不可能被理解作一種語言，它就是語言，即透明性、無沉積的流通性，以及一種普遍精神和一種無實質、職責的裝飾性記號在觀念上的匯聚。這種語言的界域是社會性的，而非天然的。我們知道，大約在十八世紀末，這種語言的透明性遇到了麻煩。文學形式發展了一種獨立於其機制和其和諧性的第二性能，它使人入迷、困惑、陶醉，它有了一種「重量」。人們不再把文學看成一種社會性的特殊流通方式，而看作一種實在而又隱含深度的語言，像幻夢與威脅的存在一般。

結果，文學的形式自此以後就可激發那些和一切對象相聯繫的情感，如陌生或熟悉、厭惡或滿足、實用或謀殺。因此，百年以來，一切寫作都是對這種「形式——對象」加以控制或排斥的運作，對於這種「形式——對象」，作家在前進的道路上必然與其交遇，他必須正視、面對或接受它；他絕不可能將其破壞而不同時使作爲作家的本人毀滅。形式在目光之前搖晃，成爲了一個對象。雖然人們掌握形式，但它仍然是爭議的話題。儘管它多彩多姿，卻也似乎已經過了時；若是自身有內在律則，卻也是非社會

性的；對於不同的時代和個人來說，它總是特殊的，無論表現方式如何，它總是孤獨的。

　　整個十九世紀中，這種戲劇性的聚結現象取得了進展。對夏多布里昂（F. Chateaubriand）而言，它還只是一種微弱的沉積，一種輕微的語言欣快感，一種自戀現象，在其中寫作幾乎與其工具性功能分離，它僅只映射出自身。福樓拜（在這裡只指出這一過程的一些典型因素）將寫作勞動提昇到一種價值的地位，明確地使文學成為對象，使形式成為一種技術的產品，猶如一件陶器或一件珠寶一樣（應當說，「技術」首度以展示品的資格呈現在讀者面前）。最後，馬拉美（S. Mallarmé）透過一切客觀化的最終行為，即謀殺（meurtre），完成了文學文學的創造活動。我們知道，馬拉美的全部努力都趨向語言的破壞，因此文學在某種意義上變成了僵屍。

　　思想似乎在一片虛空中愉快地升起於裝飾性字詞之上，於是寫作從這片虛空出發，越過了整個逐漸凝固的狀態：首先是一種注目的對象，然後是一種創作活動的對象，最終是一種「謀殺」的對象，今日它達到了其最後的變體——「不在」。在我們於本書中稱作「寫作的零度」的中性寫作中，不難發現一種否定的運動和在時間過程中無力持續的狀況，似乎文學在一個世紀以來至現在越來越在一種無傳統的形式中改變其外表，除了在一切符號的不在中之外再也看不到純粹性了，於是文學家最終完成了奧爾菲的如下夢想：一位無需文學的作家。這就是白色的文學，卡繆（A. Camus）的文學，布朗肖（M. Blanchot）的文學或凱洛爾（J. Cayrol）的文學，或奎諾（R. Queneau）的口頭語言寫作；這也就是一種寫作情熱的最後殘餘，它一步步地追隨著資產階級意識而解體。

　　我們在本書中企圖對寫作和歷史的這種聯繫加以描述，肯定一種獨立於語言和風格的形式性現實的存在，也就是企圖指出，形式的第三個面向（並非不附加一種悲劇性地），使作家與其社會產生了聯繫。最後還要說明，任何文學都具有一種語言的倫理。本書使用材料的有限性（其中有幾部分曾發表於 1947 年和 1950 年的《戰鬥》雜誌上）足以表明，它僅只是一部可能的寫作史的導論而已。

# 第一部分

## 一、什麼是寫作

　　我們知道，語言結構是某一時代一切作家共同遵從的一套規定和習慣。這就是說，語言結構是一種自然的象現，它全面貫穿於作家的言語表達之中，然而卻並不賦予後者以任何形式，甚至也不包含形式。語言結構像是一種抽象的真實領域，只是在它之外個別性語言的厚質才開始沉澱下來。語言結構含括全部文學創作，差不多就像天空、大地、天地交接線為人類構成了一個熟悉的生態環境一樣。與其說是像是一種材料的儲存所，不如說像是一條地平線，包含了界限與遠景，簡言之，是秩序空間中的安樂地。作家實際上不從它汲取任何東西，對他來說，語言結構相當於一條界限，越過了這條界限或許就進入了語言的一個超自然領域。語言屬於行動領域，是一種可能性的確定和期待。它不是一種社會性承諾的場所，而只是一種無選擇餘地的反射，是人類的而非作家的共同性質。它存在於文學禮俗之外，它是按其本性而非按照選擇而成為社會性對象的。沒有任何作家可以自自然然地將其自由插入語言的濃厚介質之中去，因為穿過語言的乃是整個歷史，其完整性和統一性猶如自然本身。因此對作家來說，語言僅只是一種人類的地平線，它從遠處建立了某種熟悉性（familiarité），而且其性質是否定性的。當我們說卡繆和奎諾說著同一種語言時，只是按照一種不同的程序去假定，他們都不說古

代的或未來派的語言。作家的語言搖擺在廢棄的形式與未知的形式之間，與其說它是一種基礎，不如說是一種極限。這幾何場，就像奧爾菲的回眸一樣，如果沒有失去事業的穩定和作為一個社會人的基本姿態，作家就不可能有所說。

因此，語言在文學以內，而風格則幾乎在文學以外。想像、敍述方式、詞彙都是從作家的身體和經歷中產生的，並逐漸成為其藝術表現。於是在風格的名義下形成了一種自足性的語言。它只浸入作者個人的和隱密的神話學中，浸入這樣一種言語的形而上學中，在這裡形成著語言與事物的最初對偶關係，在這裡一勞永逸地形成著其生存中重要的語言主題。風格不管多麼精緻，它總含有某種粗糙的東西，它是一種無目標的形式，是一種衝動性的而非一種意圖性的產物；它很像是思想的垂直的和單一的向度。風格的指涉存在於一種生物學或一種個人經歷的層面上，而不是存在於歷史的層面上，它是作家的「事物」、光彩和牢獄；它是他的孤獨自我。風格和社會無涉，卻向社會顯現，它是一種個人的、封閉的過程，絕非對文學進行選擇和反省的結果。它是文學慣習的私人性部分，產生於作家神祕的內心深處，卻伸延到他的控制之外。它是一個未知而又隱密的、本能的裝飾性聲音，它就像是在某種花蕾生長過程中按必然規律起著作用似的，風格僅僅是一種盲目的和固執的變化的結果，一個從本能與世界交界處滋生的「亞語言」的部分。風格其實是一種發生學的現象，是一種性情的蛻變。因此風格的泛音迴蕩於深處，而語言卻有一個水平的結構，它的奧秘和字詞存於同一水平上，言語所隱藏的東西為言語流的綿延本身所揭示。在言語中一切都被呈現，都注定要立即加以耗用，而語詞、沉默的間隙以及二者的運動都被拋入一種廢棄的意義之中，這是一種不落痕跡、從不遲誤的轉換過程。

反之，風格只有一個垂直面，它浸入個人的封閉的回憶之中，它從某種對事物的經驗中積成了它的密度。風格永遠只是隱喻，即作者的文學意向和軀體結構之間的一種等階關係（應當記住，結構是一種時延的沉積）。於是風格就永遠是一種秘密了，但是其指涉的玄秘部分並非來自語言的運動的和不斷遷延的性質。它的秘密是一種閉鎖於作家軀體內的記憶。風格的暗示性並非像在言說中似的是一種速度現象，在言說中未說出的部分仍然屬於語言內的間隙部分。而其暗示性功效卻是一種密度現象，因爲在風格之下牢固存在的、在其修辭法內直接和間接聚集著的東西，是屬於完全異於語言的現實片斷。這種蛻變的奇蹟使風格成爲一種超文學的作用，它把人們帶到了力量和魔術之門。按其生物學的起源來說，風格位於藝術之外，即位於把作家和社會聯繫在一起的那種契約關係之外。於是我們可以想像那樣一些作者，他們喜愛藝術的安全性甚於風格的孤獨性。紀德(A. Gide)就屬於那種無風格的作家之列，他以自己的技巧方式探討了從某種古典精神氣質中引發的現代性愉悅，正像聖·桑(C. Saint-saëns)按照巴哈（Bach）的音樂或普朗克(F. Poulenc)按照舒伯特(F. Schubert)的音樂所進行的再創造一樣。與此相反，現代詩歌（如雨果、倫姆堡或沙爾的詩歌）是飽含著風格的，它只是由於一種詩歌創作的意圖才成爲藝術的。正是風格的權威性，即語言和其對應物之間絕對自由的聯繫支配著作家，使得作家超越歷史成爲新穎而純潔。

　　因此，語言的水平性與風格的垂直性爲作家描繪出一種天性，因爲他並不偏選任何一方。語言有著一種否定性作用，即作爲可能性的最初限制，而風格則是一種必然性，它使作家的性情

同其表達形式結合了起來。在語言中他發現了歷史的熟悉性，在風格中則發現了本人經歷的熟悉性。在兩種情況下作家都處理了都同一種天性，即同一種熟悉的姿態，在其中耗費的能量只表現在運用程序方面，它有時被用於列舉，有時被用於轉換，但從不會表示一種選擇。

但是每一種形式也都是一種價值，所以在語言和風格之間存在著另一個形式性現實，這就是寫作。在任何文學形式中都涉及有關格調、氣質等因素的一般選擇，如果我們可以這樣說的話，正是在這裡，作家才明顯地將其個性顯示出來，因為他正是在這裡介入文學的。語言和風格是先於一切語言問題的資料，語言和風格是時代和生物性個人的自然產物。但是作家稟賦的形式同一性，只有在語法規範和風格穩恆因素的確立之外才能真正形成，在那裡寫作的連續流被聚集起來，並首先在非常純粹的語言學性質之內被封閉起來，然後進而變為一套完整的符號，一種人的行為的選擇，以及對某種善的肯定，由此而使作家介入一種幸福或不幸的表現和交流之中，並使其言語的既正常又特殊的形式和他者的廣泛的歷史聯繫起來。語言與風格都是盲目的力量，寫作則是一種歷史性的協同行為。語言與風格都是對象，寫作則是一種功能，它是一種創造性與社會之間的關係，而且是被其社會性目標所轉變了的文學語言，一種人的意圖的形式，從而也是與歷史的重大危機聯繫在一起的形式，例如，梅里美 (P. Mérimée) 和菲涅龍 (F. Fénelon) 兩人被語言現象和風格的偶然特點所分離，然而他們都運用著一種具有相同意向性的語言，共享相同的形式與內容的觀念，都接受相同的規約秩序，都是相同的技術性反應的發生場所。雖然他們相距一個半世紀之遙，卻以相同的姿態運用同一種工具，當然在表面上多少會有所不同，但在運用的方式

和場合方面彼此根本沒有差別。質言之，他們都有同樣的寫作方式。相反地，在梅里美和勞特雷蒙（I. Lautréamont）、馬拉美和塞林（L. Céline）、紀德和奎諾、克勞戴爾（Claudel）和卡繆這些一對對幾乎同時代的人之間，儘管他們運用著相同歷史階段的語言，卻彼此有著根本不同的寫作方式。他們在以下各種因素之間簡直格格不入：格調、敘述方式、目的、寓意、表達的自然性等等，結果共同的時代和語言反而無關緊要，因為他們彼此的寫作方式如此對立，並以這種對立本身作為區分彼此的明確根據。

這些寫作模式雖然彼此不同，但卻可以比較，因為它們都是一種相同歷程的產物，這個歷程就是作家思考社會的習慣用法而選擇形式，以及對其選擇的承諾。於是寫作被置於僅在它之後才產生的文學的問題的中心，從本質上說它成了形式的倫理，它是社會性場所（aire sociale）的選擇，作家就是在這個場所內來決定如何確立他的語言的「自然」的。但是這個社會性場所絕不是一個實際消費的場所。問題並不在於由作家去選擇他為其寫作的社會集團，他很清楚，除了發生革命以外，寫作永遠只可能是針對同一個社會的。他的選擇是一種意識的選擇，而不是功效的選擇。他的寫作是思考文學的一種方式，而不是擴展文學的一種方式。或者可以更明確地說，因為作家不可能對文學消費的客觀材料做任何改變（這些純歷史性的材料是他所無法控制的，儘管他瞭解這些材料），所以他才想在言語的根源處，而不是根據其消費狀況來要求一種自由的語言。這樣，寫作就成了一種含混的現實，一方面毫無疑問，它產生於作家和其時代社會的接觸；另一方面，寫作又透過一種悲劇性的逆轉，使作家從這種社會目的返回到他創作行為的工具性根源。歷史未能向他提供一種被自由消費的語言，而是促使他要求一種被自由生產的語言。

　　因此，一種寫作的選擇以及其責任表示著一種自由，但是這種自由在不同的歷史時期並不具有相同的限制。作家並未被賦予在一種非時間性的文學形式儲存庫中進行選擇的自由。一位作家的各種可能的寫作是在歷史和傳統的壓力下被確立的；因此存在著一種寫作史。但是這樣一種歷史有其雙重性：當一般歷史提出（或強加）一種新的文學語言問題時，寫作中卻仍然充滿著對其先前慣用法的記憶，因為語言從來也不是純淨的，字詞具有一種神秘地延伸到新意義的次記憶。寫作正是自由和記憶之間的妥協物，它就是這種有記憶的自由，即只是在選擇之中才是自由的，而在其延續過程中已經不再是自由的了。今天我當然可以為自己選擇某一種寫作，並由此肯定我的自由，希冀獲得一種新穎性或一種傳統。我已不再能夠只在某種延續性中發展寫作而不致逐漸變成他人語言和我自己語言的囚徒。一種來自一切先前寫作以及甚至來自我自己寫作歷史的頑固的沉積，掩蓋住了我的語言的當前聲音。所有的寫作痕跡都沈澱了，像化學物品最初的透明、純淨和中性，時間的延續便可使它如一份密碼一樣，逐漸顯露遞增的密度。

　　於是寫作像自由一樣僅只是一種時機（moment）現象。但這個時機是歷史上最明顯的時機之一，因為歷史永遠是並首先是一種選擇以及對該選擇的限制。正因為寫作來自作家的一種有意義的姿態，它才比文學中任何其它方面更顯著地匯入歷史之中。古典寫作的統一性幾個世紀以來未曾改變；現代寫作的多樣性百年以來在文學活動中卻已擴增到無以復加的程度。法文寫作的這種分裂現象明顯地和整個歷史的一種重大危機相伴而生，這一危機在文學本身的歷史中也可看到，只不過表現形式比較混雜而已。區別巴爾扎克（H. Balzac）「思想」和福樓拜「思想」的是同一

流派內的差異性，而使他們的寫作彼此對立的則是一種基本的分裂，它正好發生於新舊兩種經濟結構交接之際，從而引起心理和意識產生決定性變化之時。

## 二、政治式寫作

　　一切寫作都呈現出被言說的語言所沒有的封閉性。寫作絕不是溝通的工具，它也不是一條只有意向性言說的開啟大道。穿流過言語的完全是一片混沌，言語因此之故而獲得了勢不可擋的動勢，後者使混沌狀態永遠延續下去。反之，寫作是一種硬化的語言，它獨立自足，從來也未想賦予它自己的延存以一系列變動的近似態，而是透過其記號的統一性和陰影部分，強行表現出一種在被說出以前已被構成的言語形象。使寫作與言語相互對立的原因是，前者永遠顯得是象徵性的、內向性的、顯然發自語言的隱密方面的；而後者僅只是一種空的記號之流，只有其運動才具有意義。一切言語都體現於字詞的這種使用中，體現於永遠向前流溢的泡沫裡，而且言語只存在於語言顯然有著一種吞沒作用之處，這種吞沒作用只捲去了字詞的變動部分。反之，寫作永遠根植於語言之外的地方，它像一粒種子而不像一條直線，它表現出一種本質和一種隱密力量的威脅，它是反溝通的，是一種脅迫。因此在一切寫作中我們都發現一種既是語言又是強制性的對象的含混性。在寫作深處具有一種語言之外的「環境」，似乎一種可傳達非語言意向的目光。這種目光可能十分明顯地是一種語言的激情，如在文學寫作中表現出來的那樣，也可能是一種懲罰的威脅，像在政治寫作中表現出來的那樣。於是寫作企圖把行為的現實性和目的的理想性結合進單一的性質中去。因此權勢或權勢的陰影

總是終止了價值論的寫作，在這種寫作中區分事實與價值距離的字詞空間被取消了，字詞於是既呈現為描述性，又呈現為判斷性。字詞變成了一種假托（也就是一種「在別處」和一種藉口）。在文學寫作中是如此，在這裡記號的統一性不斷地被語言內的與語言外的因素所影響，在政治寫作中更其如此，在這裡語言的假托既是一種威脅又是一種頌揚，正是權勢或衝突產生出那些最純粹的寫作類型。

稍後我們將看到，古典的寫作明示出作家是深植於某一特殊政治社會中的，而且，如瓦格拉斯（C. Vaugelas）所說，首先與權勢的運用聯繫在一起。如果說革命沒有改變這種寫作的規範，這是因為思想家歸根結底始終是同一的，並只是從思想的權勢變為政治的權勢，那麼鬥爭的特殊條件在古典人文偉大形式的內部就產生了一種真正革命式的寫作，但不是由於其變得越來越刻板化的結構本身，而是由於它的閉鎖性和它的雙重性，於是語言的運用就與鮮血橫流聯繫起來了，這種情況在歷史中屢見不鮮。革命者沒有任何理由想去改變古典寫作，他們從來未曾想到去質問人的本性，更少想到去質詢人的語言，從伏爾泰（F. Votaire）、盧梭（J. Rousseau）或瓦渥納爾格（C. Vauvenargues）繼承來的「工具」，在他們看來是不可加以損害的。構成革命寫作身分的正是歷史情境的這種特殊性。波特萊爾（C. Baudelaire）在什麼地方說過：「在生命的重要情境中含有誇張的真實性」。革命就是這樣一種典型的重要情境，在這裡真理由於付出了流血代價而變得如此沉重，以至於它為了表現自己而需要戲劇誇張的形式。革命式寫作就是這類誇張的姿態之一，它本身就足以延續日常生活中的絞架。今日顯得浮誇不實的東西當時卻被看成確確鑿鑿。具有通貨膨脹一切跡象的這種寫作，是一種名符其實的寫作：它

的語言不會更難以令人置信了，但也更加不像是虛假之物了。這種誇張不只是以戲劇爲模型的形式，它也是對這種形式的一種意識。沒有這種適用於一切大革命家的誇張姿態，革命就不可能成爲這樣一種神秘的壯舉，它不僅豐富了歷史而且滋養了一切未來的革命思想。正是這種誇張的姿態使吉倫特派的加代 (Gaudet)在於聖·愛米倫宮 (Saint Emilion) 被逮捕時作了如下並不顯得滑稽的聲明，因爲他自知死期已近了。他這樣說：「是的，我就是加代。劊子手，執行主子的命令吧！把我的頭帶給國家的暴君們吧！它將永遠使他們面無人色，砍下的頭會讓他們的面色變得更慘白」。革命的寫作就像是革命傳說的實體，它使人們震怖並強制推行公民的流血祭禮。

馬克思主義式寫作完全是另一回事。對這種寫作來說，形式的封閉既非來自一種修辭的誇張，也非來自突出某種敍述方式，而是來自一種像技術詞彙一樣專門的和可發揮功用的詞彙。在這裡甚至連隱喻也嚴格編定。法國的革命式寫作永遠以流血的權利或一種道德辯護爲基礎；而馬克思主義式寫作從根源上說，表現爲一種知識的語言，它的寫作是單義性的，因爲它注定要維持一種自然的內聚力。正是這種寫作的詞彙身份使它能加強於自身一種說明的穩定性和一種方法的永恆性。只是由於其語言，馬克思主義才與純政治活動聯繫起來。正如法國大革命的寫作是誇張性的一樣，馬克思主義的寫作是間接斷定性的 (litotique)，因爲每個字詞只不過是緊緊指示著一組以一種隱晦的方式支托著它的原則。例如在馬克思寫作中常見的「意味著」(impliquer) 這個詞並不具有字典裡的中性意義，它始終暗示著一種純歷史的過程，就像是一個代數符號似地表示著置入括號中的一整套以前的假定。

　　馬克思主義式寫作和某種行爲結合起來後，實際上立刻就變成了一種價值語言。在馬克思本人寫作中（但他的寫作一般來說還只是說明性的）已可看到的這一特性徹底浸透了史達林時期的寫作。某些形式上相同的概念儘管在中性的詞彙中不用兩個詞來表示，卻被其價值作用加以區分，結果每一個都具有了不同的名字。例如，「世界主義」就是（馬克思已使用過的）「國際主義」的否定的名字。在史達林世界中，區分善與惡的定義一直支配著一切語言，沒有任何字詞是不具有價值的，寫作最終具有著縮減某一過程的功能，在命名與判斷之間不再有任何延擱，於是語言的封閉性趨於極端，最終一種價值被表達出來以作爲另一種價值的說明。例如人們將說，某一罪犯從事了有損國家利益的活動，這就等於說，一個罪犯就是一個犯了罪的人。我們看到，這是一種不折不扣的套套邏輯，是史達林式寫作中常用的方法。實際上這種寫作不再著眼於提出一種馬克思主義的事實說明或一種革命的行爲理由，而是以其被評判的形式來表達一種事實，這就是強加於讀者一種譴責性的直接讀解。於是「異己分子」這個詞的客觀內容就從屬於刑法領域了。如果兩個異己分子結合在一起，他們就變成了「宗派主義者」，這個詞並不對應著一種客觀上不同的錯誤，而只對應著刑罰的加重。我們可以列舉出眞正馬克思主義式（即馬克思和列寧式的）寫作，一種獨斷性的史達林主義式寫作（即人民民主派的寫作），肯定還有一種托洛斯基式的寫作和一種隨機應變式的寫作，例如法共式的寫作（用「工人階級」一詞先是替換了「人民」一詞，然後又用它替換了「正直的人們」一詞，以及「民主」、「自由」、「和平」這些詞中包含的故意的含混性）。

　　毫無疑問，每一個政權都有自己的寫作，我們還未曾爲其撰

寫歷史。寫作是言語所體現出來豐富多彩的形式，由於其可貴的含混性，它既包含著現實的存在又包含著權勢的顯現，也就是既包含著所是者又包含著希望人們相信者。於是一種政治式寫作的歷史就構成了社會現象學的最重要部分。例如，法國王朝復辟時期發展了一種階級式的寫作，由於這種寫作，壓制就直接表現為從古典「自然」中自發湧出的譴責。這樣，請願工人永遠被稱作「傢伙」，破壞罷工者則是「溫良的工人」，法官的奴顏婢膝則成了「法官慈愛的警覺性」（在我們時代，戴高樂派用同樣的方法把共產主義者稱作「分裂主義者」）。我們看到，在這裡寫作有著一種良心的作用，而且它的使命是使事實的根源同其最遙遠的偽裝物虛假地相符，方法是透過論證後者的實在性來為行為辯解。此外，寫作的這種事實為一切專制政權所有，因此我們不妨稱其為警察化的寫作。例如我們知道，「秩序」這個詞永遠包含著壓制性的內容。

當政治的和社會的現象伸展入文學意識領域後，就產生了一種介於社團成員和作家之間的新型作者，他從前者取得了道義承擔者的理想形象，從後者取得了一種觀念，即寫出的作品就是一種行動。於是當知識分子取代了「作家」以後，在雜誌和文章中出現了一種完全擺脫了風格的戰鬥式寫作，這種寫作像是一種意指著「現存」（presence）世界的專業語言，真是多彩多姿。譬如，沒有人否認存在有一種《精神》期刊式的寫作或一種《現代》期刊式的寫作。這類思想式寫作的共同特性是，在其中語言不佔據主導地位，而傾向於成為道義承擔的充分記號。如果選擇同意，那麼，在所有不採用封閉性語言者的壓力下去使用該語言，就是宣告了選擇的行動。在這種情況下，寫作變得像是寫在一份集體

聲明書下角的簽字（這份聲明並非他自己撰寫的）。於是採取一種寫作（或者更明確地說，承擔一種寫作），即為自己省卻了選擇的一切前提，並把該選擇的理由視作理所當然。因此任何思想式寫作都是「智性飛躍」的第一步。雖然一種理想上自由的語言永遠不能意指我這個人，而且完全忽略了我的歷史和我的自由，我所信任的寫作卻已經儼然成為一個完整的「機構」（institution）了。它發現了我的過去和我的選擇，它賦予我一種歷史，它顯示了我的處境，無須我的宣告，它便約束了我。因此形式比以前任何時候都更加是一種自足的客體，它企圖要意指一種集體的和被維護的性質。而且這個客體具有一種節約的價值，它起著一種十分經濟的信號的作用，由於這種信號，寫作者不斷強行轉換，而又永遠無需追溯轉換的歷史。

今日思想式寫作的這種二重性由於如下事實而更形突出，這就是，儘管我們的時代做出了努力，文學並不能完全被取消。它形成了一個永遠神奇莫測的語言地平線。一個知識分子還只是一個改變甚少的作家，而且除非他自行中輟並變成一位不再寫作的永遠的戰鬥者（某些人是這樣做的，結果被人們忘卻了），他就只能重新為以前的寫作的魅力所吸引，這些寫作是從作為一種完整而過時的文學中傳繼下來的。因此這些思想式的寫作是不穩定的，只要它們是軟弱無力的就仍然是文學性的，而只是迷戀於道義承擔時才是政治性的。簡言之，問題仍然和倫理式的寫作有關，在這類寫作中寫作者（我們不再敢稱其為作家）的意識發現了一種集體自救的撫慰人心的形象。

但是在當前歷史時期正如一切政治式寫作只能是去肯定一種警察世界一樣，思想式寫作也只能形成一種「超文學」，後者不再能用自己的名字了。因此這兩種寫作都毫無出路，它們只可能同

流合污或變得軟弱無力，也就是說不管怎樣都導致了一種異化。

## 三、小說與寫作

　　小說和歷史在目睹它們取得最大成功的上個世紀中彼此具有緊密的關係。二者之間的深刻聯繫應當使我們既能理解巴爾扎克（H. Balzac）又能理解米歇萊（J. Michelet），在這兩個人的作品中都建立了一個自足的世界，每個世界都產生了自己的幅員和界限，並在其中安排了自己的時間、空間、人物以及種種物品和神話。

　　十九世紀偉大作品的這種球形世界，是透過小說和歷史的長篇敘事作品來表現的，小說和歷史似乎是一個彎曲的和有機的世界的平面投射圖，當時產生的長篇連載體小說以十分複雜曲折的形式呈現了一種被貶低的形象。但是敘事並不一定是一種體裁法則。例如一個時代可以把小說當作文學，而另一個時代又可以把歷史看作一種分析研究。因此，作為小說和歷史同時具有的這種敘事形式，一般來說仍然是一種歷史時機的選擇或表達。

　　作為敘事體標誌的簡單過去式已從法語口語中消失，這種形式永遠標誌著一種藝術現象，它是文學形式的一部分，不再表現為時態功能。它的功用是使現實歸結為某一時刻點，並從多樣性經驗的深度中抽象出一種純動詞行為，這種行為擺脫了經驗性的存在根源而指向一種與其他行為、其他過程、即世界的一般運動相關的邏輯聯繫。它的目的是在事實的王國中維持一種階級秩序。透過簡單過去式，動詞隱然歸屬於一條因果鏈，它參與了一個互有聯繫的及確定的行為組合，其作用像是一種意向的代數記

號。動詞在時間性和因果性之間維持著一種含混性，它引起一種
事件的進程 (déroulement)，也就是一種敍事的可理解性，因此
它是一切世界構造的理想工具，它是有關宇宙演化、神話、歷史
和小說的虛構時間。作爲其前提的這個世界是被構造的、被製作
的、獨立自足的、被化約爲一些意義的線條，而不是被拋入的，
任憑我們取用或丟棄。在簡單過去式背後永遠隱藏著一個造物
主、上帝或敍事者。既然人們在敍述一個世界時像是在說故事，
世界就不是不可說明的，它的每一件事故都只是一種狀況，而過
去時態正是這樣一種運作性記號，敍事者按照它把爆發的現實化
約爲一個細薄而單純的動詞，沒有濃度、沒有大小、沒有開展，
其唯一作用在於儘可能快速地把一種原因和一種目的結合起來。
當歷史學家斷言，吉斯公爵 (duc de Guide) 死於一五八八年十
二月二十三日時，或當小說家敍述說，侯爵夫人在五點鐘離開了
時，這些行爲都產生於一個無深度的世界，擺脫了生存中的不穩
定性，而具有了一種代數的隱定性和外貌，它們是一種回憶，但
是一種有用的回憶，這種回憶的興趣比回憶的延續重要得多。

　　因此，簡單過去式最終就是一種秩序的，因而就是一種欣快
感 (euphorie) 的表現。由於這種欣快感，現實既不是神秘的，
也不是荒謬的，而是明確的，一清二楚的，它時時刻刻被聚集和
保持在一位創造者的手中。它承受著創造者自由的巧妙壓力。對
於所有十九世紀偉大的故事能手來說，世界可能是令人悲傷的，
但人們並未拋棄它，因爲世界是一個彼此協調的諸關係的整體，
因爲在各書寫事實之間不存在重疊，因爲講述故事的人有力量拒
絕去組成故事中各存在物的不可穿透性與孤立性，因爲他能在每
一個句子中證實各行爲之間的聯繫和等級關係，最後還因爲，無
論如何這些行爲本身可以被化約爲純粹記號。

　　因而敍事體的過去式是純文學安全系統的一部分。作爲一種秩序的形象，它構成了在作家與社會之間的衆多的形式契約（pact formel）之一，以便證實作家的正確和社會的公正。簡單過去式意指著一種創造性，這就是說它宣告創造並強迫創造。甚至在捲入最素樸的寫實主義時，它也可以使人安心，因爲正由於它之故，動詞可以表示一種完成的、限定好的和名詞的動作，故事有一個名字，它逃脫無律則的表達困境：現實因而貧乏化和熟悉化了，它被納入了一種風格，它沒有越出語言；文學保留了社會的使用價值，它是由一個社會所消費的字詞和意義所傳達的。反之，當人們拒絕了故事而選擇其它文學體裁時，或者當在敍事行爲內部簡單過去式被較少裝飾性的、更新鮮的、更濃密、更接近言語的形式（如現在式或複合過去式）所取代時，文學就成爲豐富的存在的貯積所，而不再單是其意義的貯存所了。文學的敍述仍然遠離歷史，但不再同人物分離。

　　於是我們瞭解，小說中的簡單過去式既有用途又令人不能容忍，它是一種明顯的謊言。它描繪了一個似眞的領域，這種似眞性同時又顯示在實際行動中就可暴露其虛假的可能性。小說和敍事歷史共同具有的這種目的性使事實離異了，於是簡單過去式成了社會藉以肯認其過去和其可能性的行爲；它建立了一種可信的連續內容，但其虛幻性暴露無疑；它是一種形式辯證法的最終項，既遮掩著有關眞理的非眞實事實，又遮掩著被譴責的謊言。它必須和某種適用於資產階級社會的神話有關，這個社會中小說是它的特定產物。小說賦予想像物一種眞實性的形式保證，但卻在這個記號上留下了一種雙重性對象的含混，這個對象既是似眞的也是虛假的，這是在所有西方藝術中一種始終存在的現象，按照這種現象，虛假等同於眞實了。這不是由於認識論或詩意的雙

重性，而是因為真實被看作包含有一種普遍性的種子，或者可以說，包含有一種由於簡單的再生作用而能增加具有不同遠近性或虛構性的秩序。

正是由於這種方法，本世紀取得勝利的資產階級才能把它本身的價值看作具有普遍性，並將其道德的所有名目推廣到該社會內彼此性質迥異的各個部分上去。這正是神話的功能所在，而且小說以及在小說中的簡單過去式就是神話學的對象，它們在其直接的意向之上又添加上另一種教義，或最好說，添加上另一種教育，因為問題在於要賦予某些人造物本質。為了理解簡單過去式的意義，只要比較一下西方小說藝術和中國傳統即可，例如在中國傳統中藝術僅只是對現實的完善模仿，但在這種藝術傳統中絕對不需要有任何記號把自然對象與人工對象分開。例如，不管是一個木製的胡桃還是一個胡桃的形象，都無須向我顯示導致這個胡桃形象產生的藝術因素。而這正好是完成小說寫作所必需的，其任務既在於運用面具，又在於將其指點出來。

我們在另一種寫作現象中也可看到簡單過去式的這種曖昧功能：這就是寫作中的第三人稱。我們或許記得阿嘉莎‧克莉斯蒂（Agatha Christie）的一部小說，在這部小說中一切新穎之處在於通過小說的第一人稱來掩飾謀殺者。讀者試圖在情節中的一切「他」出現的地方追索謀殺者：他隱藏在「我」之中。阿嘉莎‧克莉斯蒂清楚地知道，在小說中一般來說「我」是旁觀者，而「他」是演員。為什麼？因為「他」是小說的一種習慣形式。正像敘事的時態一樣，它指示和完成小說的行動。如果沒有第三人稱，小說就不可能產生甚至寧願自我摧毀。「他」在形式上表示著神話，而且我們剛剛看到，至少在西方沒有任何藝術不顯示它自己的面

具。因此第三人稱正像簡單過去式一樣專供小說藝術調遣，並爲其消費者提供一種可信的、虛構的保證，卻又不顯露其虛假性。

「我」較少具有含混性，因此也較少具有小說性，於是「我」是最直接的解決，當敍述方式較傳統時〔例如普魯斯特（Proust）的作品僅只打算成爲文學的一個導論〕，又是最完善的解決；當「我」被置於規約之外，並企圖透過賦予敍事一種引起信任的虛假自然性以摧毀這種規約時〔某些紀德（Gide）的小說就具有這種欺人的圈套〕。同時，在小說中使用「他」引出了兩種對立的倫理觀，因爲小說的第三人稱表示一種無須爭辯的規約，它既引出那類最刻板的和比較規則性的規約，又引出其它一些規約，它們是最終可據以判斷作品新穎性的規約。無論如何，第三人稱是一種在社會與作者之間的可理解的契約因素，但對後者來說，它也是以作家喜歡的方式去建立世界最主要的手段。因此它不僅是一種文學經驗，也是一種人類行動，這種行爲使創造性與歷史或與存在發生了聯繫。

例如對巴爾扎克（H. Balzac）來說，多種多樣的「他」所組成的這個廣大的人物網絡，身體是卑微的，但行爲卻是一致的，這個人物網揭示了這樣一個以歷史爲基料的世界。巴爾扎克的「他」不是由變形的和一般化的「我」中產生的東西。它是小說的原始的和粗糙的成分，是創作的材料而非成果。在巴爾扎克小說中，每個第三人稱人物的歷史之前並不存在一種巴爾扎克的歷史。巴爾扎克的「他」類似於凱撒的「他」，第三人稱在此實現了一種行爲代數，在其中存在對於人類關係的聯繫、闡明或悲劇只起最少的作用。反之，無論如何就以前來說，小說中的「他」可以表現一種存在性經驗。對於許多近代小說家來說，人的歷史和動詞變化的過程混合在一起；「我」仍然是匿名者的最忠實的形

式，從「我」開始，作者一人逐漸贏得了第三人稱的權利，而且存在逐漸變成為命運，獨白則變成小說。在這裡「他」的出現並非是歷史的起點，而是努力的終結，它能從充滿靈性和運動的個人世界中引出一種純粹的、有意義的、稍後倏忽即逝的形式，因為存在著第三人稱的充分合乎規約但不重要的裝飾性。讓・凱洛爾（Jean Cayrol）最早的小說就是這樣一種典型的過程。但是，雖然在古典小說中（我們可以說，就寫作而言，古典主義一直延續到福樓拜）生物性個人的消失證實了一種基本人性的建立，對於凱洛爾一類小說家而言，「他」的侵入逐漸征服了「我」存在的深沈幽暗，這樣，用其最形式化的記號所確定的小說，就是一種建立了文學行為的社會性。

摩里斯・布朗肖（Maurice Blanchot）在談到卡夫卡時指出，非個人性敘事的發展（在談到這個詞時我們注意到，「第三人稱」永遠是作為某種程度的個人否定性來表達的）是一種忠實於語言本質的行為，因為後者自然地趨向於它本身的毀滅。因此我們理解到，就其實現了一種更富文學性和更欠缺存在性的狀態而言，「他」是對「我」的勝利。然而這種勝利不斷地受到威脅，「他」的文學性常規必然導致個人的貧乏化，但又時時刻刻冒著使其遭受一種意外的危險。文學很像磷火，在它臨近熄滅時發出最燦爛的光芒。但是另一方面，它是一種必然含有延續性的行為，特別是在小說中，因此沒有文學，最終也不會有小說。於是小說中的第三人稱是產生於上世紀的寫作悲劇學中最堅固的記號之一，那時在歷史的壓力下，文學與消費著它的社會處於脫節狀態。在巴爾扎克使用的第三人稱和福樓拜使用的第三人稱之間橫陳著一整塊世界（即 1848 年的世界）。在巴爾扎克的世界中歷史圖景雖然嚴峻但首尾一致，的確，它體現著秩序的勝利。在福樓拜的世界

中，藝術爲了逃避其良心的譴責而增加了規約性或企圖猛烈地將其摧毀。因此現代主義是以對一種不可能的文學的探討爲起點的。

於是我們看到，在小說中這種寫作手段既是破壞性的又是恢復性的，這是一切現代藝術都具有的特點。要破壞掉的是延續性，即存在物之間的不可言傳的聯繫性。不管是詩的連續體或小說記號中的秩序，還是恐怖事物或似眞性中的秩序，它們都是意向的殺手。但是重新征服作家的仍然是延續性，因爲不可能在時間中發展一種否定作用而不提出一種肯定的藝術，一種要重新加以破壞的秩序。因此，現代主義的最偉大作品以奇蹟般的姿態盡可能長久地逡巡於文學的門檻邊，滯留於這樣一種提前出現的狀態裡，在其中豐富的生活呈現著，展開著，但還未被符號秩序的圓滿完成所破壞，例如在普魯斯特（M. Proust）的小說中有第一人稱，他的全部作品都表現出一種緩慢而拖長的朝向文學的努力。讓·凱洛爾（Jean Cayrol）直到獨白體文學的最後時期才願意選擇小說，似乎具有高度含混性的文學行爲，只是當它成功地摧毀了直到當時都毫無意義的存在的濃密性時，才表現出一種社會所認可的創造性。

小說是一種死亡，它把生命變成一種命運，把記憶變成一種效益行動，把延續變成一種有起源和有意義的時間。但是這種轉變過程只有在社會的注視下才能完成。正是社會推出了小說，這個所謂的記號綜合體被當作超越物和被當作一種延續的歷史。因此由於在小說記號啟發下所理解的意向明顯性，我們認識了以藝術的全部嚴肅性把作家和社會聯繫起來的契約關係。小說中的簡單過去式和第三人稱不是別的，正是這樣一種關鍵性的姿態，作

家利用這種姿態揭示了他所戴的假面具。全體文學可以說："Lar-
vatus Prodeo"，即「我一面向前走，一面手指自己的假面具」。
不管是承擔著最嚴重斷裂（即與社會語言的斷裂）詩人的非人性
經驗，或是小說家似眞的謊言，在這裡眞誠性需要虛假的、甚至
明顯虛假的記號，以便能夠持續和被消費，其產物以及終極這種
含混性的根源，就是寫作。這種專門語言的使用賦予作家一種光
榮而又受到監督的作用，這種專門語言顯示了一種最初看不見的
奴性，而這是一切責任所需要的。起初是自由的寫作，最終成爲
把作家和一種歷史連結在一起的鏈索，後者本身也是被束縛著
的。社會爲他打上了明確的藝術標記，以便更牢靠地把他引入他
自己的異化之中。

# 四、有沒有詩的寫作？

　　在古典時代散文和詩都是量值的表現，二者之間的區別是可
以度量的，它們不多不少正像兩個不同的數，也像數一樣是連續
的，彼此的區別在於它們的數量差別本身。如果我稱散文是一種
最小的話語，是思想的最經濟的手段，而且如果我稱a、b、c等是
語言的特殊屬性，雖無用但具有裝飾性，如格律、韻脚或意象規
則，那麼一切語言的表層可用約爾丹（M. Jourdain）的雙等式加
以說明：

$$詩 = 散文 + a + b + c$$
$$散文 = 詩 - a - b - c$$

由此顯然可以得出結論說，詩永遠不同於散文。但是這種區別是
不重要的，因爲這是量的區別。因此這種區別並不損害語言的統

一性，語言的統一性則是古典時期的一個信條。人們按照不同的
社會情境來分配不同的說話方式，有時是散文或雄辯術，有時是
詩或打油詩，它們都是社會中各種表達方式，但不論在那種情況
下只有一種語言，它反映著精神的各種永恆範疇。人們會覺得古
典詩只是一種裝飾性的散文，一種藝術的（即一種技巧的）結果，
永遠不像是一種不同的語言或一種特殊感受力的產物。因此，一
切詩都是一種潛在散文的暗示性的或直接的裝飾性等價物，這種
散文可能實際上或暗地裡存在於任何表達方式中。在古典時期，
「詩學」並不指任何領域，任何特殊情感內容，任何首尾一致的
體系，任何獨立的範圍，而只是指一種語言技巧的改變，即按照
比透過談話更富藝術性，更具社會性的規則來表達自我，換言之，
即把一種由規約的顯明性而被社會化了的語言，投射於心靈的內
在思想之外的技術。

我們知道，在〔不是從波特萊爾（Baudelaire）開始，而是
從倫姆堡（Rimbaud）開始〕現代詩中不再保存有這種結構了，
除非人們按照一種變形的傳統方式重新接受了古典詩歌的形式律
令。從那時以後，詩人把他們的詩製作得像是一種封閉的自然，
它同時包含了語言的功能和結構。於是詩不再是一種具有裝飾性
的或截去自由性的散文了。詩成為一種既不可歸結為他物又無本
身傳統的性質。它不再是屬性而是實體，因為它獨立自足，無須
向外顯示其身分，因此它能安然地放棄記號。詩的語言和散文的
語言彼此有足夠大的區別，以便能擺脫表示二者之間差異性的記
號了。

此外，所謂詩和語言之間的關係正好相反。在古典藝術中，
一種完全現成的思想產生著一種言語，「表達」、「轉譯」前者。古
典思想欠缺延續性，古典詩只是在其技巧運用所必需的限度內少

有延續性。現代詩中則正好相反，字詞產生了一種形式的連續性，從中逐漸滋生出一種如無字詞即不可能出現的思想或情感的內涵。因此言語就是一種更富精神性的構思時間，在其中「思想」透過偶然出現的字詞而逐漸形作的確立。在言語的偶然行為中落下了成熟的意義果實，因此這種言語偶然性以一種詩的時間為前提，詩的時間不再是一種「虛構」的時間，而是一種可能的歷險───一個記號和一個意向的相遇───的時間。現代詩和古典藝術的差異對立牽涉到語言的全體結構，它們除了具有相同的社會意圖之外，沒有其他共通性。

　　古典語言（散文和詩）的機制是關係性的，即在其中字詞會儘可能地抽象，以有利於關係的表現。在古典語言中，字詞不會因其自身之故而有內涵，它幾乎不是一件事物的記號，而寧可說是一種進行聯繫的渠道。字詞絕不是投入一種與其外形同質的內在現實中去，而是在剛一發出後即延伸向其它字詞，以便由此形成一個表層的意向鏈。觀察一下數學語言或許就可理解古典散文和詩的關係性質了。我們知道，在數學寫作中不僅每一個量都配有一個記號，而且聯繫諸量的關係本身也用一種運算記號、等號或不等號來表示。我們可以說，數學的所有運作都來自對其聯繫式的明確的讀解。古典語言是透過一種相類似的運動而存在的，雖然明顯地不如數學寫作嚴格。古典語言的「字詞」由於嚴格依賴於一種了無新意的傳統而被中性化、貧瘠化了，這些字詞避開了聲音的或語義的偶然性，以免使語言的蘊味凝聚於一點之上，並免於因為不平均的快感而中止其理智活動。古典的流派是這樣一種成分的序列，其內涵濃度是相等的並經受相同的情緒壓強，同時取消了成分中一切傾向個別意義的元素。詩的詞彙本身是一

種用法的詞彙，而不是創新的詞彙，其中的形象，透過慣約而非經由個人創造成為諸個體，它們彼此結成整體而非獨立地存在著。因此，古典詩的功能不是去找到新的、更富內涵、或更響亮的字詞，而是去排列一種古代的程式，完成一種關係的對稱性或簡潔性，把思想導向或歸約在一種格律的規範之內。古典文學中的奇思妙想是關係性的，而非字詞性的；它是一種表達的藝術，而不是創新的藝術。在這裡，由於未預期的突變，字詞並未像後來那樣再造出個人經驗的深度。它們按照某種優雅的或裝飾性的功能的要求在表層鋪陳開來。人們是由於把字詞聚攏的表達過程，而不是由於字詞的力量或本身的美而入迷的。

毫無疑問，古典言語在功能上並未達到數學網絡的完美性，在這裡關係不是由專門記號，而只是由形式或排列的偶然事件來表現的。正是字詞的嚴謹和字詞的排列體現了古典話語的關係性質。古典字詞由於在有限數量的彼此永遠相似的關係中過度使用，而傾向於成為一種代數式表達。修詞手段、陳詞俗語是一種聯繫手段的潛在工具，它們為了實現話語一種更緊密的聯繫狀態而失去了自己的蘊涵濃度。它們有著與化學原子價一樣的作用，勾勒出一個充滿對稱聯繫、交匯點和關節點的語言場，從這裡永遠不會突然停頓地湧出新穎的意向。古典話語的諸片段並不直接表示其意義，它們成了傳意手段或宣告手段，把意義不停地向前傳去，不願意沉積於一個字詞的底部，而是擴展為一種完整的理智性姿態，也就是溝通。

然而，雨果（Hugo）企圖加諸於亞歷山大詩體的那種扭曲是一切格律中最具關係性的，它已包含了全部未來的現代詩，因為它以消除建立關係的意圖代替推翻字詞。因為現代詩必須和古典詩以及一切散文相對立，實際上它消除了語言自發的功能性質，

而只保留下來詞彙學的基礎。現代詩只保留下來關係的運動、關係的樂曲式表現，而不是關係的實質。字詞在一條毫無內容的關係線上閃爍，語法被剝奪了其目的性而成為詩律學，僅只是被用來呈現字詞的變化形式。事實上，關係並未被廢除，它們只是成為一些保留地帶，成為關係自身的模仿物。這種虛空化作用是必要的，因為字詞的蘊涵必須越出一種空洞的魔圈之外，猶如一種無基礎的聲音和記號，猶如「神秘和狂暴」一樣。

在古典語言中，正是關係引領著字詞前進，並迅即把它帶到一種永遠的意義面前。在現代詩中，關係僅僅是字詞的一種延伸，字詞變成了「居所」，它像柴根似地被植入功能的詩律學中，這些功能可被理解但不實際存在了。在這裡，關係有著吸引作用，但滋養和使人滿足的卻是有如真理的突然啟示的字詞。我們說這種真理屬於詩的層次，只是在說詩的字詞絕不可能是假的，因為它是一個整體。字詞以無限的自由閃爍其光輝，並準備去照亮那些不確定而可能存在的無數關係。一旦消除了固定的關係，字詞就僅僅是一種垂直的投射，它像是一個塊碑石、一根柱石，整個地沒入一種意義、反射、意義剩餘的整體之中：存在的是一個記號。在這裡，詩的字詞是一種沒有直接過去的行為，一種沒有四周環境的行為，它只提供了從一切與其有關係的根源處產生的反射影像。於是在現代詩的每個字詞下面都潛伏著一種地質學式的層次，在其中聚集著名稱的全部內涵，替代了散文和古典詩中所有的那類被選擇的內涵。字詞不再受一種社會性話語的一般意向引導向前，詩的消費者被剝奪了選擇性關係的引導，而直接和字詞相對，並把它看作一種伴隨有它的一切可能性的絕對量值。在這裡，字詞是百科全書式的，它同時包含著一切意義、一種關係式話語本來會迫使它在這些意義中進行選擇。因此它達到了一種只

能存在於詞典中或如某類詩中的狀態，在這一類詩中名詞可以無需冠詞而存在，名詞被歸約爲零度，同時其中充滿著過去和未來的一切規定性。在這裡，字詞具有一種一般形式、一種範疇。詩的每一個字詞因此就是一個無法預期的客體，一個潘朵拉（Pandora）的魔箱，從中可以飛出語言的一切可能性。於是人們以一種特殊的好奇心，一種神聖的趣味生產和消費詩的字詞。現代詩共同具有的各種對字詞的飢渴，把詩的言語變成了一種可怕的和非人性的言語。這種渴望建立了一種充滿了間隙和光亮的話語，充滿了不在因素和蘊涵過多的記號話語，既無意圖的預期，也無意圖的永久性，因此就與一種語言的社會功能相對立了。它僅只訴諸一種非連續性的話語，這種話語敞向一切超自然的通道。

如果古典語言的理性機制不是意味著自然是充實的、可掌握的，既不在陰影中逃開也不遮掩自己，而是意指自然完全臣服於語言的法網，這是爲什麼呢？古典語言永遠可歸結爲一種有說服力的連續體，它以對話爲前提並建立了這樣一個世界，在這個世界中人不是孤單的，言語永遠沒有事物的可怕重負，言語永遠是和他人的交遇。古典語言是欣快感擁有者，因爲它是具有直接社會性的語言。沒有任何一種古典式的體裁和寫作不假定著一種集體性的和像言語一樣的消費。古典的文學藝術是一個對象，在由階級聚攏的個人之間流動，它是一種被當作口頭傳播之用的產物，被當作由世界偶然性支配的一種消費的產物，它基本上是一種被說的語言，儘管其編碼系統十分嚴格。

我們看到，在現代詩中情況正好相反，現代詩摧毀了語言的關係，並把話語變成了靜止的字詞。這就意味著我們對自然的認

識發生了逆轉，新的詩語的非連續性造成了一種中斷性的自然圖
景，這樣的自然只能一段段地顯示出來。當語言功能的隱消使世
界的各種聯繫產生障礙之時，客體在話語中佔據了一種上升了的
位置：現代詩是屬於客觀的詩。在現代詩中，自然變成了一些由
孤單的和令人無法忍受的客體組成的非連續體，因為客體之間只
有著潛在的聯繫。人們不再為這些客體選擇特有的意義、用法或
用途，不再把一種等級系統強加於這些客體之上，也不再把它們
歸結為一種精神行為或一種意圖的、最終即一種溫情的意指作
用。於是詩中字詞的進發作用產生了一種絕對客體，自然變成一
個由各垂直項組成的系列，客體陡然直立，充滿著它的各種可能
性，只能為一個未被充滿的、因此也是令人不能忍受的世界劃定
界標。這些互無關係的字詞──客體都具有猛烈的進發性，它們
的純機械性顫動以奇特的方式影響著下一個字詞，但又旋即消
失，這些詩的字詞排除了人的因素。在現代主義的詩中不存在詩
的人本主義。這些直立性的言語是一種充滿震佈的話語，這就是
說，他不使人和其它人發生聯繫，而是使人和自然中最非人性的
意象發生聯繫：天空、地獄、神聖、孩子、瘋狂、純物質等等。

　　此時，我們幾乎不能再談論一種詩的寫作，因為問題在於這
種語言中有種自發的狂烈爆發性摧毀了一切倫理意義。在這裡，
口語企圖改變自然，它是一個創造者，它不是人的一種內心態度，
而是一種強制性的行為。至少是這樣一種現代派詩人的語言終於
戰勝了其意圖，並不把詩歌當成一種心靈活動，一種靈魂狀態或
一種態度，而是當成像夢的語言般的瑰麗和清新。對這種類型的
詩人來說，談論寫作和談論詩的情感都是一樣徒勞無益的。在其
絕對意義上的現代詩，例如雷奈・沙爾（R. Char）的詩，是超越
這種冗長的腔調、矯揉造作氛圍的，後者當然是一種寫作的形式，

通常可稱其爲詩的情感。在談到古典詩人及其模仿者時，我們不
會反對說有一種詩的寫作存在，甚至在談到紀德《地糧》（*Fruit
of the Earth*）風格一類的散文詩時亦然，在這兒詩實際上成了
語言的某種至德。以上兩種情況下寫作都吸收掉了風格；我們可
以想像，對十七世紀的人來說，要在萊辛（Racine）和普拉東
（Pradon）之間確定直接的區別並不容易，特別是在詩的層次上，
這正如對於一位現代讀者來說不易品評如下一類當代詩人一樣，
即那些運用著齊一的和不確定的詩歌寫作方式的人，因爲對他們
而言，詩是一種氛圍，即主要是一種語言的規約。但是，當詩的
語言只根據本身結構的效果對自然進行徹底的質詢時，即不訴諸
話語的內容，也不觸及意識形態的沉澱來討論自然時，就不再有
寫作形式的問題了，此時只存在著風格，人藉助風格而隨機應變，
並且不透過任何歷史或社會的形式直接面對客觀世界。

# 第二部分

## 一、資產階級寫作的勝利與瓦解

在階級出現以前的文學中出現過多種多樣的寫作，但是如果我們按照結構而不再按照藝術來觀看語言問題的話，寫作的多樣性特點似乎就很不明顯了。十六世紀和十七世紀初表現出文學語言的相當自由的美學豐富性，因為那時人們還從事於對外在自然的認識，而並未熱中於對人的本質的表達。因此，拉伯雷（Laboulaye）的百科全書式的寫作或高乃伊（P. Corneille）的矯揉造作的寫作（只舉出一些典型的時期）都把語言當作共同的形式，在這種語言裡華麗辭藻還不是慣例（rituel），而是自己構成了一種適用於生活各個方面的探索手段。正是它賦予這種階級出現以前的寫作以一種與自由的色調和快意相類似的風格。對一位現代讀者來說，當語言似乎越依賴不穩定的結構時，當它尚未明確固定其句法的特點和其詞彙增長規律時，寫作多樣性的印象也就越強烈。為了在「語言」（lange）和「寫作方式」之間重新作出區別，我們可以說，直到一六五〇年以前法國文學還未越出語言問題範圍，同時它也同樣地忽略了寫作方式。實際上，由於語言對其本身結構猶豫不決，因此語言的精神還不可能存在。寫作只出現於一個時候，即當在全國範圍內形成的語言變成一種否定的東西，一種線條的時候，這個線條把被禁止和被允許的東西分開，而不再詢問其起源或這種禁忌的理由。藉著語言的非時間因

素，古典語法使法語擺脫了一切語言問題，而且這種被純化的語言變成了一種寫作方式，即一種語言的價值，它在各種歷史情境中直接表現出了普遍性。

在古典信條內部，「體裁」的多樣性和風格的變遷性是屬於美學的問題，而不是結構的問題。二者中不管哪一個都不應使人產生這樣的錯覺：法國社會在資產階級意識形態征服和取勝時期，完成了一種既是工具性的又是修飾性、獨一無二的寫作。說寫作是工具性的，因為形式被假定為內容服務，正像代數方程式為運算步驟服務一樣。說寫作是修飾性的，因為這種工具是在修飾功能之外的外在事件，這個功能是它不自覺地從傳統中繼承的，就是說，被各種各樣的作家所編織的這種資產階級的寫作永遠不會引起對其過去根源的反感，它僅只是一種適當的辭藻裝飾，思想的行為在其上浮起。毫無疑問，古典作家們本身也瞭解到一種形式的問題，但沒有對寫作的種類和意義進行討論，同時更少討論語言結構的問題。他們所討論的只有修辭學，也就是按照一種說服的目的而考慮的話語的秩序。於是資產階級寫作的特性由各種各樣的修辭學來表現。反之，在十九世紀中葉，當修辭學的特點不再引起興趣時，古典寫作也不再是普遍的了，從此產生了各種現代寫作。

這類古典寫作顯然是一種階級的寫作。產生於十七世紀的資產階級寫作最接近權力中心，它借助獨斷論的決定而形成，迅速地清除掉由於民眾自發的主觀精神才得以建立的一切法語程序，這樣一種寫作，帶著初次政治勝利所有的習慣性犬儒主義，首先表現為一種少數派的和特權的階級的語言。一六四七年瓦熱拉（Walras）提出一種作為既成事實的、而不是作為有理論依據的古典寫作方式，明晰性只是宮廷寫作的習慣特點。反之，在一六六

〇年，例如按照保爾・羅瓦雅爾 (Port-Royal) 文法，古典語言具有普遍的特性，明晰性變成了一種價值。實際上，明晰性是一種純修辭學的性質，它並不是適用於一切時代和所有地方的語言的通性，而只是某種話語說服力的理想屬性。正是由於君主制時代的前資產階級和革命時代以後的資產階級使用著同樣的寫作方式，發展了一種本質主義的神話學，一種普遍性的古典寫作放棄了一切不穩定以維護連續狀態，它的每一個部分都是選擇，也就是說徹底消除了語言的一切可能性。因此，政治權力、精神獨斷論以及古典語言的統一性，都是同一歷史運動的各種面貌。

於是無庸驚奇，大革命絲毫未改變資產階級的寫作，因此在菲涅龍 (Fénelon) 的寫作和梅里美 (Mérimée) 的寫作之間只有極細微的差別。因此資產階級意識形態免除了分裂，它一直延續到一八四八年，在賦予資產階級以政治和社會權力的那場革命過程中絲毫沒有動搖，但是革命並未給予資產階級它長久以來一直保有的思想權力。從拉克羅 (Laclos) 到司湯達爾 (Stendhal)，資產階級的寫作越過了短期的混亂一直延續下來。而浪漫主義革命，雖然在名義上與形式的劇變有聯繫，卻明智地保存著其意識形態的寫作。把體裁與字詞混合在一起的一些基本成分，使它能夠保持古典語言的根本因素，即工具性。當然，這種工具越來越採取「出現」 (présence) 的方式〔對夏多布里昂 (Chateaubriand) 來說尤其如此〕，但最終卻成為一種平平庸庸被使用的工具，它忽略了語言的獨特性。只有雨果 (Hugo) 導引出語言過程與空間的物質性方面，這是一個特殊的語言主題，它不再能在一種傳統的框架內表現自己，而只有面對在自己的存在之前的強大現實來表現自己。只有雨果用自己風格的力量能對古典寫作施加壓力並將其引至分裂邊緣。於是對雨果的輕視始終支持著同樣的形式的神

話學，按照這種神話學，作為資產階級吉日良辰見證的同一種十八世紀寫作，始終成為優秀法文的典範。這樣一種語言是完全封閉性的，由於文學的神話而和社會分離，它是一種神聖性的寫作，為各式各樣的作家根據嚴格的法則或貪婪的快樂而不加思索地重複著。這種奇妙神秘性聖幕的寫作就是法國文學。

　　但是在一八五〇年前後，三件重要的新歷史事實匯集在一起了：歐洲人口統計學的擴展；冶金工業取代了紡織業，即現代資本主義的誕生；法國社會變成了三個敵對階級（這是在 1848 年 6 月中的幾天間完成的），導致了自由主義幻想的最終破滅。這種新形勢把資產階級拋入一種新的歷史情勢中。在此之前一直由資產階級意識形態本身提出普遍性的標準，在毫無反對的聲浪下承擔著這一職責。資產階級作家是其他人的惡行的唯一法官，沒有任何其他人承擔此事了，他們還未在自己的社會條件和思想使命之間被扯得四分五裂。但自此之後，這種意識形態只不過是各種可能的意識形態中的一種了。它的普遍性不存在了，除非限制自己，否則它就不可能提高自己。作家於是受到一種含混性之波及，因為他的意識不能正好再與其條件相適合了。這樣就產生了一種文學的悲劇。

　　正是從這時開始，寫作變得多樣化了。從此以後每一種寫作：精雕細琢的、民眾主義的、中立的、口語的都需要一種最初的行動，讓作家接受或摒棄他的資產階級條件。每種寫作都是一種回答這種現代形式的奧爾菲式問題的嘗試：無文學的作家。百年以來，福拜樓 (Flaubert)、馬拉美 (Mallarmé)、倫姆堡（Rimbaud）、龔古爾兄弟 (Goncourt brothers)、超現實主義者 (Surreal-ist)、奎諾 (Queneau)、沙特 (Sartre)、布朗肖 (Blanchot) 或卡繆 (Camus) 都構想過或仍在構想著使文學語言完整化、分裂，

或自然化的一些途徑，但是賭注並不是形式的冒險，並不是修辭學工作的結果或詞彙的大膽運用。每當作家在探索一套字詞時，所考慮的正是文學存在本身。現代主義顯示於它的多種多樣的寫作之中，這也正是其本身歷史日暮途窮之時。

## 二、風格的藝匠

當人們問瓦萊里（Valéry）為什麼不發表他在法蘭西學院授課講義的時候，他回答說：「形式是寶貴的」。然而在勝利的資產階級寫作流行的整個時期內，形式的價值幾乎像思想價值一樣了。人們無疑注意到了它的結構、它委婉的表現，但是形式的價值實際上正如作家使用一件已經現成的工具的價值一樣低微了，這種工具可不受任何新因素的困擾而完整地傳遞下去。形式不是一種擁有的性質，古典語言的普遍性表明，語言是一種公共財產，而只有思想才會有差異。我們可以說，在整個這一時期內形式具有使用價值。

然而我們看到，在一八五〇年前後，在文學界開始提出一個有待辯解的問題，即寫作在尋求其托詞。而且正是由於一種懷疑的陰影開始投射在形式使用的問題上，關心徹底承擔起傳統責任的全體作家，準備以一種勞動價值來取代寫作的使用價值。寫作將不是由於其用途，而是由於它所花費的勞動而被保全。於是一種作家——藝匠的形象開始形成了，藝匠封閉在一種傳奇的界域中，就像一名玉石工人，在家中獻出的日常時間，孤獨地努力個人的形式加諸材料，引出藝術。像戈蒂埃（Gantier,純文學的無可挑剔的大師）、福拜樓（Flaubert,在克魯瓦塞尋詞摘句）、瓦萊里（Valéry,清晨在他的室內）或紀德（Gide,站在書桌前就像站在

工具台前一樣）等人構成了一種法國文學的手工業行會，在這裡
著眼於形式的勞動，成為一種團體的標記和財產。這種勞動價值
多少取代了天才價值，人們用一種取悅於人的態度說，他們長時
間地和大量地在其形式上花費了勞動。有時甚至形成了一種簡潔
的典雅風格（在一種材料上花費勞動，一般來說就是刪刪減減），
它和巴羅克式的華麗典雅（如高乃依）正相對立。前者表現了對
自然的一種認識，導致語言的豐富化；後者在試圖產生一種貴族
式的文學風格時，醞釀了一種歷史危機的條件，歷史危機始於美
學目的不再能充分說明這種已不合時代的語言規約，也就是始於
歷史將導致作家的社會使命與他從傳統承繼到的工具之間明顯斷
裂之時。

　　是福樓拜（Flaubert）開闢了新的寫作領域，從而奠定了這
樣一種藝匠式寫作的基礎。在他之前，資產階級是一種生動而奇
異的現象，資產階級的意識形態提供了普遍性法則，它企圖追求
一種純粹人的存在，可以快意地把資產階級看作一種與意識形態
本身互不相容的景象。對福樓拜而言，他把資產階級的生活看作
一種纏繞著作家不可救藥的惡，對此他別無他策，只能明確地加
以接受，這就是一種悲劇性情感的本質。這種資產階級存在的必
然性，當人們直接面對著它的時候，要求一種藝術也必須包含法
則。福樓拜奠定了一種規範式寫作的基礎，這種寫作包含著一種
動人心弦技法的規則（矛盾論）。一方面，他根據一系列的本質，
而不是〔像普魯斯特（Proust）將做的那樣〕根據一種現象學的
秩序，來構造自己的故事。他在一種慣約的運用中來確定動詞時
態，以便它們能按照傳達其人工性藝術的方式來起文學中符號的
作用。他發展了一種書寫的韻律，創造了一種咒語，後者十分不
同於口頭論辯中的各種規範，而是觸及了內在於文學生產者和消

費者之中純文學的「第六感」。而另一方面，這種文學勞動的代碼，這種寫作勞動的總體，呈現了一種智慧，如果你願意這樣說的話，而且由於福樓拜的藝術揭開了寫作勞動的面具，因而也呈現了一種憂鬱、一種誠摯。文學語言的這種葛立果式（Gregorian）的法規，除了使作家與一種普遍性條件相協調外，還至少企圖使作家承擔起一種形式的責任，企圖使歷史賜予他的寫作成為一種藝術，即一種明確的規約，一種真誠的契約，它使人在一種不協調的自然中接受一種熟悉的情境。作家給予社會一種自我表白的藝術，它的準則為一切人所知，作為回報，表示社會可以接受這個作家。這樣，波特萊爾（Baudelaire）執意要把他的詩中的令人驚嘆的散文美歸諸於戈蒂埃（Gautier），和一種高度精巧的形式，這種形式當然存在於資產階級的實用主義精神之外，而且被置入一種熟悉的勞作秩序中。這個秩序是被這樣一個社會所控制著，它在此秩序中所認出的不是其夢想，而是其方法。由於文學不可能被文學所征服，難道我們不應公開承認它，而將文學遣入這樣一種文學的苦役所，讓它在這裡去完成其「好的勞作」嗎？於是寫作的福樓拜化一下子就成了對作家的一種拯救術，在這裡越聽其擺佈而不事苛求，就會更徹底地導致承認一種注定不可改變的條件。

## 三、寫作與革命

　　風格的藝匠產生了一種導源自福樓拜的「亞寫作類」（sousé-criture），但它也符合自然主義流派的意旨。我們可以把莫泊桑（Maupassant）、左拉（Zola）和都德（Daudet）的寫作稱作現實主義寫作，這種寫作是文學的形式記號（簡單過去式、婉轉的

風格、寫作的節奏）和現實主義的較少形式記號（民眾語言，密實的、雄辯的字詞等等）的結合物，因為任何寫作只有在企圖儘可能逼眞地去描繪自然時才是技藝性的。當然，其失敗不只表現在形式方面，而且也表現在理論方面。在自然主義的美學中有一種關於現實的規約，就好像有一種關於寫作的製作術似的。矛盾的是，主體的卑微化根本未引起任何形式的減弱。中性的寫作產生得較晚，在現實主義之後才由卡繆（Camus）一類作家發明出來，與其說是由於一種逃避的美學，不如說是由於對一種最終純潔的寫作的研究。現實主義寫作遠不是中性的，反之，它充滿了書寫製作術中最絢麗多姿的記號。

因此，自然主義流派自貶自抑，放棄了對一種和現實截然不同的語言自然的要求，同時也並不企圖（像奎諾後來做的那樣）重新找到社會性自然的語言，它不無矛盾地產生了一種機械藝術，這種藝術以到當時為止尙不知道的誇示手法意指著文學的規約。福樓拜式的寫作逐漸地發展了一種魅力，它可能再次消失於對福樓拜的讀解中，就好像消失在一種充滿著第二層聲音的自然中似的，在這裡記號所讓人信服的遠多於它所表達的。反之，現實主義的寫作永遠不可能使人信服。它注定了只是根據這樣一種二元論的敎條去進行描繪，這就是，為了「表現」一種像某一客體一樣的惰性現實，永遠只有單一一種最佳的形式可供選擇，對此現實，作家除了運用其安排記號的藝術以外別無他事可做了。

這些無風格的作家們（莫泊桑、左拉、都德及他們的追隨者）只運用這樣一種寫作，這種寫作對他們來說是一種解救並展示藝匠的方法，他們相信這種匠藝已驅逐了一種純被動的美學。我們知道莫泊桑對形式結合勞動的宣言以及該派一切素樸的方法，按

照這種方法，自然的語句被轉換成一種人工的語句，後者注定要顯示其純文學的目的性，在這裡就是顯示其所花費的勞作。我們知道，在莫泊桑的風格學中，藝術的意向是保留給句法的，詞法則應置於文學之外。好的寫作（自此以後，這就是文學成就的唯一標誌），就是單純地改變位置狀語，就是「運用」一個字詞，並相信可由此獲得一種「表現的」節奏。但是表現性是一種神話，它只不過是有關表現性的規約而已。

這種規約性的寫作永遠是學院所偏好的獵地，學院式的批評是根據一個本文所花費的勞動來衡量其價值的。但是沒有什麼比企圖把各種互補因素結合在一起更驚人的了，這就如同要工人校準精密的機器。這個流派在莫泊桑或都德的寫作中所讚賞的東西，就是最終與其內容相脫離的文學記號，它明確地把文學當作和其它語言沒有任何關係的一個類別，並因此而建立一種理解事物的理想性。但是在被排除於一切文化之外的無產階級和已開始對文學本身加以質疑的知識階級之間，在第一個流派和第二個流派之間，還存在著中間分子，即一般而言的小資產階級，他們企圖在藝術的和現實主義的寫作中（它們構成了商業小說中的相當大一部分）找到一種文學所特有的形象，這種文學具有其顯著的和可理解的本質徵象。在這裡，作家的職責與其說是去創造一件作品，不如說是去提供一種可從遠處來觀看的文學。

這類小資產階級的寫作，共產主義作家遵行不悖，因為就目前而言，無產階級的藝術準則不可能與小資產階級的藝術準則不同（況且也符合其學說），而且也因為社會主義現實主義的教義必然導致一種規約性的寫作，這種寫作應該十分清楚地指明應予表達的內容，卻沒有與該內容認同的形式。於是我們理解這樣一種

矛盾，由於這種矛盾，共產主義的寫作擴增了文學的最重要的記號，而又遠遠沒有與典型資產階級的形式決裂（至少在過去），而繼續毫無保留地承擔著對寫小資產階級藝術的形式關切（此外它由於第一個流派的敘事法而在共產主義公眾中得以流傳）。

於是，法國社會主義的現實主義實行著一種資產階級現實主義的寫作，肆意地對一切藝術的意向性記號進行機械地安排。讓我們舉伽羅第（Garaudy）的一部小說中的幾行來看一下：「……傾斜的上半身猛烈地撲到排鑄機的鍵盤上……喜悅在他的肌肉中震顫，手指輕重有致地舞蹈……銻的有毒的蒸氣……使他的太陽穴抖動，使他的動脈拍擊，這一切使他的力量、憤怒和喜悅變得更為狂烈。」我們看到，一切都是透過隱喻來表現的，因為必須著重他向讀者表明：「寫得很好」（就是說，他所消費的東西來自文學）。這些隱喻較少以動詞形式出現，它們根本不想傳達感覺的特性，而只是確立一種語言的文學標記，這些文學標記非常像是一種報價的標籤。

「用打字機打字」、「抖動」（在談到血時）、「第一次感到幸福」，這些都是現實的語言，而不是現實主義的語言。因為有文學就必須寫「彈奏」排鑄機鍵，「動脈在敲打」，或「他緊握著畢生中最幸福的時機」。這樣看來，現實主義的寫作只能通向一種典雅風格。伽羅第寫道：「在每一行之後，排鑄機的細長臂肘舉起了幾塊舞動著的字模」，或「他的手指的每一次觸摸都引起銅製字模的歡快響聲，使之發出陣陣的顫音，字模像一排排尖聲的音符洒落在滑槽內」。這些幼稚而古里古怪的話是出自卡索（Cathos）和馬格德隆（Magdelon）之口的。

顯然應該注意到平庸性的問題，伽羅第的著作中就充滿了這種平庸性，在安德烈‧斯梯爾（André Stil）的作品中我們可看

到一些比伽羅第精細得多的手法，但他也未逃脫藝術現實主義的
寫作規則。在這裡隱喻不過成了一種幾乎完全歸入現實語言中的
陳詞濫調而且毫不費力地表現著文學。「水晶般透明」，「凍得像
羊皮紙一樣的雙手」等等。從字彙到句法充斥著矯揉造作，這是
賓詞的人工排列，比如說在莫泊桑的作品中（「她用一支手微微抬
起雙膝，她彎下身來」）。這種充滿著規約的語言只是在引號之間
才觸及現實，人們在一種純文學的句法裡使用著大眾的詞語和粗
糙的表達方式：「眞的，風古怪地喧囂著」；或更明顯地在這樣的
句子裡：「頂著大風，貝雷帽和鴨舌帽在眼皮上面搖動著，他們
十分好奇地彼此望著」。（常見的 "pas mai de"——很多
——接著一個獨立分詞，這是口頭上完全不用的修辭法）。當然，
阿拉崗(Aragon) 的情況應該另當別論，他所繼承的文學傳統完
全不同，在把拉克羅（Laclos）和左拉（Zola）混合在一起時，
喜歡爲他的現實主義寫作塗上一層薄薄的十八世紀的色彩。

在這類革命者正經的寫作中或許流露出了某種對於今後創造
自由寫作無能爲力的情緒。或許只有資產階級作家才能感覺到資
產階級寫作的妥協性：文學語言的分裂乃是一種意識的現象，而
不是一種革命的現象。史達林的意識形態肯定強加於寫作一種頗
成疑問的、特別是革命性的恐懼。總之，資產階級寫作被看成是
比它的實際過程較不具危險性。自從資產階級發現到其意織型態
中虛僞的危險性，也就是當馬克思主義（Marxism）因此合法化
之時，共產主義的作家們成爲唯一一些心安理得地支持資產階級
寫作的人，而這種寫作長久以來已遭到資產階級作家本身的譴責
了，這就是當他們在自己的意識形態的虛張聲勢之中感覺到了妥
協性之時，也就是當馬克思主義被人們看作正途之時。

## 四、寫作與沉默

　　存在於資產階級遺產內部的藝匠式寫作，並未打亂任何秩序。由於被剝奪了其它的戰鬥，作家具有一種足以證明其正當的熱情，這就是形式的創生。如果他放棄了新文學語言的解放，他可以至少重新回到古代語言，賦予它意圖、典雅、光澤、古風，於是創造了一種豐富但已死去的語言。某種華貴的傳統寫作就是紀德（Gide）、瓦萊里（Valéry）、蒙特朗（Montherlant）、甚至布雷通（Breton）的寫作，它表明，這種厚重的、極其跌宕多姿的寫作具有一種超越歷史的價值，正如神甫的祈禱語言可能具有的這類價值一樣。

　　這種神聖的寫作是其它作家認為不可能驅除的，除非是使其變位。於是他們暗中損壞文學語言，時時刻刻反駁作家的套語、表達習慣和已往形式的再生外殼。在形式的混沌中，在字詞的沙漠中，他們想獲得一種絕對被剝奪了歷史的對象，重新找到一種新語言的新穎特點。但離開自己的足跡而創造新的律法又終止了這項語言劇變。文學威脅著一切不是純然以社會性言語為基礎的語言。一種混亂的句法不斷向前展開，於是語言的解體只可能導致寫作的沉默。倫姆堡（Rimbaud）或一些超現實主義者最終陷入的失寫症（他們有時甚至被人們遺忘了），文學中這種令人震驚的瓦解現象告訴我們，對某些作家來說，最初和最後從文學神話中產生的語言最終重新構成了它企圖逃避的東西，並表明沒有一種寫作始終是革命的，形式的一切沉默都只由於完全放棄溝通才能逃脫欺騙。馬拉美（Mallarmé），這位寫作中的哈姆雷特（Hamlet），明確地表達了歷史的這一脆弱時刻，在此時文學語言

只有在頌念其必然消亡的輓歌時才得以維持下去。馬拉美的印刷
失寫症企圖在稀薄的字詞周圍創造一片空白地區，在這裡擺脫了
其社會性的和應予譴責的和諧言語，不再發聲了。於是作家的一
些技術性反省的字詞脫離開了習慣性套語的粗糙外表，絕不再對
一切可能的語境負責。它接近一種簡單獨一的行為，其反對反省
表明了一種孤獨性，因而也就是一種純潔性。這種藝術具有和自
殺相同的結構，在這裡沉默是一種和諧的詩的時間，它嵌在兩個
層次之間，它使那些與其說像一束密碼不如說像一束光、一塊空
白、一種謀殺、一種自白的字詞進發（我們知道，有關馬拉美是
語言的謀殺者的假設來自摩里斯・布朗肖）。馬拉美的語言就如同
一位奧爾菲神，他不可能挽救所愛，除非將其放棄。而且他仍然
有退路，這就是被帶到樂土之門的文學，即一個無文學的世界，
不過這就該由作家來到證實這一點了。

　　在脫離文學語言的努力中還有另一種解決方法，即創造一種
白色的、擺脫了特殊語言秩序中一切束縛的寫作。借自語言學中
的一種相似性或許可以清楚地說明這一新現象。我們知道，某些
語言學家在某一對極關係（單數與多數，過去式與現在式）的兩
項之間建立了一個第三項，即一中性項或零項。這樣，在虛擬式
和命令式之間似乎存在著一種非語式（amodale）形式的直述式。
比較來說，零度的寫作根本上是一種直述式寫作，或者說，非語
式的寫作。可以正確地說，這就是一種新聞式寫作，如果說新聞
寫作一般來說未發展出祈願式或命令式的形式（即感傷的形式）
的話。這種中性的新寫作發生於各種呼聲和判斷的汪洋大海之中
而又毫不介入，中性寫作正好是由後者的「不在」所構成。但是
這種「不在」是完全的，它不包含任何隱藏處或任何隱密。我們

不能因此說，這是一種毫不動心的寫作，它毋寧是一種純潔的寫作。這種寫作的目的是藉著把個人命運寄託於基本言說而超越一般文學。這種透明的言語首先由卡繆 (Camus) 在其《異鄉人》一書運用，它完成了一種「不在」的風格，這幾乎是一種理想的風格的「不在」。於是寫作被歸結爲一種否定的形式，在其中語言的社會性或神話性被消除了，而代之以一種中性的和惰性的形式狀態。因此思想仍保持著它的全部職責，而並不在一種不屬於自己的歷史中承擔一種附帶形式的約束。如果福樓拜的寫作包含著一種法則；如果馬拉美 (Mallarmé) 的寫作假定著一種沉默；如果其他作家如普魯斯特 (Proust)、塞林 (Céline)、奎諾 (Queneau)、普雷維爾 (Prérert) 的寫作，都以各自的方式依賴社會性自然的存在；如果所有的這些寫作都包含著一種形式的不透明性，都以一種語言和社會的問題爲前提，都建立了像是一種客體的言語，這種客體應當被一名藝匠、魔術師、書寫者，但不是被一名知識分子所處理，那麼中性的寫作就重新找到了古典藝術的首要條件：即工具性。但是這一次形式的工具不再被勝利的意識形態所利用，它成爲作家面對其新情境的方式，它是一種以沉默來存在的方式。它自願放棄典雅或華麗風格，因爲這二者重新把時間因素引入寫作，而時間即是由歷史中導出的、爲歷史所持有的一種力。如果寫作當眞是中性的，如果語言不是一種沉重的、反抗性的行爲，而是達到了一種純方程式的狀態，它在面對著人的內裡時僅只具有一種代數式的內涵，於是文學就被征服了，人的問題顯露了，並毫不猶豫的表現出來，作家永遠是一個誠實的人。不幸，沒有什麼比一種白色的寫作更變幻莫常了，自由的存在讓機械性習慣得以發展，形式的網路越來越具有話語最初的清新性；這種寫作重新誕生於一種不確定的語言領域中。達

到經典水準的作家成爲其原初創造的模仿者，社會從這位作家的寫作中創造出一種方式，並使他重新成爲他自己的形式神話的囚徒。

## 五、寫作和言語

一百多年來，作家們都未瞭解這樣的事實：存在著若干種（相當不同的）說法語的方式。一八三〇年左右，當新興資產階級嘲笑一切那些囿於自己的領域，即囿於社會的有限部分的人，而她則把這個社會劃分爲流浪漢的、看門人的和小偷的時候，人們開始在眞正文學的語言中挿入若干借取自下層社會語言中的成分，只要這些語言成分是顯然脫離規範的(否則它們就有威脅性了)。這些生動的、但無規範的語言對文學起了裝飾作用，卻並未損害其結構。巴爾扎克（Balzac）、蘇伊（Süe）、蒙尼埃（Monnier）、雨果（Hugo）都喜歡運用一些在發音和詞彙方面極不規則的形式：如小偷的黑話、農民的土話、德國的俚語、看門人的語言。但是這種社會語言，這種附著於基本語言之上的戲劇性，從來未曾視言說者爲整體的人，情感的因素繼續在言語之上有著作用。

或許必須等待普魯斯特（Proust）的到來，才能明白作家使某些人和他們的語言結合爲一，只以各自具有的明顯特性、濃度、色彩的言語來表現其人物。比如說，當巴爾扎克（Balzac）的人物，被輕易地歸結爲社會中各種力量的關係，作爲代數中間式一類的東西被構成，而普魯斯特（Proust）的人物則被壓縮在一種特殊語言的濃密陰影之中，實際上正是在這個層次上，人物的全部歷史情境被組合和排列起來，如其職責、階級、成就、傳統和生物學特點等。於是文學開始把社會看成一種自然世界，對這個

自然世界它也許可以將某些現象複製下來。當作家採用人們實際
使用的語言，即當它不再是生動描繪的語言，而是包含了全部社
會內容的基本對象的語言之時，寫作就把人物的實際言語當成了
他的思考場所。文學不再是一種驕傲或避難所了，它開始變成一
種傳達清晰的信息的行為，好像它必須首先從中學習如何複製社
會差異性的細節。文學承擔了在一切其它信息之前直接報導成熟
之人的情境的任務，這些人都處於他們的階級、地區、職業、傳
統或歷史的語言結構之內。

　　因此，建立在社會言語上的文學語言永遠擺脫不掉限制了它
的描述性質，因為（在社會實際狀況中的）語言的普遍性是聆聽，
而絕不是言說。在像法語這樣一種全國性規範系統的內部，各個
集團中的說話方式彼此不同，而每個人都是他自己語言的囚徒。
除了一個人的階級以外，最主要的字詞在標誌著、充分確定著和
表現著人及其全部歷史。人是由其語言呈現和烘托出的，是由一
種形式的真實顯示的，這種真實避免了他的私利性的或一般性的
虛偽。因此，各種各樣的語言起著一種必然性的作用，所以導致
了一種悲劇性。

　　因此，首先以唯肖唯妙的模仿手法所說出的、所想像的語言
的重新建立，終止了對一切社會矛盾內容的表達。例如在塞林
（Céline）的作品中，寫作不是為思想服務，不像現實主義所附加
在社會次階級層面上的裝飾性描述。寫作實際上表現了作家是如
何沒入他所描繪的狀況的陰影之中的。毫無疑問，問題永遠涉及
到表現，因此文學未曾被超越。但是一切描繪方式都應是適當的
（因為直到目前為止文學尤其被看成如此），對作家而言，理解一
種現實語言就是最具有人性的文學行為。而整個現代文學都貫串

著如下夢想的某些方面：與社會語言的自然性相結合的文學語言。（只要想一下沙特的浪漫性對話這類晚近的和熟知的例子就夠了）。但是，不管這些畫面描繪得多麼成功，它們永遠只能是一些複製品，一些由一種純慣約性寫作的長篇宣敘調所環繞著的樂曲。

奎諾（Queneau）正想指出，書寫話語所受到的口語影響在其各個方面都會發生。對奎諾來說，文學語言的社會化同時涉及到寫作的一切層次：拼寫法、詞彙以及（更重要但不那麼引人注目的）敘述方式。顯然，奎諾的這種寫作並不存於文學之外，因為它永遠要被社會中一個有限的部分所消費，它不具有一種普遍性，而只是一種經驗和一種消遣。首先至少可以說成為文學的東西並不就是寫作。文學同形式分離，它只是一個書寫類別。文學成為反諷（ironie），在其中語言構成了深刻的經驗。或者說，文學公然地被重新導向一種語言的問題，實際上它也只能如此。

我們看到，由此出現了一種新人道主義的可能領域，影響到現代文學語言的各種懷疑態度，為作家語言和人類語言的相互協調所取代。正是此時，作家可以宣稱自己全心投入，此時作家的詩作自由存於一種語言條件的內部，其侷限即社會之侷限，而不是一種規約或一種公眾的限制。否則的話，自我投入將始終是徒有其名的，它將能承擔對良心的救贖，卻並不能提供行為基礎。因為沒有無語言的思想存在，形式就是文學責任最初和最後的要求，而且因為社會是紛亂多爭的，必然性的和必然被引導的語言就為作家建立了一個相隨著衝突的情境。

# 六、語言的烏托邦

　　寫作的擴增是現代的現象，它迫使作家去進行選擇，它使形式成爲一種導引，並產生了一種寫作的倫理學。從此以後，在構成文學創作的各種因素上又填加上一個新的深刻因素——形式，形式自身構成了一種附著於思想功能的機制。現代寫作是一種獨立的有機體，它在文學行爲的四周成長，以一種與其意向不同的價值裝飾著文學，並使後者不斷地捲入一種雙重的生存方式中去。此外還在本身也包含著歷史的、不可穿透的記號和字詞的內容之上，填加上另外一種折衷或補救的因素，因此在思想情境中混入了一種補充的命運，它往往是紛歧多變的，又永遠是令人困惑的。

　　文學記號的這種命運表明，一位作家不可能在尋詞索句時不採取一種過時的、混亂的或模仿的語言，即是規約性的和非人語言所具有的特殊立場。然而這種命運，正好是在需要一種逐漸廢除了其資產階級神話身分的文學之時，並透過一種人道主義的活動或表現來起作用的，這種人道主義最終把歷史歸入人的形象中。因此在其最好的傳統內容中被完成的文學類別，是一種非時間性人的本質表現，這些類別最終只具有一種特殊的形式，一種詞彙的或句法的秩序。總之，語言，這也就是寫作，它從此以後吸收了一部作品的一切文學特性。沙特 (Sartre) 的一部小說只有在忠實於某種被敘述的、而且是間斷性的格調時才是小說，這種格調的規範是在小說誕生之前的整個地質學式過程中被建立的。實際上，使沙特的小說重新納入純文學類別的不是其內容，而是這種宣敘調式的寫作。此外，當沙特企圖打破浪漫主義的連續性，

將其敍事過程分割，以表現現實的普遍存在時〔例如在《間隔》
(*The Reprieve*) 一書中〕，正是敍述的寫作在事件的同時性之上
重新組織了一種獨一無二的、齊一性的時間，即敍述者的時間，
其特殊的聲音是由可淸楚識別的事件確定的，它阻礙著具有多餘
的統一性的歷史的顯現，並賦予小說一種表現的含混性，這種表
現本身或許並不眞實。

由此我們看到，如果作家的寫作使作家處於一種無法解決的
矛盾之中，就不可能產生現代的文學傑作。或者作品的對象被簡
單地交給形式的規約來處理，文學對於我們當前的歷史來說始終
是沉悶的，而文學的神話並未被超越；或者，作家認識到當前世
界的無處不在的新穎特徵，但爲了報導它，只運用著一種雖華麗
但已死去的語言。在他的空白書頁前，在選擇字句使其明確地顯
示作家在歷史中的地位並證明作家已掌握了主題之時，他注意到
了在「所爲」與「所見」之間的一種悲劇性的差異。在他看來，
社會的世界現在構成了一種眞正的自然，這個自然在說著話，在
發展著一種將作家排除在外的活生生的語言。而歷史情況正相
反，歷史提出了一種裝飾性的和有危害的工具，一種他從先前不
同的歷史中繼承來的寫作方式，對此他並不負有責任，然而這種
寫作卻是他唯一可以利用的。因此寫作的悲劇產生了，因爲自覺
的作家從此以後應當與祖傳的、強而有力的記號抗爭，這些記號
來自十分不同的過去，卻把一種作爲儀式規約而非作爲相互調和
的文學強加於他。

因此，作家除了放棄文學之外並無解決這個寫作問題的可
能。每位作家剛一出世就面對著這個文學方法的問題。但是如果
他限制這種文學，他永遠只不過是賦予文學一種緩刑，文學會利

用這種緩刑決定來重新征服他。儘管他創造了一種自由的語言，
人們依然使他獲得被製作的語言，因爲過份的作爲永遠不是無害
的。而且正是由於這種語言爲所有不說它的人所強力推動而變爲
穩定和封閉，他才不得不繼續使用它。因此我們就看到了一種寫
作的僵局，它也是社會本身的僵局，今日的作家對此十分了解。
對他們來說，探索一種無風格或口頭的風格，探索一種零度的或
口語級的寫作，總而言之，這就是對絕對齊一性的社會狀況的期
待，對於這些，多數人都理解，除了具體的、而不再是神祕的或
徒有其名的社會普遍性之外，就不可能有普遍性語言了。

　　於是在當前一切寫作中都存在著一種雙重假定，這就是存在
著一種瓦解的動力和一種降臨的動力，以及存在著整個革命情勢
的圖景。這種雙重假定的基本含混是：革命在它想要摧毀的東西
內獲得它想具有的東西。正如整個現代藝術一樣，文學的寫作既
具有歷史的異化又具有歷史的夢想。作爲一種必然性，文學寫作
證明了語言的分裂，而語言的分裂又是與階級的分裂聯繫在一起
的；作爲一種自由，文學就是這種分裂的良知和超越這種分裂的
努力。儘管不斷爲自己的孤獨感到歉疚，文學的寫作仍然是對語
言至福境界的一種熱切的想像，它緊忙地探索一種夢想的語言，
這種語言的清新性借助理想性的預期，象徵了一個新亞當世界的
完美，在這個世界裡語言不再是疏離錯亂的了，只要文學創立新
語言的目標是：讓文學成爲語言的烏托邦，那麼寫作形式的擴增
將爲我們建立起全新的文學。

# 符號學原理

符號學不得不既是謙遜
的又是大膽的——
說其是謙
遜，它實際只是語言學的模仿；說其是大膽，
因爲至少
在構想中，已經被
應用於非語言的對象了

＊本篇譯自《通訊》叢刊第4期，第91～125頁，法文版，1964年，巴黎。

# 內容目錄

# 導　論

　　符號學還有待於建立，因此我認為還不可能提出任何一部符號學分析方法的手冊。此外，由於其普遍性（因為它將是一切記號系統的科學），符號學將不可能被教授，除非這些符號學系統是從經驗上構成的。因此為了一步步進行工作，必須研究某種知識。我們必須透過一種嘗試性知識考察來擺脫這個惡性循環，這種知識不得不既是謙遜的，又是大膽的。說其謙遜因為，符號學知識實際上只可能是對語言學知識的一種模仿；說其大膽是因為，這種知識至少在構想中，已經被應用於非語言的對象了。

　　〈符號學原理〉的目的只是要從語言學中抽引出一些分析概念①。這些概念，我預設（假設），具有足夠的一般性，以便用以進行符號學研究。在匯集這些概念時，我並不預設它們在研究過程中會始終保持完整，我也不斷言符號學應當始終嚴格地遵照語言學模式②。我們只是要建議及闡述一套術語，希望這套術語能夠在大量異質性的意指現象中導出一個最初的秩序來（即使它只是臨時性的）。總之，本書的內容與問題分類的原則有關。

　　因此，我們將這些符號學原理按照結構語言學分為四大類：Ⅰ.語言和言語；Ⅱ.意符和意指；Ⅲ.橫組合和系統；Ⅳ.原指意指和引申意指。讀者會看到，這些分類是以二分法形式出現，概念的二元分類法往往存在於結構的思想中③，好像語言學家的高層次語言（metalanguge）「在深處」複製著它所描述的系統二分（binary）結構。我們順便指出，研究當代人文科學話語中二元分類的突出作用，無疑是極富教益的。這些科學的分類學如果被充分瞭解了的話，將肯定提供我們時代所謂理智想像的信息。

# Ⅰ.語言結構和言語

## Ⅰ.1 語言學中的問題

Ⅰ.1.1.*索緒爾的理論* 語言結構(langue)和言語(parole)這對二分的概念在索緒爾語言學中占據著中心地位，而且與以前的語言學相比，它們肯定具有重要的革新意義。索緒爾以前的語言學主要關心在發音演變、詞義自發關聯和類比作用中研究其歷史性變化的原因，因此它是一種有關個別性言語行爲的語言學。爲了研究這對著名的語言二分概念，索緒爾以語言的「多樣性和雜亂性」爲出發點。初看起來，語言表現爲一種不可分類的現象④，我們不可能從中推演出統一性來，因爲這一現象同時具有物理性、生理性、心理性、個人性和社會性。然而，當人們從這種繁雜現象中抽引出一種純社會性的對象時，語言的混亂性就終止了，所謂純社會性對象，即人們進行交流所必需的規約系統，它與組成它的記號的質料無關，這就是語言系統，與其相對的言語則包括語言的純個別性方面（發音行爲，語法規則的實現，與諸記號的偶然性組合）。

Ⅰ.1.2.*語言結構* 我們因此可以說，語言結構就等於是語言(language) 減去言語。語言結構既是一種社會機構，又是一種價值(valeur) 系統。正如社會性的機構一樣，它絕不是一種行動，它擺脫了一切事先的思慮。語言結構是語言的社會性部分，個人

絕不可能單獨地創造它或改變它。它基本上是一種集體性的契約，只要人們想進行語言交流，就必須完全受其支配。此外，這個社會的產物是自主性的，正如一種本身具有規則的遊戲一樣，因為人們如果不經學習是無法掌握它的。作為價值系統的語言結構是由一定數目的成分組成的，每一成分既是一種對其它成分有相等量值的東西，又是一種較大的功能，在此功能項中程度不等地出現著其它的相關值項。從語言結構的角度來看，記號相當於一枚錢幣，這枚錢幣等值於它能購買的一定效用，但它的價值也可以相對於其它含值較高或較低的錢幣而有程度上的不同。語言結構的機構性與系統性顯然是相互聯繫的，因為語言結構是一個由約定性的（部分是任意性的，或更準確些說，非理據性的、價值組成的系統，它抵制個別人所作的改變，所以是一種社會的機構。

Ⅰ.1.3.言語（parole） 與機構的和系統的語言結構相對，言語在本質上是一種個別性的選擇行為或實踐、理解，它首先是由組合作用形成的。「由於組合作用，說話的主體可以運用語言結構的代碼來表示個人思想」〔可以把擴展的言語稱作話語（discourse）〕；其次它是由「心理與物理機制形成的，這類機制使言語能將這些組合作用表現於外」。例如，我們當然不能把發音行為與語言結構相混，不論依賴語言機構與系統的個人高聲還是低聲說話，吐字緩慢還是快速，都不可能改變這機構和系統。言語的組合性顯然是重要的，因為它意味著言語是由一些相同記號的反覆結合形成的；因為這些記號既在幾種話語中重複出現，又在同一種話語中重複出現（儘管記號可按無限多種言語表達來組合），所以每一記號都成為語言結構的一個成分。同樣，由於言語基本

上是組合性的，於是相當於個別的行為，而不相當於一種純創新性的行為。

　　Ⅰ.1.4.語言結構與言語的辯證關係　　語言結構和言語這兩個詞中的任何一個顯然都只能在一在辯證的過程中來規定其完整的意義。這個辯證過程把二者結合起來：沒有言語就沒有語言結構；沒有語言結構也就沒有言語，正如梅羅-龐蒂（Merleau-Pouty）所指出的，真正的語言實踐只存在於這一交互關係中。v.布龍達爾（V. Brondal）也說過⑤，「語言結構是一個純抽象的實體，一種超越個人的規範，一種基本類型的集合，言語的實現方式是無窮無盡的。」因此，語言結構和言語處於一個相互含蘊的關係中。一方面，語言結構是「由屬於同一社會的各主體中的言語實踐所呈現的寶藏」，而且因為它是由諸個別標記組成的集合體，在每一孤立個人的層次上它只能是不完全的：語言結構只能在「言語流全體」中才能有完全的存在，而人們也只有在語言系統中將言語抽出才能運用言語。然而另一方面，語言系統也只能從言語中產生。從歷史上說，言語現象總是先於語言結構現象的（是言語使語言結構演變的）；從發生學上說，語言結構是經由環繞著它的言語的學習而在個人身上形成的（人們並不教嬰兒學語法和詞彙這類大致相當於語言結構的東西）。總之，語言結構既是言語的產物，又是言語的工具，這一事實具有真正的辯證法的性質。我們將注意到（從符號學觀點來看是十分重要的事實）：（至少對索緒爾來說）不可能有一門關於言語的語言學乃是因為一切言語在被理解成溝通過程時早已經屬於語言結構了，這樣我們就只有一門關於語言結構的科學。於是我們就一下子排除了以下兩個問題：考慮是否應當在語言結構之先去研究言語是沒有用的？

反對也是無益的：人們只能直接地研究言語，只要它能反映出語言的結構（只要它是「發聲」的）。預先考慮如何把語言結構和言語分開來也是徒勞無益的，在這個問題上並不存在一種預先已有的方法，正好相反，語言學（稍後還有符號學）研究的要義正在於使語言結構與言語分開來，同時這也是確立意義的過程。

Ⅰ.1.5.葉爾姆斯列夫(Hjelmslev)理論中的問題　葉爾姆斯列夫⑥並未打亂索緒爾的語言結構與言語的理論，但他以更加形式化的方法重新規定了這兩個概念。在語言結構本身（它始終與言語行為對立），葉爾姆斯列夫區分了三個層次：(1)圖式（schéma）層，它是作為純形式的語言結構（葉爾姆斯列夫不大想把這個層次稱作「系統」、「型式」或「構架」），其實它就是在該詞嚴格意義上的索緒爾的語言結構。例如，法語音素r在語音學上是按其在一系列對立組中的位置來確定的；(2)規範（norm）層，它是作為質料形式（material form）的語言結構，它已為某種社會實現作用所規定，但仍獨立於其顯現的細節之外。如法語口音中的r，不論其發音如何它都還是r的表意（但它不是法文書寫形式的r）；(3)用法（usage）層，它是作為某一社會慣習集合的語言結構，例如某些地區中的法語音素r。在言語、用法、規範和圖式彼此之間存在著不同的制約關係：規範制約著用法與言語；用法制約著言語，但也為後者所制約；圖式同時為言語、用法和規範所制約。我們可以看到，（實際上）顯現的兩個基本層次：(1)圖式層，有關它的理論與有關形式和語言學機構的理論相結合；(2)規範—用法—言語層，有關這一層次的理論與有關內質（substance）和執行的理論結合在一起。正如葉爾姆斯列夫所說，規範是研究方法的一種純粹抽象，而言語是一種純粹具體化過程（「一種暫時

性的記錄」)，我們可以發現一種新的概念二分法：圖式與用法，這對概念可用來代替語言結構與言語。然而葉爾姆斯列夫的改進並不是沒有意義的，他從根本上使語言結構概念（他用圖式這個詞）形式化了，並排除了具體性的言語概念，而代之以一個更具社會化的概念用法。這種語言結構的形式化及言語的社會文化使得我們將有「肯定的」及「實體的」成分因子放在言語的大標題之下，也將所有分辨的組成因子放在語言結構的標題下。我們能在目前看到這種作法的優點是它消除了索緒爾的語言結構與言語二分法中諸多矛盾中的一種。

I.1.6.**一些問題**　這種二分法不管內容多麼豐富和具有多大的優點，實際上仍然產生了不少問題。在這裡我們只談三點：

第一個問題是，語言結構是否能等同於代碼，使言語等同於信息？按照葉爾姆斯列夫的理論，這種類比是不能成立的。吉勞德 (P. Guiraud) 也拒絕這種類比，他認為，代碼的慣習規則是明顯的，而語言結構的慣習規則則是隱含的。⑦ 然而按照索緒爾的架構，這種類比是肯定可以接受的，馬丁內 (A. Martinet) 也承續發展了這種理論。⑧

我們可以在言語和橫組合(syntagm)之間的關係方面提出一個類似的問題：言語儘管在發音上表現出多種多樣，但可被定為記號（重複出現物）的一種組合（變型）；然而在語言結構本身的層次上卻已經存在著某些固定的橫組合〔索緒爾曾引證組合詞 (magnanimus) 為例〕。然而區別語言結構和言語的界限可能很不牢靠，因為在這裡界限是由「組合的某種程度」所構成的。因此在這兒就引出的問題在於分析固定的橫組合，它的本質其實是語言學（發聲學）的，因為所有的橫組合都要受聚合體變異作用

(variation paradigmatique）的影響〔葉爾姆斯列夫把這種分析叫做形態句法(morpho-syntaxe)〕。索緒爾也注意到了這種過渡現象：「或許也有一整套屬於語言結構的句子，個人自己不再需要把它們組合起來」⑨。如果這類陳腔濫調的語言表達屬於語言結構，而不再屬於言語，如果人們承認衆多的符號學系統將因此而有很大用處，那麼應當預見到，對於所有陳腔濫調的「寫作方式」來說都需要一門眞正的橫組合語言學。

最後，第三個問題與語言結構和相關性概念(pertinence)的（因而也是和語言統一體中眞正有意指性元素的）關係有關。人們有時〔如特魯別茨柯伊（Trubetzkoy）本人〕認爲相關系統與語言結構等同，因此把一切非相關的特徵，即組合性變體，排除於語言結構之外。但是認爲二者相同的看法是有問題的，因爲這裡存有被強加的「任意性的」組合性變體（初看起來它們屬於言語現象）。舉例來說，在法語中語言結構硬性規定字母 1 在一個無聲音（如oncle一詞中）之後是不發音，而在一個有聲音（ongle 一詞中）之後發音，除非這些現象不再屬於純粹語音學（而屬音韻學）了。結果理論會提出，我們難道要承認，眞實情況與索緒爾的斷言（「在語言結構內只有不同」）相反，那些未被區分的現象是否仍然可能屬於語言系統（屬於社會機構）？馬丁內就是這樣認爲的；弗萊（Frei）企圖透過下述方式排除索緒爾的矛盾：即使區分歸位於亞音位（sub-phonème）之內，例如說，p 本身不具有區分性，而只具有輔音、塞音、清音、唇音等特徵。對於這個問題，本文不擬深論。從符號學觀點來看，我們只要記得接受言語組合存在及變化的必然性。這些組合及變化不是意指性的，也不是「發聲的」，也就是不屬於語言結構。索緒爾幾乎未曾預見到這樣的一門語言學，可能在一切以固定橫組合（或陳腔濫調）爲主

的領域中起重要的作用，大衆語言或許就是這樣的領域，此外當非意指的變體構成了一個第二符指（signifier）系統，就像強含蓄意指性的語言就屬於這一領域⑩，如舌尖顫音r在直接意指水平上是一種簡單的組合性變體，而在例如戲劇語言中它就增添了一種鄉音聲調，因此參與了一種代碼，如無這種代碼，「鄉間性」的信息就旣不可能發出，也不可能被接受。

I.1.7. 個人方言　爲了結束語言結構／言語在語言學中的討論主題，我們將在本節中提出自索緒爾以來人盡皆知的兩個從屬的概念（idiolecte）⑪。個人語言即「被單獨一人所說的那種語言」（馬丁內語），或者說是「某一時刻中某一個人的一組習慣」（艾伯林語）。雅克布遜（Jakobson）曾質疑這個概念的重要性：他認爲語言永遠是被社會化的，甚至在個人的層次上，因爲當人們對某人說話時總企圖或多或少地引用對方的語言，特別是用對方的詞彙（「在語言領域內不存在私有財產」）：因此個人語言一般來說是一個虛幻的概念。然而我們應當注意，個人語言能有助於表示以下事實：(1)失語症患者的語言，他不能理解別人的話，不能接受與本人語言模式相符的信息，這樣的語言就是一種純個人性語言（雅克布遜）；(2)作家的「風格」，雖然風格也總是具有某種來自傳統的，即來自集體的語言模式；(3)最後我們可以乾脆引申這個概念，把它定義作某一語言社群（community）的語言，也就是由那些以相同的方式解釋一切語言陳述的個人所組成的團體的語言。這樣，個人性語言就幾乎相當於我在其它場合用寫作（écriture）一詞所描述的那種語言。⑫一般而論，個人性語言概念所表明的這種探索，只不過表示了在言語與語言結構之間還需要一個中間項（正如葉爾姆斯列夫的用法理論所表明的），或者換言

之，需要一種被制度化了的，但還未像語言結構那樣可加以徹底形式化的言語。

Ⅰ.1.8.**雙層結構**　如果我們同意「語言結構－言語」與「代碼－信息」（code／message）這兩組概念相同的看法，現在就得提一下另一個有關的概念，即雅克布遜用雙重結構來表示的概念。在這裡我們不著重介紹了，因為雅克布遜已在《普通語言學論集》（第九章）中重新加以闡述了。我們只指出，雅克布遜的雙重結構論研究的是代碼和信息一般關係中的某些特殊情況，即兩種有關循環性的情況和兩種有關重疊性（overlapping）的情況：(1)報告的話語或某一信息內的信息（M／M），這是間接文體的一般情況；(2)特定的人名，這種名稱表示一切指定由其表示的人，在此代碼的循環性是明顯的（C／C）："Jean"的意思是一位叫「珍」的人；(3)本名（autonymy），如「rat是單音節詞」，在這句話中rat（雄鼠）這個詞被用作它自己的專有名稱，信息就與代碼「重疊」了（M／C）。這個結構很重要，因為它包含了「說明性的解釋」，也就是相當於委婉表達法，同義語和兩種語言間的轉譯；(4)轉換語（shifter），毫無疑問構成了最值得注意的雙重結構。最常見的轉換語的例子是人稱代詞（如：我、你），人稱代詞是一種「指示性符號」，它本身把約定性的關係和存在性關係結合在一起。實際上我只能借助一種約定性規則才能表示其對象（於是我在拉丁語中是ego，在德語中是ich，等等），但另一方面，因為人稱代詞所指稱的是發音者，它只能指示發出的聲音本身（C／M）。雅克布遜提醒讀者，長久以來人稱代詞都被看成是語言的最原始的層次〔洪堡（Humboldt）〕，但他認為情況正相反，代名詞所指向的乃是代碼及信息之間複雜關係：人稱代名詞是兒

童學習語言時最後學會的，也是失語症患者最先失去的，這是一些很難掌握的轉換詞。轉換詞理論至今似乎還很少被研究，但是我們或許可以說，開頭時多注意與信息相衝突的代碼是很有益處的（反過來說則太平淡無奇了）。我們已看到，用皮爾士（Peirce）的術語來說，轉換詞是指示性符號，或許（這只是一種工作假設）正是從轉換詞的這面來看我們才有必要找出在語言結構最重要的部分中符號學所定義的訊息，尤其是某些文學話語形式內的信息的符號學定義。

## Ⅰ.2.符號學的視野

Ⅰ.2.1.語言結構、言語及社會科學　語言結構與言語對概念的社會學意義是明顯的。人們很早就指出過索緒爾的語言結構與涂爾幹（Durkheim）集體意識的概念之間有顯然的類似性，集體意識概念是獨立於它的個別表現。甚至有人假定涂爾幹對索緒爾有過直接的影響，索緒爾可能認真注意過涂爾幹和塔得（Tarde）之間的辯論，他的語言結構觀來自涂爾幹，而他的言語觀是對塔得的個體觀的一種讓步。⑬這種猜測已失去了現實意義，因為語言學已按照索緒爾的語言構結觀發展了「價值系統」的觀點，它導致人們承認有關語言法規內在分析法的必要性，而內在性概念是與社會研究相抵觸的。

矛盾的是，我們看到的語言結構和言語觀最好的發展不是出現在社會學方面，而是出現在哲學領域。梅羅－龐蒂也許是對索緒爾感興趣的法國最著名哲學家之一，或許由於他重新堅持了「正在說著」（speaking）的言語（在產生狀態中的有意義的意向）和已說的（spoken）言語（由語言結構所獲得的結果，它使我們想

起了索緒爾的「寶藏」概念）⑭。他也把這個概念擴大，提出了所有的過程都以系統爲前提的假定⑮，這樣提出「事件」與「結構」之間的對立說⑯，不但被廣泛的接受，而且這種分野在歷史學中的實用性也是衆所周知的。⑰

　　索緒爾的這個概念在人類學領域中也有重大的發展，在李維史陀所有的著作中都非常明顯地提到索緒爾，使得我們必須強調這一觀念的重要。我們只提請讀者注意三個事實：(1)過程與系統的對立（即言語與語言結構的對立）是具體地表現在從交換女人過渡到親屬血統（kinship）結構；(2)對李維史陀而言，這種對立具有一種認識論的價值：語言學現象的研究屬於機械性的（按李維史陀的意義，即在與「統計的」對立的意義上）和結構性的詮釋範疇而言，語現象的研究屬於機率的理論領域〔宏觀語言學（macro-linguistics）〕⑱；最後要指出，那些從語言結構中引出自己言語來的人的語言結構所具有的無意識特性（unconsciouness），已爲索緒爾明確地提了出來⑲，這也是李維史陀最獨創的和最豐富的見解之一，也就是內容並不是無意識的〔這是對楊格（Jung）原型論的批判〕，而是形式，這也就是所謂的形式的象徵功能。這一想法與拉康的思想類似，在拉康看來本能衝動的欲望（libido）本身是被組合成爲一種意指系統，從這裡可以導致或將導致人們以一種新方式描繪集體的想像界（L'imaginaire collectif），這種描繪不是像迄今爲止人們所作的那樣去按其「主題」，而是按其形式和其功能去描繪它，或者更一般地但也更明確地說：是按其意符而非按其意指去描繪它。

　　按照這一簡單的說明我們看到，語言結構和言語這對概念在語言學之外或之上導致了豐富的發展。因此我們將主張，語言結構和言語這對一般性範疇廣泛地存在於一切符號系統中。由於缺

乏更好的詞，我們在此仍保留語言結構和言語這對詞，即使當它們被應用於非口傳性的溝通系統中。

I.2.2.衣裝體系 我們看到語言結構和言語之間的區分是語言學分析中的重要部分。但是如想直接對事物、形象和行為模式的系統作這類區分是徒勞無益的，因為這些系統尚未從語義學角度被研究過。對於所提到的這些系統，我們只能預見到其中某些現象類屬於語言結構範疇，另一些現象類屬於言語範疇，然而得立即指出的是在應用到符號學的過程中，索緒爾的二分法須加以修改，這也正是我們要做到的。現舉服裝現象為例，按服裝在社會交流中表現的內容顯然應當區分出三個不同的系統：

1. 有關服裝被「書寫」（written），也就是時裝雜誌中用組成語言所描述的服裝中，可以說其實沒有「言語」，「被描述的」服裝絕不相當於時裝規則的一次個別的處置，而是系統化的一組記號和規則：即在純粹狀態中的一種語言結構。按照索緒爾的圖式說，無言語的語言結構是不可能成立的；在服裝現象中這一事實之所以能成立，一方面由於流行時裝的語言結構不是從「大量言語流」（speakingmass）中導出的，而是由一群人在決策的過程中有計畫地去推敲，使用原有的代碼而產生的；另一方面是由於在任何語言結構中所固有的抽象作用，都是以書寫語言的形式來呈現的：這樣，（被書寫的）時裝在服裝信息交流的層次上是語言結構，而在天然語言交流層次上是言語。

2. 在被攝影的服裝現象中（為簡化起見，假定其中不附有文字說明），語言結構仍然是由時裝界人士產生的，然而它不再以完全抽象形式表現，因為被攝影的服裝永遠為某一個別婦女穿著。時裝攝影所表現的其實是一種準形式化狀態中的服裝系統，因為

一來在這裡時裝語言結構必須由一種「半眞實的」（pseudo-real）
服裝中引出的；二來，服裝的穿戴者（攝影模特兒）卻可以說是
一位規範性的個人，她是根據其擁有的典型特點被選中的，因此
可表示一種被固定的（fixed）「言語」，而這種言語被剝奪了被自
由組合的可能性。

　　3. 最後，在被穿戴的（或眞實的）服裝現象中，正如特魯別
茨柯伊所暗示的⑳，我們看到了語言結構和言語之間的典型區
分。組成服裝語言結構的是：(1)衣服的各部分、或細節之間的對
立系統，它們的變化將引起意義的改變（戴貝雷帽和戴圓頂禮帽
意義不同）；(2)衣服的各細節部位按身軀長短厚薄不同彼此相結
合的各種規則。言語在服裝系統中包含著所有不規則的製作因素
（在我們的社會中留存的已經很少了）或個別的穿著方式（衣服
大小，雅緻與耐磨的程度，個人癖好，衣服個別部位之間自由的
組配）。在這裡把「服裝」（costume，它相當於語言結構）和「衣
服」（clothing，它相當於言語）聯繫起來的辯證關係與口頭語言
結構中的辯證關係不同。當然，衣服經常是取自服裝的（除了在
一些標新立異的場合，就算是這種它也有自己的記號），然而服
裝，至少在今日，是存於衣服之前的，因為它產生於由少數人組
成的「服裝業」團體（雖然它比起高級時裝業像“Haute Conture”
這種名牌來較少具有知名度）。

　　I.2.3.飲食系統　　現在我們再來看另一種意指系統──飲食
現象，在這一領域中我們不難發現索緒爾式的概念區分。組成食
物語言結構的是：(1)排除法則(飲食禁忌)；(2)有待確定的諸單元
間的意指性對立（例如「鹹─甜」對立）；(3)同時性（在一份菜的
層次上）或相續性（在菜單的層次上）的組合規則；(4)用餐禮儀

也可能或作用爲一種飲食「修辭學」。至於極其豐富的飲食「言語」，它包括所有個人的（或家庭的）準備菜及配菜上的差異（我們可以將某一家庭的烹調習慣看作一種個性語言）。菜單則可淸楚地說明語言結構和言語的關係：任何菜單都是參照民族的、地區的或社會的結構構成的，然而這個結構是隨著時代和用食者的不同而加以體現的，這正像語言學的「形式」是按照某一說話者隨特殊信息的需要不同，而進行自由改變和組合時加以體現的情況一樣。在這裡，語言結構和言語之間的關係非常接近於我們在口頭語言中看到的那種關係：大致來說，作爲各種言語的某種沉積的用餐法構成了飲食的語言結構；個別的創新現象（人們發明的各種食譜）永遠表明具有一種機構化意義。與服裝系統不同的是，飲食的系統不存在決定群體的行動，飲食的語言結構只能由集體性用餐法或某種純個別性「言語」才能演進出來。

　　I.2.4.汽車、家具體系　我們還可隨意地提出有關另外兩類事物系統的一些說明，來結束對語言結構和言語之間區別性的考察，這就是汽車系統和家具系統。這兩類系統儘管不同，但在依存於某一決定（製造）集團的特點上卻有共同性。

　　在汽車系統中，「語言結構」是由一套形式和「細節」構成的，它們的結構可從比較它們之間原型的不同來建構（與其「複製品」數量無關）。在這裡「言語」範圍很有限，因爲對特定顧客的身分地位來說，可以選擇不同式樣的自由極其有限：可能只有兩、三種式樣，而且在一種式樣中顏色可選的也很有限。但是在這個例子中，我們也許應當把汽車是對象的（object）概念轉換爲汽車是社會學上對事實認定的概念，在汽車駕駛行爲中我們才能看到作爲對象的汽車有種種不同的使用法，它們一般來說就構成了言語

面。實際上使用者在此不可能直接影響汽車的式樣來改變其各部分的組合方式，使用者的「詮釋的」自由取決於在時間中形成的用法，在這種用法的內部，語言結構的「形式」必須透過人類的某些實踐才能成為真實的。

最後，我們想略微一提的另一個系統是家具（mobilier）現象，它本身也是一個語義學對象：它的「語言結構」由兩個方面構成：一個是功能相同的各種家具（如兩種床、兩種壁紙等等），及其中每一件家具的對立系統指涉到它們的各種「風格」具有不同的意義；另一個是在每件家具放置在於房間層次上的不同單元間的組配規則。對於家具現象來說，「言語」的構成或者是由於使用者可能給一個單元帶來的無意義的改變（例如手藝人在拼湊一個家具部件時），或者是由於在所有家具之間的自由組配。

I.2.5. *複雜系統* 最有趣的系統，至少是那些屬於大眾傳播領域的系統──是複雜的系統──其中包含有種種不同的內容。在電影、電視和廣告領域中，人的感官其實是受制於意義與形象、聲音和字形之間的相互作用及組合。目前要想為這類系統確定語言結構現象和言語現象的分類為時尚早，一方面因為人們尚難斷定每一複雜系統的「語言結構」是最基本的，還是僅僅由有關的附屬「語言結構」組成的；另一方面因為這些附屬語言結構還未被分析過（我們瞭解語言學上的「語言結構」，但並不瞭解形象或音樂的「語言結構」）。

至於報紙，我們可以合理地把它看作一種獨立的意指系統，即使僅考慮其書寫成分，但我們仍然幾乎不瞭解報紙這種似乎具有頭等重要性的語言現象──含蓄意指，即所謂的語言結構的第二層（secona-order）或附屬層意義系統的發展。㉑這個第二系統

本身也是一種「語言結構」，有些相關的語言、個人性語言和雙層結構等都圍繞著這個語言結構發展出來。對於這些複雜的或含蓄意指的（這兩種性質並不相互排斥）系統，不再可能預先決定（哪怕以概括的和假設的方式）其語言結構現象的分類和言語現象的分類。

　　Ⅰ.2.6.問題(1)：多種意指系統的根源　　把語言結構和言語這對概念在符號學領域加以擴大運用引起一些問題，這些問題已顯然嚴重到語言學模式不再適用而應加以改變的程度。第一個問題與不同種系統的始原有關，這就觸及語言結構和言語之間的辯證關係。在語言學模式中，任何的因子都必須在言語中試用過才能進入語言結構，但是反過來，任何言語如果不是從語言結構的「寶藏」中抽取的也是不可能的（即不能完成溝通的功能）。這種過程，仍然與飲食系統的過程相似，至少在部分上如此，儘管個別的創新事件可能變成語言結構現象。但對於大多數符號學系統來說，語言結構不是由「正說著的言語流」（speaking mass）而是由某一進行決定的群體所造成的。在此意義上我們可以說，在大多數符號學語言結構中記號確實是「任意性的」㉒，因為它是由某一單方面的決定以人為的方式造成的，總之，它涉及到被製造的語言即「技術語言」使用者隨著這種語言結構，從中抽取（「言語」的）信息，但並不參與其製作。作為系統（及其變化）始原的決定群體，可能是數目有限的一群，他們可能是甚具資格的技術專家團體（如時裝、汽車業等例子中的情況）；不過他們也可能是較分散、較不知名的群體（如規格化的家具業、大眾服裝業中的情況）。然而，如果說這種人為性並未改變這類溝通方式的法規性特點，並在系統和運用之間維持某種相互作用關係，一方面是因為，

雖然使用者被強加了這些通則意指的「契約」(signifying contract)，為了被接受就得由廣大使用者取來使用（否則的話，使用者將具有某種非社會性的標記，他只能傳達自己的反常性而無法與人溝通）；另一方面，因為「透過決定」製作的語言結構並非完全是自由的（「任意性的」），它們服從著集體的決定，至少是透過下列方式；(1)當由於社會的發展產生了新需要的情況下（在現代非洲國家中人們的服裝式樣變成半歐化的，在工業社會和城市社會產生的食用快餐的新禮儀等）；(2)由於經濟的迫切需要帶來了某些材料（如人造織品等）的消失或推廣的情況下；(3)當意識形態限制了形式的創新，使其受禁忌的約束，並在某個方面縮小「正常」的範圍時。我們可以更廣泛地說，決定的群體的產物，即技術語言系統，其本身只不過是更一般性的一種功能的語詞項，這個功能就是集體想像界的時代。因此個別的創新就為一種社會學上的決定作用（從少數的群體中）所超越，而另一方面這些社會學上的決定又有賴於人類學層次上的最終意義。

I.2.7.問題(2)：在不同系統中語言結構與言語的比率　把語言結構和言語這對概念擴展到符號學領域所引起的第二個問題主要是，在任何系統中，「語言系統」和其「言語」之間可能建立的「量值」(volume) 比率。在口頭語言結構中，作為有限規則集合的語言結構和作為這些規則支配、在數量上實際無限的「言語」之間，在量上極其不成比例。我們可以假想，像飲食這類系統也表現出了量值上的巨大差距，因為在烹調「形式」中進食的方式和詮釋上組合是為數極多的。但是我們看到，在汽車或家具這類系統中，自由組合和組配的變化數量是有限的，在模式和其「執行」之間極少有（至少是社會機構所能認可的）差距。在這類系統中

「言語」甚少。例如在被書寫的時裝這類特殊的系統中，言語幾乎不存，所以似乎存在的矛盾是，我們看到一種無言語的語言系統（我們已看到，這種情形是可能的，只因為語言系統是由語言學上的言語所「承託」）。

儘管無言語的或只是極微弱言語的語言系統的確存在，我們仍然必要修正索緒爾的理論，也就是認為語言結構只是一種區分系統（system of difference，在此情況下以全然否定的方式被定義，語言結構存在言語之外是無法理解的）。同時也有必要用第三種成分來補足語言結構和言語的關係，即前意指的（presigni-fiant）質料或內容，它將成為意指作用的（必要的）支撐物。在「一件長的或短的袍子」這樣的短語中，「袍子」這個詞僅只是一個變數（長或短）的支撐詞，這個變數本身完全屬於服裝的語言結構。這種區別在一般語言中是找不到的，因為在一般語言中聲音被看作是立即地有意義，不可能將其分解為一個無活動力的語義成分。這使我們認識到在（非語言學的）符號學系統中存在了三個層面（不是兩個層面）：質料層、語言結構層和運用層。這將使我們顯然可以考慮無需「執行」的系統，因為第一種成分保證了語言結構的物質性，這樣的修正就更有道理了，因為我們可以從發生學的角度來說明：如果說在這些系統中「語言結構」需要「質料」（而不再是「言語」），那是因為不像人類語言結構的物質，這些系統的普遍性根源來看是功利的而不是意指性的。

# II.意符和意指

## II.1.符號 (signe)

II.1.1.符號的分類　在索緒爾的術語系統中，意指和意符是符號的組成分子。但是符號這個詞出現在（從神學到醫學）各種不同的詞彙系統中，它的歷史也極其豐富〔從福音書㉓到控制論 (cybernetics)〕，使得這個詞本身涵義卻很模糊。因此在我們論述索緒爾對這個詞的解釋之前，應當先談一下這個詞在不同的概念範疇中所佔有的位置，雖然它是即在準確的。實際上符號這個詞可隨作者之意與一系列接近和類似的詞相對比來使用，如信號 (signal)、指號 (indice)、肖像 (icone)、象徵或符號 (symbole)、譬喻 (allegorie) 等都是符號的主要替用詞。我們先來看看所有這些詞所包含的共同成分：它們都必然歸結爲兩個關係項（relata）之間的關係。㉔但是這個特點並不能用來對這些近義詞進行區分，爲了找到他們意義上的差異，我們並須找到其他的特性，因此，我們在此提出具有二中擇一形式（如出現與不出現）的一些特點來說明一下：(1)這個關係隱涉或不隱涉關係項之一的心智再現 (mental representation)；(2)這個關係在二關係項之間隱涉或不隱涉一種類比性 (analogy)；(3)兩個關係項（刺激和其反應）之間的聯接是直接的或不直接的；(4)兩個聯係項是相互緊密符合的，還是一個「輾過」(run over) 了另一個；(5)這個聯係隱涉或不隱涉與使用者之間的存在性聯繫。㉕這些近義

詞中的每一個都按它所隱涉的這些特徵是肯定的還是否定的〔是否被貼了標簽，(marked)〕而彼此區別。還須指出，每位作家所運用的這些近義詞分佈互有不同，於是導致了術語的衝突。我們不難通過四位作者使用這些詞語和特點的對比圖以圖表來說明這種衝突的情況。這四位作者是黑格爾、皮爾士、楊格和瓦隆(Wallon) (對每位作者來說，某些或者有標記或者無標記的特點都可能欠缺)。

| | 信　號 | 索　引 | 圖　像 | 象　徵 | 符　號 | 譬　喻 |
|---|---|---|---|---|---|---|
| 1.心智上的再現 | 瓦隆－ | 瓦隆－ | | 瓦隆＋ | 瓦隆＋ | |
| 2.類比 | | | 皮爾士＋ | 黑格爾＋<br>瓦隆　＋<br>皮爾士－ | 黑格爾－<br>瓦隆　－ | |
| 3.立即性 | 瓦隆＋ | 瓦隆－ | | | | |
| 4.足夠性 | | | | 黑格爾－<br>雍格　－<br>瓦隆　－ | 黑格爾＋<br>雍格　＋<br>瓦隆　＋ | |
| 5.存在性 | 瓦隆＋ | 瓦隆　－<br>皮爾士＋ | | 皮爾士－<br>楊格　＋ | | 楊格－ |

我們看到，詞語的衝突基本上集中於所引（對皮爾士來說，指號是存在性的，對瓦隆來說則不是）和「象徵」〔對黑格爾和瓦隆來說，在象徵的兩個關係項之間有類比性——或是動機性(motivational)——關係對皮爾士來說則無；此外，對楊格來說，象徵是存在性的，對皮爾士則否〕。但我們也可看到，圖中垂

直方向上顯出的衝突可以很好地解釋清楚或著說，對於同一作者，矛盾在諸詞語顯出的變換成互補關係。這些轉換可以從水平方向中來看：例如在黑格爾，象徵是類比性的，而符號不是；但是在皮爾士來說，象徵卻不是類比性的，這是因為圖像可以吸入這一特徵。總結來看，用符號學的術語來說（這個簡短分析的重點，如同鏡子一般反映出這本書的研究主體及方法）這些詞語只有在彼此（往往是在一對）的對立中才取得意義，而且如果這些對立存在，意義就不會含混。特別是信號和索引，象徵和符號都是兩種不同作用的詞項，正如在瓦隆的研究中那樣，它們本身都處於普遍對立之中，瓦隆的詞語系統是最完全、最清楚的㉖（而圖像和譬喻則始終只為皮爾士與楊格使用）。我們將用瓦隆的話說，信號和索引構成了一組不具有心智再現的關係項，而在象徵與符號這相反的一組中則存在著這種再現。此外，信號是立即的和存在性的，與其相對的索引則否（它僅是一種痕跡）；最後，在象徵中再現的關係是類比性的和不足夠性的（基督教「超出」了十字架），在與其相對的「符號」中這一關係是無動機性的和確實切的（在「牛」這個詞和牛的形象之間無類比性，但兩個關係項確是被其間的關係完全涵蓋住了）。

Ⅱ.1.2.語言學上的符號　　在語言學中符號概念並未在各近義詞間造成競爭關係。索緒爾在規定意指關係時，立即去除了象徵一詞（因為此詞隱含有動機性），而代之以作為意指和音符結合體的符號概念（類似於一頁紙的正反面），符號也可看作是音像和概念的結合體。但是在索緒爾找到意符和意指這兩個詞之前，記號一詞一直是意義含混的，因為人們總傾向於只把它與意指相混，而這是索緒爾極力想避免的，索緒爾在考慮了some（意形）與

seme（意子），forme（形式）與idee（觀念），image（形象）與
concept（概念）之後，終於選定了signifiant（意符）signifie（
意指），而二者的結合構成了符號。對於這一極其重要的設想我
們應當時時記住，因為人們總容易把符號當成了意符，而實際上
它指的是一個包含兩個戶面的實體。一個（重要的）結果至少對
索緒爾、葉爾姆斯列夫和弗雷來說是，因為意指是符號的一部分，
所以語義學應當是結構語言學的組成部分，而對於美國的機械主
義者來說，意指這個實體應當排除於語言學之外而由心理學來研
究。在索緒爾之後，語言學的符號理論又為馬丁內的雙層分節原
則所調飾，馬丁內使這一理論成為定義語言結構的準則，指出了
它的重要性。因為，實際上在語言符號中應區別意義單位和區分
單元，前者中的每一個都具有一種意義（「單字」，或更準確些說，
「語素」monème），這些單位組成了第一接合（articulation）層
次；後者雖然也是形式的一部份，但並不直接具有意義（「聲
音」，或者說「音素」phoneme），這些單位組成了第二層次的接
合。雙層接合表明了人類語言的機制（economy），實際上它相當
於一種強而有力的分離組合作用，使美洲西班牙語能以二十一個
區分單位產生出十萬個意義單位來。

Ⅱ.1.3.**形式與內質** 這樣，符號就是由意指和意符所組成。
意符的切面構成表達面，意指面則構成內容面。葉爾姆斯列夫在
其中每一個面上都進行了一種區分，這對於符號學的（即不再只
是語言學的）符號研究是重要的。他認為每一個面都包含有兩個
層次（strata）：即形式與內質（substance）。我們應該對這兩個
詞給予新的定義，因為它們都含有過去沉積下來厚重的詞意內
涵。形式可按語言學方法加以完全、簡明和一貫地描述（認識論

的準則），無需依賴任何語言學以外的前提；內質則是一整組多方面的語言學的現象，它必須依賴於語言學以外的前提才能加以描述。因爲這兩個層次都存於表達面和內容面上，因此我們可以得出如下的分類：(1)表達面的內質，例如發聲的而非功能的聲音內質，它是語音學的而非音位學的研究對象；(2)表達的形式，它由聚合規則和組合規則構成（我們將看到，同一形式可具有兩種不同的內質，即聲音的和形象的）；(3)內容的內質，例如包含了意指的情緒的、意識形態的或概念的特點，即其「肯定的」意義；(4)內容的形式，即意指之間的形式關係組織，它是透過語義標記的有無而成立的。㉗這四種分類中，最後一個概念較難把握，由於在人類語言中我們不可能把意指和能指分開。但在符號學中，形式和內質的二分法可在以下諸情況中產生作用和易於掌握：(1)當我們面對一個系統，其中的意指是體現於不同於本系統內質的另一種內質中時(例如書寫的時裝介紹)；(2)當一個對象系統包含的內質非直接地在功能上有意義，而或許在某一會次上可被使用時：例如一盤菜可用於符指陳一種情況，但也可被食用。

Ⅱ.1.4.符號學中的符號　這或許使我們能夠根據語言學的符號來推測符號學符號的性質。符號學的符號正如同它的模式，也是由組成（例如在公路規則中燈的顏色表示通行的指令），但它的內質卻可以各有不同（例如綠色有很多種深淺，配成的顏色均各不同）。多數符號學系統（物品、姿勢、圖象㉘）都有其表達內質；它的本質並不在於意陳（signify）而社會往往把一些日常用品用於意陳某些事物，如衣服本來是用來禦寒的，食物是用來果腹的，雖然它們也可被用來進行意陳。我們提議把這些本來是實用物品的符號學記號按其功能叫做功能記號（fonction–signe）。功能記

號表明了一個我們應加以分析的雙重運動現象。在開始的階段中
（這種分析是純操作性的，並不意味著某一眞實的時間性），這個
功能逐漸充滿了意義，其語義化過程是不可避免的：「只要有社會
存在，一切運用都被轉變成符號了」。例如，雨衣是爲了防雨的，
但這種運用與某種氣候狀況的符號是不可分的。由於我們的社會
只生產標準化和規範化的物品，這些物品必然成爲一種模式的實
現，語言結構的言語，有意義形式的內質。如想重新找到一種無
意陳作用的物體，我們必須想像出一種純粹臨時設計的器具，它
與現有的任何模式都無類似性（李維史陀指出修補匠的勞作本身
就是一種意義研究），但是這種假設在任何社會中都是無法去檢
證的。運用物品的普遍語義化是極其重要的，它表明只有可理解
的事物才是存在的，並導致社會學與社會邏輯最終的結合。㉙但是
符號一旦形成，社會就可以使其具有新的功能，把它當成一種使
用物：人們把一件皮大衣看成是似乎只有禦寒的功能。爲了要存
在，這種重複的功能化作用需要有第二層語言結構，它與最初的
功能化作用（而且是純觀念性的）絕不相同。因爲再度實現的功
能與第二層（隱蔽的）語義學機構化相符，後者就是引申意義的
層次。因而功能符號或許具有一種人類學的價值，因爲它是技術
性的關係與意指性的關係滙聚在一起的基本單位。

## II.2.意指

　　II.2.1.意指的性質　在語言學中，意指的性質所引起的討論
主要是集中在其「眞實」（reality）的程度上，而所有的討論都關
切著意指不是「一樁事物」，而是該「事物」的心智再現的這一個
事實。我們看到，按瓦隆的符號定義，這個再現特質是構成符號

和象徵的一個相關特徵（與索引和信號對比而言）。索緒爾本人清楚的標出了意指心智上的性質，並將它稱作觀念：於是單字「牛」不是牛這種動物，而是它的心智上的形象（這對於後來符號性質的討論也是重要的㉚）。然而這種討論始終充滿了心理主義（psycholosism）的印記，以致於分析斯多噶派對這個問題的討論被認爲是較爲可行的方向㉛。斯多噶派哲學家們細心地區分出了心智表象、實在事物和的事物（dicible）三個方面。意指既不是心智表象也不是實在事物，而是可說出的事物。意指既非意識行爲亦非實在事物，它只能在意陳的過程內部加以定義，以一種幾乎是同義反複式（quasi-tautological）的方式來定義：這就是使用符號的人用來指「某種東西」。這樣我們就又回到了一種純功能性的定義：意指即符號的兩個關係項之一，使意指與意符相對立的唯一區別是，意指是一種中介物。在符號學中基本情況並無太大不同，因爲在這裡物品、形象、姿勢等只要起有意義的作用，它們就會指回那些只能透過它們來表現的東西，除了符號學的意指就能由語言學中的符號所取代。例如我們說，運動衫的意思是「秋天在樹林中的長時間散步」，那麼此時意指不只是由其服裝的符指（運動衫）爲傳達，同時也以一個言語片段來傳達（這對掌握意指上有極大的幫助）。我們可以把語言結構以不可察覺和不可分離的方式，將其意指和意符「膠合」在一起的現象稱爲同構（isologie），以便區別於那些非同構的系統中（必然是複雜的系統），意指可以與其意符直接並列。

　　Ⅱ.2.2.語言學中意指的分類　　我們怎樣對意指加以分類呢？我們知道在符號學中這一操作是基本的，因爲它又涉及到由內容孤立出形式的問題。在語言學中意符的問題上，我們可以設想兩

種分類，其中第一種分類是外在性的，它使用於觀念「正面的」
(positive)（而非純區分性的）內容，哈里格（Hallig）和瓦特
伯格（Wartburg）的方法即屬此類㉛。同時，特里爾（Trier）在
概念領域以及馬托里（Matoré）在詞彙學領域的研究更有說服力
㉜，但從結構的觀點來看這些分類（尤其是哈里格和瓦特伯格的分
類）都具有過分依賴意指的（意識形態的）「內質」而非依賴於其
「形式」的缺點。爲了能成功地建立一種眞正形式的分類，我們
應當設法重新建立意指的對立群，並從其中每一種對立中孤立出
一種相關的（交替性的）特徵來㉞。葉爾姆斯列夫、索侖森（
Sorensen）、普里托（Prietu）和格雷馬斯（Greimas）等都曾提
倡這種方法。例如，葉爾姆斯列夫把「母馬」這個語素分成兩個
較小的意義單位：「馬」＋「雌的」，而這兩個單位可經過對比替
換而重新組成新的語素（「豬」＋「雌的」＝母豬；「馬」＋「公的」＝
公馬）；普里托在「男人」這個詞中看到兩個可替換的的特徵：
「人」＋「男性的」；索倫森把雙親的詞彙歸結爲「初級詞」的一種
組合（「父」＝男性家長；「家長」＝第一級尊親），上述研究都尚
未加以發展㉟。最後需要提醒注意的是，根據一些語言學家，意指
不是語言學的組成部分，他們只關心意符，語義學的分類是在語
言學的範圍之外的㊱。

**Ⅱ.2.3.符號學中的意指**　　如果說結構語言學已有相當進展的
話，它卻還沒發展出一門語義學，即關於口頭意指的形式分類。
因此不難想像，目前我們不可能提出一種符號學的意指類來，除
非倒退到選擇已知的概念領域，我們將只大膽地指出三點：

第一點與符號學意指的實現方式有關。符號學的意指能以同
構的方式或不以同構的方式出現；如果是第二種情況，它會透過

接合的語言而被一個詞（如「周末」）或一組詞（如「長時間鄉間散步」）所取代，這樣一來這類意指就更容易處理，因為研究者不被強迫地把自己的後設語言（metalanguage）強加於它們，但同時也更危險，因為它將不斷重新關注於（未知的）語言結構本身的語義分類，而不是關注於所觀察的系統為基礎的分類問題。例如，時裝系統的意指，即使以雜誌中的言語來傳導，也不必然會完全像語言結構的意指一樣的分佈，因為它們永遠不具有同樣的「長度」（一個詞，或一個短語）。如果是第一種情況，即同構系統的情況，意指除了其典型的意符外不具有其它的實現方式，因此，我們除非強加給它一種後設語言，否則就不能掌握它。例如，我們向主體提出一串口語化的意指（憂慮、強烈、憂鬱、狂亂等等）㊲，詢問他們賦予一段音樂的意義是什麼時，實際上所有這些口頭的符號形成了一個單一的音樂意指，必須用一個樂符來表示，這種意指不暗示任何口頭言語的解剖，及任何轉喻的改變。這類或者來自分析者、或者來自系統本身的後設語言可能是不可避免的，這也正使意指的分析或意識形態的分析成為靠不住的，我們應當至少在符號學研究中從理論上為其找到適當的位置。

　　第二點看法與符號學意指的延伸有關。整體的意指系統（一旦被形式化）形成一種重要的功能，然而或許在不同的系統之間這些重要的符號學功能不只彼此交流，而且還局部地相互重疊。衣服系統的意指形式在局部上無疑與飲食系統的意指形式相同，二者都按勞動與節慶、工作與閒暇的主要對立形式來形成。因此，我們應當預見在同時性範圍內所有系統都具有的那種完全是意識形態的描述。

　　最後第三種看法是，我們可以看到，在意指的層次上，任何一單意符（語彙）系統都有一套實踐和技術與之相對應；對這些

系統的消費者（即「讀者」）來說，各種意指領域隱涉不同程度的知識（按其「文化」的不同）。這可以說明為什麼同一語彙（或閱讀的大單元）的譯解可因人而異，但仍然屬於同一「語言結構」。在同一個個人的意識中，幾套語彙（因而也就是幾套意指）可以並存，它們決定著某種程度的「深層」讀解。

## II.3.意符

II.3.1.意符的性質　大致上來說，我們對意符性質的觀察與音符相同，它是一個純粹的關係項，它的定義與所指的定義分開。唯一的區別是，意符是一種中介物：它必須有一種物質。但是一方面這種物質對意符不具充分的條件，另一方面，在符號學中所指也可能為某一種質料所轉送，如字詞的質料。意符的物質性再一次使我們有必要區分質料與內質：這就是說，內質可以是非質物性的（在內容的內質情況下），因此我們可以說，意符的內質永遠是物質性的（聲音、客體、形象）。在符號學中，我們必須處理種種混合的系統，其中參予了各種不同的質料（聲音和形象，物品和書寫物等），在符號學中最好把所有的記號統一起來，因為它們都在典型記號概念（signe typique）的名義下被同一種質料所體現：即口頭符號、圖式符號、肖似符號、姿勢符號等都各自形成一種典型記號。

II.3.2.意符的分類　意符的分類其實就是所謂系統的結構化過程。我們需要做到的是借助對比替換法（commutation）把信息「無限地」切分成最小意指單元㊳，（此信息是由從研究對象中產生的各信息的總體組成的），然後將這些單元組合成縱聚合類

和把連結這些單元的橫組合關係加以分類。這一程序是符號學研究中的重要一環，我們將在第III類加以研究，此處只略提一下備考。㊴

## II.4.意陳作用（signification）

II.4.1.意陳的相互關係　符號是（具有兩個側面的）一束聲音、一片視象等等。意陳作用可以看成是一個過程，是一種把意符和意指結成一體的行為，這個行為的結果就是符號。當然，這種區分只有分類的價值（而沒有現象學的價值）：因為首先，意符和意指的結合，如我們將看到的，並未窮盡全部語義行為，符號的價值還受其環境制約；此外，或許心智在語義過程中，進行目的不在於結合，如我們將看到的卻在於分割㊵。的確，意陳作用〔即意程（semiosis）〕並未把兩個單側的實體結合起來，並未使兩個語項靠攏，主要是因為意符和意指各自既是語項又是關係㊶。這種混淆性使得圖形再現的意陳作用看來笨拙，但卻是符號學必須加以討論的。對這個問題我們提出以下幾種試探性的解決：

1. $\dfrac{Sa}{Sé}$：對索緒爾來說，符號被論證為某種深層狀態的縱向延伸：如在語言結構中，意指從某種意義上說是存在意符的背後，而且只有透過意指才能達到所指，雖然一方面這種隱喻太偏於空間化，而欠缺意陳作用的辯證性，而另一方面，符號的關閉性只能適用於語言結構這類純非連續性的系統。

2. ERC：葉爾姆斯列夫喜歡一種純粹圖式的再現方式：在表達面（E）和內容面（C）之間存在著關係（R）。這一公式可使我們簡潔地和不受錯誤隱喻之累地處理或引申系統。㊷

3. $\dfrac{S}{So}$：曾被拉普朗施和列克萊爾 (Laplanche and Le-claire) 改述的拉康理論㊸，使用一種空間串寫，它與索緒爾的再現法有兩點不同：(1)意符 (S) 是由一條鏈子（轉喻的鏈子）在多個層面上結成的整體：意指和意符處於一種流動的關係中，它們只在某一停泊點「相符」；(2)意符 (S) 和意指 (So) 之間的區分線本身也具有價值（這一點在索緒爾的理論中沒有）：它表示對意指的壓抑。

4. Sa＝Se：最後，在非同構的系統中（即指在此類系統中意指是透過另一系統加以體現的），顯然可以合理地把這一關係理解作一種恆等式 (≡)，而不是等式 (＝)。

Ⅱ.4.2.語言學中的任意性與誘導性　我們已看到，關於意符能說的只是，它是意指的（物質的）中介者。這一中介作用的性質是什麼呢？在語言學中這個問題曾引起討論，尤其是有關術語的討論，因爲這些情況基本上很清楚（在符號學中或許就不這樣清楚了），因此實際上在人類語言系統中聲音的選擇並不是由詞意本身強加給我們的（牛這個詞並不決定牛這個詞特定的聲音，因爲這個詞的聲音在不同語言中是不同的），索緒爾談到了意指與意符之間的「任意性」關係。本維尼斯特 (Benveniste) 對這個字表示異議㊹，意符與被意指的「事物」（牛這個詞的聲音和牛這個動物的）的關係是任意性的，然而我們看到，對索緒爾來說符號不等同於「事物」，而是事物的心理再現（概念）。聲音與再現的聯繫是集體訓練的結果（例如學習法語），這種聯繫（它是一種意陳過程）卻絕非任意的（任何一位法國人不能隨意改變它），反之它是必然性的。因此，在語言學中意陳作用是不具誘導性的

(iunmotivatecl)。不過這種缺乏誘導性只是局部性的（索緒爾論及一種相對的類比性）：在擬聲語（onomatopoeia）（這種特殊）情況下，從意指與意符之間存在有某種誘導作用，正如我們馬上將看到的，而且每當語言結構模仿某種複合詞或派生詞的型式建立起一系列記號時誘導性也會存在：如所謂比例性符號（蘋果樹、梨樹、杏樹等等），一旦它們的詞根和接尾詞之間缺乏誘導性，就會呈現出一種構詞的類比性。因此一般來說，在語言結構中意符與意指的聯繫在原則上是約定性的，不過這種約定是集體性的，是在長時間被刻記號的（索緒爾說過「語言結構永遠是一種遺產」），因此在某種意義上說，約定已被自然化了。同樣地，李維史陀解釋說，語言記號是先驗上任意性的和後驗上非任意性的。這一討論使我們保有在擴大的符號學研究中十分有用的兩個不同的詞。我們說一個系統是任意的，當符號不是因約定俗成而是因單方面決定成立的時候，在語言結構中符號不是任意性的，而在時裝系統中符號卻是任意性的，同時我們說一個記號是誘導性的，當其意指與意符的關係是類比性的時候〔布依森（Buyssens）建議稱誘導性記號爲內在意素（intrinsic some），稱非誘導性記號爲外在意素〕。因此符號既存在任意的和誘導性的系統，也存在非任意的和非誘導性的系統。

II.4.3.符號學中的任意性及誘導性　　在語言學中誘導性限於派生詞或複合詞的部分領域中，與符號學不同的，它所提出的問題更具一般性。一方面，在語言結構之外可能看誘導性扮演了重要的部分，我們應確立使類比性與非連續性相容的方式，非連續性似乎直到目前都是意陳作用所必需的，此外還應考慮當意符是類比項（analoga）時如何能建立（數量上有限的）縱聚合體系列，

「形象」無疑就是這種情況，因為關於形象符號學的建立為時尚早。另一方面，情況極其可能是，符號學的清點顯示了非純粹系統的存在，它或者包含著極鬆散的誘導性，或者包含著牢固的誘導性，我們也許可以說第二級的非誘導性，就如同在記號的誘導性與非誘導性之間表現出的某種衝突，而語言結構中最為「誘導性」的地帶和擬聲話的領域中也有類似這種情況。馬丁內指出㊺，擬聲話的誘導性往往失去了雙重接合，如擬聲話「哎喲」（ouch）只有第二種接合層，它取代了雙重接合的橫組合（「我覺得不適」）。而表示痛苦的擬聲話在法語中與在丹麥語中並不完全一樣，一個是aie，一個是au。這是因為，實際上，誘導性某種程度上服從於音位學模式，這些模式隨不同的語言而不同：類比性中浸透著單對性（digital）。在語言之外，像蜜蜂「語言」一類的似是而非的系統也表現了同樣的淆混性，如蜜蜂採蜜的跳躍具有一種模糊的類比意義，在蜂巢入口的跳躍則顯然是誘導性的（蜜蜂的方向），但 8 字形的舞蹈跳躍動作又完全是非誘導性的（它有賴於一段距離）㊻。這種「模糊性」的最後一個例子是㊼，某些公眾使用的製作商標是由完全「抽象的」（非類比性的）圖形構成的，但它們可能「表現」某種印象（例如「強力」），這種印象與意指之間具有類似關係。貝爾利（Berliet）的貨車商標（一個粗大的箭頭穿透一個圓形）並未「表現」任何「強力」概念（強力又如何能被「拷貝」呢？），但是以一種潛在的類比性暗示它，我們還可在某些表意文字書寫物的記號中看到同一種模糊性（例如在中文中）。

因此類比性與非類比性的共存似乎是無可爭論的，甚至在某一獨特的系統中亦然。然而符號學不能只滿足於這種描述，承認這種妥協性的而不設法將其系統化，因為它不可能承認一種連續

的區分性──因為我們將看到，系統意義就是接合。這些問題至今尚未詳細研究，我們還不可能對其加以概述。然而概述意陳作用（在人類學層次）的機制卻是可能的：例如在語言結構中（相對的），誘導性在第一個（意義的）接合層次上引入了某種秩序：因此，李維史陀談過「約定」是由某種先驗任意性的自然化作用來支持的，反之，另一些系統可能由誘導性過渡到非誘導性：例如李維史陀在《野性的思維》中引證塞努弗族整組儀式中木偶的作用。因此或許在更一般的符號學層次上，與人類學的相結合，在類比性與非誘導性之間形成了一種循環性：在使非誘導性自然化和使誘導性合理化（即文化化）時有雙重的（互補的）傾向。最後，一些作者斷言，如果說視覺和聽覺確實是按二中擇一的選擇方式來起作用的話[48]。作為類比制對立面的數字制本(digitalism)身按其典型的二元制表現來說，就是某類生理學過程的「複製」。

## II.5.價值 (value)

II.5.1.語言學中的價值　我們說過，或至少暗示過，將符號「本身」作為意指和所意符的結合物，是一種相當任性的（但不可避免的）抽象。現在我們應當不再按其「組成」，而是按其「環境」來研究符號：這就是我們要談的價值的問題。索緒爾一開始並未注意到這個概念的重要性，但從他的《普通語言學教程》第二講起，他已對此進行深刻的考慮，概念對他來說已很重要了，甚至比意陳作用的概念還重要。價值與語言結構（與言語對立）具有緊密關係，它的效果在使語言學非心理學化，並使其接近經濟學，因此價值在結構語言學中佔據中心地位。索緒爾注意到[49]，歷時性

（diachrony）和同期性（synchrony）沒有共生性：天文學是一門同期性科學（雖然天體在變化）；地質學是一門歷時性科學（雖然它可以研究固定的狀態）；歷史學主要是歷時性的（事件的遞演），雖然它可以徘徊在某些「圖象」之間。⑩然而有一些科學，它部分地包含了這兩個方面：這就是經濟學（它包括了經濟及經濟史）。索緒爾也進一步說，語言學的情況也類似。因為在這兩門學科中可以看到兩種不同事物之間的一種等價系統：對經濟學來說是勞動和報酬，而對於語言學來說是意指和意符（這就是我們一直在說的意陳作用現象）。然而不管對語言學來說還是對經濟學來說，這種等價關係都不是孤立的，因為如果我們改變了其中一項，整個系統逐漸都會有程度上的改變。所以符號要能存在（或經濟學中的價值）就應當一方面交換不相似的事物（勞動與工資，意指與意符），另一方面比較相似的事物，例如，我們可以用 5 法郎鈔票交換麵包、肥皂、電影票，但也可用這張鈔票與 10 法郎、50 法郎的鈔票進行比較。以類似的方式，甚至於一個「詞」可以與一個觀念「相交換」（二者是不相似的），但也可以與其它「詞」相比較（二者是類似的）。在英語中羊肉（mutton）一詞只能從它與羊（sheep）一詞的並存關係中取得其價值──意義只能由雙重制約作用才可確定：意陳作用及價值──因此價值不是意陳作用，索緒爾說⑪，價值來自「語言結構中諸詞項的相互位置」，它甚至比意陳作用更重要，又說：「一個符號所包含的觀念與聲音質量不如它在其它符號中周圍的詞項重要」⑫。這句話已預先建立了李維史陀式的同構論和分類學原則的根本。像索緒爾這樣把意陳作用及價值區分之後，我們立即看到，如果回到葉爾姆斯列夫的「地層說」（strata）（內質與形式），意陳作用屬於內容的內質層，而價值屬於內容的形式層（羊肉和羊，是處於縱聚合關係中

作爲意指，當然不是作爲意符）。


II.5.2.接合作用　索緒爾爲了解釋意陳作用和價值的二元現象，採用了一頁紙的譬喻：我們在把這頁紙切爲幾份時，一方面得到了幾份紙（A、B、C），其中每一份都相對於其它幾份取得其價值，另一方面，其中每一份都有正面和反面，它們是同時被切開的（A—A′，B—B′，C—C′）——這就是意陳作用。這個譬喻是有用的，因爲它使我們發現到一個意義產生的原創性觀念：它不再只是能意指和意符的相互關係，但更重要的是就像見一種同時切割兩種不定形的物質，或是如索緒爾所說的，兩個「流動的王國」。因爲索緒爾實際上想像，在（全然理論地）意義的理論根源處，觀念和聲音構成了兩種流動的、易變的、連續的和平行的內質。當同時一次切分這兩種內質時，意義就介入了，於是符號（它已被生產了）就是接合項（articuli），因而意義是兩種混亂狀態之間的一種秩序，而這個秩序基本上又是一種區分。語言結構是聲音與思想之間的中介物：它透過把二者同時分解的方式把兩者結合起來。索緒爾又提出了一種新的直喻：意指和意符相當於空氣和水的兩個強加的重疊層，當氣壓改變時，水層分解爲波浪，同理，意符被區分爲接合項。不論是紙的譬喻還是水波的譬喻都可強調指出一個對未來符號學分析的重要事實：語言結構是接合作用的領域，而意義是切割成形的首要項。於是符號學的未來任務與其說是建立詞項的詞彙學，不如說是去重新發現接合作用，這些作用其實是人類強加於現實的方式，我們不妨想像一個理想的未來，符號學和分類學儘管還未誕生，或許有朝一日可併入爲一門新的科學——關節學（arthrology）或配離學（science of apportionment）。

# III.橫組合和系統

## III.1.語言結構中的兩根軸

III.1.1.語言學中的橫組合性與聯繫性關係　對於索緒爾來說⑤，語言學各詞項的關係可沿兩個平面展開，其中每一個平面都產生它們自己的價值，這兩個平面則對應於兩種心理活動的形式（雅克布遜）：第一個是橫組合法平面，它是符號群的組合，以空間來支撐。在接合的語言結構中這種空間是直線性和不可逆轉的（即「言語鏈」）。這就是說，兩個分子不能同時被陳述出來（例如：重新進入，面對所有人類生活）：在此每一個詞項都是從它之前和之後的詞項的對立中取得其價值的，在言語鏈中各詞項實際上是以出現（praesentia）的形式結合在一起的，而適用於組合法的分析活動是切分。

第二個平面是聯繫的平面（我們仍然保留索緒爾的術語）：「在論述（discourse）（橫組合法平面）之外，彼此具有某些共同性的單元在人的記憶中聯繫起來，並形成了由各種關係支配的群體」。教導（enseignement）這個詞在意義上可和教育（education）、學習（apprentissage）等詞相聯繫，在聲音上可與en-seigner（教導）、renseigner（告訴）或與armement（軍火）、chargement（裝上）等詞相聯繫。每一群體形成了一個潛在的記憶系列，一個「記憶的寶庫」。在每個系列中，與橫組合法平面上的情況相反，各詞項是以「不在」（absentia）的形式結合在一起

的，而適合於聯繫系列的分析活動是分類。

橫組合平面和聯繫平面之間有緊密的關係，對此索緒爾用下列的直喻加以說明：每一個語言學單元可類比於一座古代建築中的圓柱：這根圓柱處於和建築物中其它部分有真實的鄰近關係中，例如與下楣部分（橫組合性關係），但是假如這根圓柱是多利安式的，我們也可把它與其它建築秩序相比較，例如愛奧尼亞式或考林辛式，在這裡存在著一種潛在的替代關係（聯繫關係）：兩個平面是這樣聯在一起的，橫組合法只有透過連續想起聯繫軸之內的新單元才能「進展」。在索緒爾之後，聯繫面的分析取得了重要的進展，但所用的名稱改變了。今日我們不再說聯繫面，而稱之為聚合面㉜，或如我們以後將說的：縱系統面。聯繫面顯然非常接近作為系統的「語言結構」，而橫組合法則更接近言語。因此我們也可以用下列輔助的術語：對於橫組合接連關係，葉爾姆斯列夫稱之為「關係」，雅克布遜稱之為「鄰接」性（contiguity），馬丁內稱之為「對比」（contraste）；對於系統連接關係，葉爾姆斯列夫稱之為「相互關係」，雅克布遜稱之為「類似體」，馬丁內稱之為「對立體」。

Ⅲ.1.2.雅克布遜理論中的轉喻與延喻　索緒爾說橫組合性與聯繫性（對我們來說系統性）可與兩種心理活動形式對應，當時這個問題已超出了語言學。雅克布遜在其後來一篇十分有名的文章中㉞又重新討論了這個問題，他將轉喻（系統的秩序）和延喻（橫組合秩序）的對立應用於非語言學的語言結構中去：這樣我們就看到了轉喻型的「論述」和延喻型的「論述語」，每一類型顯然並不意味著利用兩種型式中的一種（因為組合段和系統是一切論述所必須的），而只不過意味著以其中一種型式為主。俄國抒情詩、

浪漫主義和象徵主義的作品、超現實主義繪圖、卓別林的影片（淡化手法是真正的電影轉喻）、弗洛伊德的夢境象徵（按認同作用）等都屬於轉喻秩序（在其中，以替代來聯繫是主要的方式）；英雄史詩、現實主義流派的小說、格里菲斯的電影（特寫鏡頭、蒙太奇和各種視角選擇）以及夢中投射出移位或壓縮機制等，都屬於延喻秩序（以橫組合性的聯繫方式為主）。對於雅克布遜列舉的例子我們還可補充，教性敍說（運用一些可相互替換的定義）⑤⑥、主題型的文學批評、格言式的話語等都屬於轉喻；流行小說、新聞報導⑤⑦等屬於延喻。按照雅克布遜的看法，我們將指出，分析者（在此就是符號學家）在轉喻與延喻之間較能掌握轉喻，因為他應在其中進行分析的後設語言，本身就是轉喻性的，而且與隱喻對象同構，實際上，有關轉喻的研究很豐富，而有關延喻的研究幾乎不存在。

**Ⅲ.1.3.符號學的視野** 雅克布遜有關轉喻主導地位和延喻主導地位的論述，使語言學研究開始向符號學研究過渡。因為接合語言的兩個平面，實際上可以存在於其他的各意陳系統中。雖然由切分程序產生的橫組合段單元和由分類方法產生的對立系列都不可能被先驗地來定義，而只能根據意指和意符對比替換的一般檢驗法來定義，但對於幾種符號學系統我們仍然能夠指出其橫組合平面和從聚合平面，而不再預先規定組合單元以及它們所引起的聚合系列（見下表）。這就是語言的兩根軸，符號學分析的宗旨就是沿這兩根軸來分佈排列有關事實，這些事實已在兩軸上排出。按橫組合軸切分方法展開研究是合理的，因為原則上橫組合軸切分的操作提供了按縱聚合軸將其分類的單元。但是在面對一未知系統時，比較方便的辦法是從某些經驗上可識別的縱聚合成

分開始，在研究橫組合法之前先研究聚合系統，不過由於本書著重理論的因子，我們仍須從橫組合法到聚合系統的邏輯順序。

| | 系　　　統 | 橫　組　合　法 |
|---|---|---|
| 衣服系統 | 衣片和零件的集合，在身體的同一部位不可能同時穿用全部零件；零件的變動選擇與服式意義的改變對應：如「無邊女帽」——「女便帽」——「寬邊女帽」等女帽系統 | 同一種套服裝中不同部分的並列：如「裙子」——「襯衣」——「背心」系列。 |
| 食物系統 | 類似的和不類似的食品集合，其中一份食品的選擇具有一定意義：如各種正菜、烤肉和甜點。<br><br>餐館中的「菜單」體現著兩個平面：例如沿水平方向讀時菜肴系列對應於系統，而沿垂直方向讀菜單對應於橫組合法。 | 用餐時實際選擇的菜肴系列，即一套菜。 |
| 家具系統 | 同一種家具（如一張床）的不同「風格」的集合。 | 在同一空間內不同家具的並置（如床——衣櫥——桌子等）。 |
| 建築系統 | 一座建築的同一組成部分的各種式樣集合，如各種形式的屋頂、陽台、大廳等。 | 在整個建築水平上各細部的並置順序。 |

# Ⅲ.2.橫組合法

Ⅲ.2.1.橫組合法與言語　我們曾看到（在Ⅰ.1.6節中），（在索緒爾意義上的）言語具有橫組合性質，因為在其多種多樣的發音之外，言語可定義為（重複出現的）符號的（各種）組合。說出的短句是組合法的典型；所以橫組合法與言語非常接近。但在索

緒爾看來，不可能有一門關於言語的語言學，那麼是否也不可能
有一門橫組合法的語言學呢？索緒爾意識到這個困難，並仔細闡
明在何種情況下不能把橫組合法看成一種言語現象：(1)因爲存在
有固定的橫組合，慣用法禁止我們對其作任何改變（如"à quoi
bon?"——「有什麼用？」和"Allez donc!"——「算啦！」）。這些
固定組合因此不具有言語的那種自由組合性（這些刻板化的橫組
合因此成了和縱聚合單元類似的東西）。(2)因爲言語的橫組合是
按照屬於語言結構的一般形式建立的〔indècolorable（不褪色
的），是按照impardonnable（不能原諒的）、infatigable（不知
疲倦的）等詞構成的〕：於是就有一種橫組合的形式（按葉爾姆斯
列夫對這個詞的定義），它是句法學研究的對象，句法學從某種意
義上說是一種「音聲的」橫組合⑱。儘管如此，也無法改變組合段
和言語有結構「類似性」的重要事實：因爲它不斷提出應加以分
析的問題，也因爲（反過來引申論述）它使我們能從結構上說明
一些被說的「自然化」現象。因此橫組合和言語的密切關係應當
給予認眞的注意。

　　Ⅲ.2.2.**不連續性**　橫組合以「鏈狀」形式出現（例如言語流）。
但如我們談過的（第Ⅱ.5.2.節），意義只能以接合方式產生，即
透過對意陳面和意指物的同時性區分的方式：從某種意義上說，
語言結構就是對現實進行區分的東西（例如，連續性色譜可在語
言上化的爲一系列非連續的詞項）。因此在任何的橫組合都存在
著這樣一個分析性問題：橫組合是連續性的（流動的、連結的），
但只有當它被「接合的」時候，它才能成爲意義形成的中介體。
我們怎樣去切分橫組合法呢？這個問題在每個符號系統中都會出
現：在接合性語言內字詞性質的問題（實即有關「限制」的問題）

已發展過無數的討論，對於一些符號學系統中的類似問題我們可
以預見到嚴重的困難。的確存在著明顯非連續性的根本符號系
統，如道路信號系統，其中的符號由於安全考慮應當絕對分離以
保證其立即識別性，但對於那些實景類比式的再現之圖像橫組合
式，我們卻極難加以切分，原因或許是這些系統幾乎與接合言語
全面地複製（如關於一張照片的文字說明），賦予它本身不具有的
非連續性層面。儘管存在著這些困難，橫組合式的切分仍是一種
基本的操作，因為它可以提供系統的縱聚合單元，事實上，這就
是橫組合的定義，它是由一種應予切分的內質所構成的⑤。以言語
形式出現的橫組合式，表現為一種「無限的本文」。那麼我們怎樣
在這種無限的本文中來找到意陳單元，即構成組合的那些符號的
限制呢？

　　Ⅲ.2.3.對比替換檢驗法　　在語言學中，「無限本文」的切分是
借助對比替換檢驗法完成的。在特魯別茨柯伊（Trubefzkoy）的
理論中已有此操作性概念，但是這個名稱是由葉爾姆斯列夫和烏
達爾（Udall）於一九三六年第五屆語音學大會上提出的。對比替
換檢驗法的組成是由人為地在表達（意符）面上造成一種改變，
以觀察這種改變是否在內容（所指）面上引起了相應的改變。總
之，問題在於根據「無限本文」的觀點創立一種人造的同構關係，
即一種雙重聚合系統，以證實兩個意符的相互置換是否實際引起
兩個意指的相互置換，如果兩個意符的對比替換產生了意指的對
比替換，我們就能在予以檢驗的檔組合內得到在從屬於本文的部
分橫組合內，一個橫組合單元，這也就是說最初的符號已從物質
中切分開了。同樣的程序當然也可以從意指的觀點加以操作，例
如，如果在希臘語中我們用「2」的觀念替換「多」的觀念，就可

以在表達面上看到一個變化，並按發生變化的同一成份將其抽出
（雙重的標記與多重的標記）。但是在一個平面上的某些變化並
不在另一個平面上引起任何變化：葉爾姆斯列夫因此在對比替換
（commutation）和置換（snbstitntion）之間加以區別⑥，對比
替換可以導致意義的改變〔poison（毒）與poisson（魚）〕，置換
改變了表達式，卻未改變內容，反之亦然〔bonjour（你好）與
bonchour〕。我們應當注意，一般而言，對比替換首先適用於意指
面上，因為正是橫組合式必需被切分，雖然我們可以仰賴於意符，
但這種依賴仍然是純形式的：意指不會由於其「內質」本身，而
只是由於作為意符的指引而被召換：它為意符定位，僅此而已。
換言之，在一般對比替換檢驗中，我們引入的是意指的形式（即
它與其它意指的對立價值），而非其內質。貝勒維奇說（Belevit-
ch）⑥，「不同的意陳作用只有在使用中才有差異性，意陳作用本
身無關宏旨」。對比替換檢驗法原則上可使我們意陳單元，這些單
元織成了橫組合，也因此為縱聚合單元的分類做準備。當然，這
在語言學中也是可能的，只因為分析者對他所分析語言的意義有
相當的認識。但在符號學中，我們會遇到一些符號系統，對其意
義我們並不瞭解或把握不大，例如，誰能肯定說人們在把普通麵
包換為軟麵包，或在把女便帽換為無邊女帽時，是在把一種意指
換為另一種意指呢？在這裡符號學家在多數的狀況中會發現中介
機制或後設語言，後者所提供的意指正是他需要用來對比替換
的，如有關烹調的論著或時裝雜誌（在此我們再次看到了非同構
性系統的優點）。否則的話，也就必須更耐心地注意不斷變化和重
複的產生，正如一位語言學家面對著一種不知道的語言。

Ⅲ.2.4.組合式的單元　對比替換檢驗法原則上⑥提供意陳單

元，即那些具有必需意義的橫組合式的片段，這些片段仍然只是橫組合式的單元，因為它們還尚未分類。但我們可以肯定它們同時也是系統的單元，因為其中每一單元都是一個潛在聚合體的部分，如下圖所示：

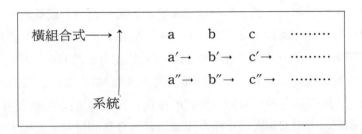

我們暫時將只從橫組合式的觀點來觀察這些單元。在語言學中，對比替換檢驗法提供了第一類單元——「意陳單元」，其中每一單元既具有一意陳面，又有一意指面〔符素（moneme）〕，或較不準確地說，字詞（word），它們都由詞位（lexeme）和詞素（morpheme）組成，但是由於人類語言的雙重接合性，第二對比替換檢驗法產生了第二類單元，即「區分性單元」〔音素（phoneme）〕⑥⑤。這類單元本身並無意義，但它們有助於意義的生產，因為對其中一個音素進行的對比替換可在它所參與構成的符素上引起意義的變化〔例如在用硬輔音S替換了軟輔音S後，法文字「魚」（poisson）就變成了法文字「毒」（poison）〕⑥④。

在符學中我們不能為每一符號學系統預先猜測其橫組合單元。對此我們只滿足於期待三種問題：第一種問題與複雜系統有關，這些複雜的系統組合了橫組合式做其研究的起點：如飲食或服裝這類物品系統可能以一種語言的系統為中介（如法語），這時我們可有一種書寫的橫組合式（言語鏈）指向服裝組合或飲食組

合（由語言結構所再描述的服裝或食譜）。兩類組合的單元並非絕對相符：飲食或服裝組合式中的一個單元可有一組書寫的單元來提供；第二個問題與符號學系統內的「符號—功能」（sign-function）的存在有關，即經由使用產生出來的符號，並間接地被其加以合理化的符號⑥。在人類語言中聲音的內質具有直接的意陳性，與此相反，大多數符號學系統都肯定包含著一種質料，這種質料可起意陳作用又有其他的作用（如麵包供給營養用、衣服供保護）。因此，在這些系統中組合單元是複合性的，並至少包含一種對意陳的支援和一種的變體（長裙或短裙）；最後一個問題是，不能排除某種「分散」系統的存在，在這類系統中，質料的鈍性空間處處支撐那些不僅非連續而且又分離的符號。例如，公路規則中的道路符號，在眞實生活中，爲無意指性的路面空間（即路段）所分離，我們可以稱爲（暫時）死亡的橫組合式⑥。

Ⅲ.2.5.組合性限制　　當符號學系統中的橫組合式單元被確定在各別系統中後，剩下的工作是要沿著橫組合軸找到支配其組合和排列的規則，如語言中的符素、服裝系列中的衣片和配件、菜單中的各樣菜、路邊的路標符號等，都按照需要受某些制約因素支配的秩序相互連結。符號的組合是自由的，但這種自由性，也就是「言語」的意義，卻是受到了監督（也就是爲什麼必須再次提醒，不要把橫組合式和句法混爲一談）。實際上，排列甚至是橫組合式的重要條件，米庫斯（Mikus）說：「組合式是任何功能不同的符號的集合，它經常（至少）是二分性的，其中的兩項處於相互制約關係中」。⑥我們可以想像幾種組合性限制（即符號的「邏輯」的）模型，作爲例子，我們在此可舉出三類關係來說明，依據葉爾姆斯列夫，兩個組合軸單元相接近時，它們可以建立起

這些關係來：(1)連帶（solidarity）關係，當兩個單元必定彼此隱涉時；(2)單向牽連（simpleimplilation）關係，當一個單元以另一個單元的存在爲條件時（但反之不然）；(3)組合關係，當任何一個單元都不以另一個單元爲條件時。組合性限制因素是由「語言結構」所設定的，但「言語」以不同程度充實它們，於是存在著橫組合單元的縱向關聯上的自由。在語言結構問題上，雅克布遜提醒我們注意，說話者在進行語言學的單元組合時，享有從音素到短語逐漸增加的自由：建立音素聚合體的自由並不存在，因爲在此符碼是由語言結構建立的，把音素結合成符素的自由是有限的，因爲構詞「法則」管制了字詞的創意把「字詞」組合成短語的自由是有的，但它受到句法以及某些刻板印象的限制，組合句子的自由也許是最大的，因爲它在句法層次上不再有限制（論述受到的心智一致性的限制不再是語言學領域中的問題了）。

　　橫組合上的自由性顯然和偶然性因素有關：由某種內容使某種句式被滲透或然性是存在的。如動詞「罵」只能被有限數目的主體所滲透，在某些套服之內，裙子無法避免襯衣、毛衣或背心所「滲透」。我們把這種現象稱作「催化作用」，可以想像純形式的詞彙，它並不賦予每個詞以意義，而是賦予一組其它字詞能對映到言語「詩」的領域的最小機率，這一組詞字能摧化它乃是根據不同的機率，而〔因克蘭（Valle Inclan）說：「那些無勇氣把兩種以前從無關聯性的字詞結合在一起的人是可悲的」〕。

　　Ⅲ.2.6.橫組合式單元的同一性（Identity）和距離　索緒爾說過，正由於符號是重複出現的，語言結構才可能存在（參見 I.1.3節）。我們沿組合鏈實際上可看到一定數量的相同單元，符號的重複出現永遠被相同單元間的距離現象所修正。這一問題導致統

計語言學或宏觀語言學的建立，後者主要是一門組合式的語言學，它與意義無關。我們已看到組合式與言語是那麼近似，統計語言學是一門不同形式言語的語言學（李維史陀）。但相同單元在組合式上的距離不只是一個宏觀語言學的問題，這個距離能用風格學詞彙來理解（過密的重複或許在美學上是忌諱的，或在理論上是可取的），而後它成為涵義符碼的一個原素。

## III.3.系統

　　**III.3.1.相似與不相似；差異**　　系統構成了語言結構的第二根軸。索緒爾認為它具有一系列聯繫性的場域，有些聯繫是因聲音的類似性而形成的〔如enseihnement（敎導）、armement（軍火）〕，有些聯繫性是由於意義的類似性〔enseignement、education（敎育）〕而形成的。每個場域都是一個潛在的詞項的存庫（因為在實際的論述中，各項之中只有一個被使用）。索緒爾強調詞項（terme）這個字〔用以代替作為組合軸單元的字詞（mot）這個字〕，因為他認為，「一旦我們用『詞項』代替了『字詞』，系統的概念就會在心中呈現出來」。⑱在符號集合的研究中著重系統，實際上可使證實索緒爾理論的影響力；布龍菲爾德（Bloomfield）學派就不願意探討聯繫關係，而與此相反，馬丁內則提出應明確區分「對比」（組合單元間的鄰近關係）和「對立」（聯繫場域中詞項之間的關係）⑲。場域（或聚合體）中各詞項應當旣相似又不相似，旣包含著共同的成分又包含著不同的成分：例如在意符面上的"enseignement"和"armement"，以及在意指面上的"enseignement"和"education"。

　　根據對立來定義詞項似乎很簡單，但它卻提出了一個重要的

理論問題。聚合體中詞項的共同成分（如－ment詞尾是"en-seignement"和"armement"兩個詞所共有的）似乎表現出一種肯定性（非區分性）的成份，這一現象似乎與索緒爾強調的看法矛盾，他認爲在語言結構中一切詞項僅有純區分的、對立的性質：「在語言結構中沒有肯定的詞項，而只有差異」，「把聲音不當作具有絕對值項的東西，而當作純粹對立的、相對的、否定性的價值……。按此看法，我們應推得更遠，把語言結構的所有價值都看成是相互對立的，而不看作是肯定的、絕對的。」⑦索緒爾甚至更乾脆地說：「語言結構的特質正如一切符號學系統一樣，一般來說不可能在其中把區別事物與構成事物這兩件事加以區分。」⑦因此如果語言結構是純區分性的，它又怎能包含非區分的、肯定的成份呢？實際上，在一個聚合體中似乎是共同成份的東西，在另一個聚合體中它卻是「在其他地方」即「根據其他相關因素」，是一個純然區分的詞項。廣義的來說，在冠詞 "le" 和 "la" 的對立中 "l" 是其共同的（肯定的）成份，但在 "le" 與代詞 "ce" 的對立中 "l" 成了區分性成份，因此正是相關性準則才使索緒爾的看法保持正確，儘管也爲其說法作了限制。⑦意義仍然取決於 aliud／aliud 的關係，這種關係只保留著二者之間的差異。⑦

　　然而在符號學系統中這種方法是有爭議的（不管索緒爾怎麼想），在這類系統中質料其實沒有太大的意義，也因此各意指單元或許包含著一個肯定的部分（即意陳作用的「支持」），以及另一區分的部分——單元的變項）。例如在「長袍和短袍」短語中服裝的意義區分了一切成份（它證實了我們其實在處理一個意陳單元），但聚合體永遠只把握住合格的成份（長或短），而「袍子」（支持物）卻仍然具有肯定的價值。於是語言的絕對區分的價值或許只有在接合語言結構中才是可能的；在第二級系統（來自非

意陳性的用法）中，語言結構在某種意義上是「不純的」。在諸變項的層次上，它含有區分的成份（即純「語言結構」），而在支撐的層次上，它也含有一些肯定的成份。

Ⅲ.3.2.對立　聯繫或聚合的場域中諸詞項的內部配置通常被稱作對立（至少在語言學，或更準確些說在音位學來說是如此）。這個名稱並不很適當，因為一方面它預設了過多聚合關係的反義特性（康提紐選用「關係」一詞，葉爾姆斯列夫選用「相互關係」一詞）；另一方面它似乎隱涉著一種二分關係，這種關係究竟能否作為一切符號學聚合體的基礎，並不確定。然而我們還是採用這個詞，因為它已被人們接受。

我們將看到，對立的類型是多種多樣的，但在相對於內容面而言時，一種對立，不論它是什麼，經常呈現出一種「同構形式」(homology)，對此我們在有關對比替換檢驗法的討論中已經談過。例如在對立中從一詞項向另一詞項的「跳躍」，伴隨著一個意指向另一個意指的「跳躍」，為了充分注意系統的差異性，我們經常必需要設想（至少）四項之間的同構關係，而不只是類比關係，來考慮意指和意符之間的關係。

另一方面，從一項向另一項的「跳躍」是雙重交替的，例如在"bière"（啤酒）和"pierre"（石頭）之間的對立不管有多微弱 (b／p)，也不可能被分裂到一種模糊不清的、居間的狀態中，介於 "b" 和 "p" 之間的一個類似的聲音絕不可能指示"bière"與"pierre"之間的一個居中的內質，它們之間存在著兩個平行的跳躍，對立永遠存於「全或無」(all-or-nothing) 的範疇之中。在此我們可以再次找到差異性的原則，其實是對立的基礎，這個原則可能有助於聯繫領域的分析，因為，對立問題的研究實際上只

不過是考察可能存在於對立詞項之間的類似與差異關係，準確來
說，就是對這些關係進行分類。

　　III.3.3.**對立的分類**　我們說過，人類語言是雙重接合的，它
包含著兩種對立：（音素之間）區分性對立和（語素之間的）意
陳性對立。特魯別茨柯伊曾提出一種區分性對立的分類，康提紐
（Cantineau）企圖繼續這一工作並將其擴大到語言結構的意陳
性對立上。初看起來符號學單元與其說較接近音位單元，不如說
接近語義單元，我們在此將採用康提紐的分類法，因爲即使它不
能方便地被用於符號學對立的研究，卻有一個優點，可使我們注
意到由對立的結構所提出的一些主要問題。㉔初看起來（從語言到
語義的系統），語義系統中對立的數目是無限的，因爲每個意符似
乎與所有其它的意符對立，但我們仍然能得到一種分類原則，如
果我們用這一原則，來指導對立中相似因素與不類似因素之間關
係的類型研究的話。這樣，康提紐就得出了下列對立類型，這些
類型彼此還可以進一步組合。㉕

A.**按其與系統全體的關係分類的對立**
　　1.雙邊對立與多邊對立　在這種對立中，兩對立項之間的
共同成份或「比較基礎」，不存在於任何其它的符碼對立（雙邊對
立）中，或反之存在於符碼的其它對立（多邊對立）中。用拉丁
字母表示，E／F型的對立是雙邊性的，因爲共同成份F不存在於
任何其它字母中㉖，反之，P／R型的對立是多邊性的，因我們在
B的形狀中看到了P的形狀（或者說共同成份）。
　　2.部份對立與孤立對立　在這種對立中，差異是按某一模
式形成的。因此，德語語中"Mann"（男人，單數）與"Manner"（

男人，多數）的對立和"Land"（國家，單數）與"Lander"（國家，多數）的對立就是部分的；"disons"（說，多數第一人稱）與"dites"（說，多數第二人稱）的對立和"faisons"（做，多數第一人稱）與"faites"（做，多數第二人稱）的對立亦然。非部分型的對立是孤立的對立，其數當然甚多。在語義學中只有語法中的（詞法的）對立是部份型的，詞彙中的對立則是孤立型的。

B.按照諸對立項之間關係分類的對立

　　1.否定性的對立　這種對立人們最熟悉。否定性對立的意思是任何對立中，一個詞項的意符以一種意陳成份或標定的出現為特徵，這個成份或標記在其它詞項中均不出現。因此它也就是「有定記的；無定記的」普遍性的對立；例如"manger"（吃，無人稱與無單多數的指示）：這個無標定的詞項；"mangeons"（吃，多數第一人稱）：這是有標定的詞項。這種關係相當於邏輯學中的包含關係。在這裡我們要提到兩個重要的問題。第一個與標定有關：一些語言學家把標定比作特殊性因素，而使人感覺到無標定詞項具有正常性，根據他們的說法無標定項是常見的、普通的，或者它是由於隨後刪除掉有標定的因素而得到的。於是我們就達到了否定的標定（即將其刪的標記）的觀念：因為在語言結構中無標定詞項比有標定詞項多的多（特魯別茨柯伊、吉普夫）。因此康提紐認為，"rond"（圓的，陽性）是有標定的，與其相對的"ronde"（圓的，陰性）是無定記的，實際上因為康提紐訴諸於內容，在他看來陽性的似乎像是有標定的，陰性像是無標定的；對馬丁內來說則正相反，他認為標定是一種「附加的」意指因素。就陽性與陰性的對立而言，這絕不妨礙在意符的標定與意指的標定中間，存在著一種平行關係，因為「陽性」實際上相當於一種

與性別間的無差異性，相當於一種抽象的一般性（如"il fait beau"令人高興的是）中的陽性形容詞"beau"與實際性別無關；("on est venu"，有人來了！）亦然。相對來說陰性卻是有標定的，語義的標定與形式的標定實際上同時出現，如果想對此性別有進一步說明，就必須增加附加的符號。⑦

　　由否定性對立提出的第二個問題與無標定的詞項有關，我們稱其爲對立的「零度」。零度正確說來不是一種全然的不存在（這是一種經常犯的錯誤），而是一種有意指作用上的缺席，一種純區分性狀態，零度證明了一切符號系統有「從無中」創生意義的能力：「語言結構可安於有與無的對立」。⑦⑧零度概念是由音位學產生的，具有極豐富的應用價值：在語義學中有零度符號（"signe-zero"，在欠缺明顯的意符本身能產生起意符的作用的狀況時，我們就稱其爲零符號⑦⑨），在邏輯中我們看到，「A處於零態，即A實際上不存在，但在某種條件下可使其出現」⑧⑩。在人種學中，李維史陀把零度符號這個概念與「馬納」神力概念相較，他說「……一個零產素的作用」乃在於與音素的欠缺相對立……同樣我們可以說，……「馬納」概念的作用是與意指作用的欠缺對立的，它本身不牽涉到任何特殊的意指作用，」⑧①最後在修辭學中，在涵義平面上，修詞性意符的空缺本身也構成了一種風格性意符。⑧②

　　2.等價的對立　　在邏輯學中等價對立關係是一種外在性關係，在其中兩個詞項是等價的，這就是說它們不能被看作是對某一特殊性（否定性對立）的肯定和否定，如在"foot-feet"（單數「脚」與多數「脚」）對立中既無標定也無標定的欠缺。這類對立在語義領域中爲數最多，雖然出於節省的考慮，語言結構常傾向於用否定性對立取代等價對立：這首先是因爲在否定性對立中，類似和不類似的關係是平衡的，其次是因爲否定性對立可構

造像ane／anesse（驢／雌驢）、comte／comtesse（伯爵／女伯爵）一類部分對立系列，而像etalon／jument（公馬／母馬）一類等價型對立則無派生力。⑧

## C.按區分性價值的程度分類的對立

1.經常性對立　這是指各意指經常有不同的意符，如法語（我）mange／（我們）mangeons中單數第一人稱與多數第一人稱有不同的意符，對一切動詞、時態和語態來說都是如此。

2.可消除的或可使中性化的對立　這是指各意指並非始終有不同的意符，以致於兩個對立項有時可能相同。如「單數第三人稱」與「多數第三人稱」的語義對立中，有時有不同的意符（如finit／finissent），有時又有(語音上)相同的意符(如mange／mangent)。

*III.3.4.符號學的對立*　這些對立類型在符號學中又可能成為什麼呢？對此加以回答當然為時尚早，因為一個新系統的聚合面如無充分材料庫是無法分析的。沒有研究可以證明，由特魯別茨柯伊提出，以及部分地⑧由康提紐繼續研究的那些對立類型與語言結構之外的系統有何關係。如果我們同意越出二分對立模式，或許可以設想出新的對立類型。但我們想在此略述一下特魯別茨柯伊類型與康提紐類型之間的對比，以及兩個非常不同的符號學系統透過理論上的對比能得知些什麼：即道路規則系統和時裝系統。

在道路規則中我們可看到對應的多邊對立（例如那些根據圓形和三角形對立之內的色彩變化形成的路標），否定的對立（例如當一個附加的標定改變了一個圓形的意義時），以及經常性對立

（意指始終有不同的意符），但我們絕看不到等價的對立和可消除的對立。道路規則系統中的這種對立配置是可以理解的，因爲它要求立即而又明確的讀解，否則將會發生交通事故，因此它就排除了那些需要較長時間才能被理解的對立，因爲這些對立不能被化約到正常的聚合體（等價對立），或者由於它們要求在單一意指中提供了兩個意符（可消除的對立）。

在傾向於多義性的時裝系統中，⑧情況正相反，我們可看到各種對立類型，當然除去雙邊對立和經常性對立，它們的效果在於增加系統的特殊性與嚴格性了。

因此嚴格意義上的符號學，即一門涉及一切符號系統的科學，可善於使用各系統內對立類型的一般分佈規律，單只侷限於語言內的研究將始終是空疏的。然而符號學研究的擴展或許將導致不只是對立性的聚合關係的系列性研究，因爲我們無法肯定，在面對涉及質料和用法兩個方面的複雜對象時，我們是否仍能將意義的操作化約到兩極成分之間的選擇中，或到標定和零度的對立中。這就使我們要再一次提醒，二分原則的有關聚合體最具爭議性的問題。

Ⅲ.3.5.二分法　否定性對立（有定記的與無定記的）按定義是二中擇一的，這種對立的重要性和單純性促使我們考慮是否應當把一切已知的對立都歸結爲二分模式（按其標定的有無），換言之，二分原則是否反映了普遍性的事實；如果是普遍性的，這是否不具有自然的基礎。

對第一點，我們可以肯定說二分模態是經常要面對的。自人類能用二分符碼傳遞信息以來的幾個世紀中它已是人們熟知的原則，由各個極其不同的社會所發明的大多數人工符碼都是二分性

的，從「叢林電報」（特別是具有二音符的剛果部落的「話鼓」）直到莫爾斯電碼和當代數字對映法（digitalim）的發展，或是控制學及電腦學中數字化二中擇一的符碼。但是如果離開了「定字技術」領域，而返回我們在此討論的非人工的系統中去，那麼二分法原則的普方性似乎就很不確定了。矛盾的是，索緒爾本人從來未把聯繫場域當作二分的，他認為聯繫場中的詞項在數目上是無限的，其秩序也是不確定,[86]索緒爾說：「一個詞就像是一個星座的中心，它是其它並列詞項的會聚之點，其它詞項的總數卻是不定的。」[87]索緒爾提出的唯一限制是在聚合式的詞形變化上，這些詞形變化表顯然是有限的系列。引起人們注意到語言二分主法的是音位學（在第二分次接合層面上確系如此），但二分法是絕對的嗎？雅克布遜的回答是肯定的[88]，他認為，一切語言的音位系統可借助十二個區分性特徵來加以描述，它們都是二分性的，即它要不然就是出現或要不然就是不出現（或說「不相關的」）。馬丁內對這種二分全然原則曾加以細緻的質疑及修正[89]，他認為二分對立是絕大多數的，但並非全部如此，因此二元法的全然性是不肯定的。音位學質疑了二分法，語義學則未加探討，在符號學中更不發展，至今還未在符號學中發現各種對立類型。至於要解釋複雜的對立，我們顯然可以依靠語言學闡明的模式，它由一種「複雜的」二中擇一方法組成，或由四個詞項組成的對立關係：它包括兩個對極項（這或那），一個混合項（這和那），和一個中立項（非這也非那），這組對立雖然比否定性對立來的彈性大，卻顯然不曾免於使我們提出那種系列的、而不僅是對立的有關聚合式的問題：二分法的全然性仍未建立。

「自然性」的問題也同樣的仍未被建立（這是有待討論的第二點）。把符碼的普遍二分法建立於生理學資料基礎上的想法是

有吸引力的,因為我們可以相信神經–大腦系統的知覺也是按全或無的原則來操作,特別是以二中擇一「掃描」方式起作用的視聽知覺⑨。這樣,從自然到社會處處都存在著廣泛的「數字式」、而不再是「類比式」翻譯世界的事實,然而我們對此並不能肯定。實際上,在我們為二分法問題作一簡單總結時,可以考慮是否這種分類是必然的也是過渡性的:二分法也是一種後設語言,一種特殊的分類學,在暫時成真之後它會為歷史所剷除。

Ⅲ.3.6.中性化　在結束有關系統的主要現象的討論之前,對於中性化問題仍要略談幾句。這個詞項指的是語言學中,一個相關的對立失去了其相關性的現象,即不再有意義了。一般而言,一種系統對立的中性化的發生是在對環境產生回應:因此,從某個意義上說它是組合式「取消」了系統。例如在音位學中,兩個音位的對立可由於一個詞項在言語鏈上位置的影響而失效:比如在法文é與è之間,在常態中存在一種對立,如果二個詞項之一是在字尾的時候（如J′aimai／J′aimais,「我愛」,將來式與過去未完成式),但在其它情況下這種對立就不再適用了,它被中性化了。反過來,有關性的對立ó／ò （saute／sotte）在詞尾位置時被中性化了,這時我們只看到聲音ó （pot ,mot ,eau）。兩個被中性化了的特徵實際上在一個獨一無二的所謂「超音位」(archi-phoneme) 的聲音裡結合起來,而且是以大寫字母來表示超音位,é／è＝E和ó／ò＝O等。在語義學中人們開始研究中性化問題,因為語義學的「系統」還未建立起來。

杜勃瓦 （J. Dubois）注意到⑨,一個語義學單元在某些組合式中失去其相關特徵。一八七二年左右我們看到這樣一類複合詞語:「工人解放」、「群眾解放」、「無產階級解放」 等,我們可以

替換複合詞語中的一個部分而不改變其意義。

在符號學中，如要概述中性化理論之前，我們必需再次等待某些系統的營建。有些系統或許根本排除這一現象，例如在道路規則系統中，其目的在於保證使少數記號被迅速理解和不發生歧義，因此不能容忍任何中性化現象。時裝系統則正相反，它具有多義性（甚至泛義性）傾向，容許大量的中性化現象。例如通常粗毛衫使我們聯想到海，薄毛衫使我們聯想到山，但我們也可以在考慮去海上時談論粗毛衫或薄毛衫，這時sweater（薄毛衫）／chandail（粗毛衫）這組對立的相關性就消失了㉜，二者都爲「毛織品」這類的「基本衣類」（archi-vesteme）所吸收。我們至少可以在符號學假設的範圍中說（即考慮與第二層接合有關的問題，或純區分性單元的問題），當兩個意符可由同一個意指中產生時，或兩個意指可對應同一個意符時就會有中性化現象（因爲意指也會發生中性化現象）。這裡，我們要提到與這種現象有關的兩個有用的概念第一個概念是「分散場」或是「安全邊界」。分散場是由一個單元（例如一個音位）在體現中的各變體所構成，只要這些變體不引起意義的改變（即不變成相關性變異），分散場的「邊」即其安全邊界，當所研究的系統中有較強的「語言結構」時（如汽車系統中），這一概念就沒有什麼用處了，但當一種豐富的「言語」流使單元的體現次數大量增加時，這個概念將是有價值的，例如在飲食系統中我們可討論一盤菜的分散場，在這個分散場的邊界之內這盤菜始終有意義，不管其「體現者」的「想像力」如何。

這裡是第二個概念：構成分散場的各變體項有時稱之爲「組合變體」，如果它們依賴於符號的組合，即依賴於直接的語境（例如"nada"中的"d"和"fonda"中的"d"是不同的，但二者的差異不

影響到意義），有時又是個別的或機能的變體，例如在法國人中，勃艮第人和巴黎人在發顫音r時一個捲舌，一個不捲舌，但聽的人都能了解，這兩個r音的差異，因此是非相關性的。長期以來人們都把組合性變體看作言語現象，二者當然很近似，但今日人們把它看作語言結構現象了，因爲它具有「必須遵行」的特點。在符號學中，研究引申意義具有重要性，或許在這裡組合性變體將成爲一種中心概念。因爲那些在原指意義平面上無意指性的變體（例如捲舌顫音r和軟顎音r），能夠在含引申意義的平面上卻可重新成爲有意指性的，並且，從組合變體中，他們指涉了兩個不同的意指：在劇場語言中，一個意指「勃艮第人」，另一個意指「巴黎人」，而在原指意指系統中二者仍然是非意指性的。

　　以上所談就是中性化作用的第一層含義。一般而論，中性化表示組合段對聚合系統的一種壓力，可以說，類似於言語的組合式在某種範圍內是對意義「背叛」的一種因素。最強的系統（如道路規則）具有較飽的組合式，而複合的大組合式（如形象）卻往往會使意義模稜兩可。


　　**III.3.7. 規則的踰越**　　組合式和系統就是語言的兩個平面。雖然對它們的研究並不完整，我們仍須預見將來對這兩個語言平面相互滲透的全部現象加以徹底探討，其方式類似於與系統和組合式的正常關係有關的某種「畸胎學」方法。這樣我們看到，兩個軸的接合方式有時是「變態的」，例如，聚合體會延伸爲組合式，於是組合式與系統之間的通常分佈被挑戰了，或許正是在這種踰越周圍大量創造性現象的出現可以被定位。就好像一種界於美學與語義學之間的領域，主要的踰越顯然是由一個聚合體伸展到組合式了，因爲在正常情況下聚合體中只有一個詞項在運作，其它

詞項只是潛在的存在，簡單來說，如果我們企圖把同一個詞的所有變格形式都依次聯結起來以形成一段話語時就會出現這種情形。這種組合式擴展的問題在音位學中已被提出，對此特倫卡（Trnka）指出，一對相關詞的兩個聚合關係項不可能並列（特魯別茨柯伊對此做了較大的修正）。

但在語義學中很明顯，常態（在音位學中特倫卡法則即指常態而言）和常態的踰越極其重要，因爲此時我們面對的是意指性（不再是區分性）單元的平面，同時語言中兩軸的重疊引起了明顯的意義改變。按此觀點來看，在這裡有三個方向應予探討：

(1)對於古典的、也就是「顯在」（presence）的對立來說，圖比亞那（Tubiana）[93]企圖確認配置（agencement）對立概念：兩個詞呈現相同的特徵，但各自特徵的排列不同，如rame／mare，dum／rude，charme／marche。這類對立構成了大部份字詞遊戲、同音異義詞遊戲和字母顛倒遊戲。事實上，從一種相關性對立（如felobres／febriles，菲列布里什派／狂熱的）出發，就足以消除聚合對立的分界，以便獲得一個反常的組合式〔「狂熱的菲列布里什派」（Felibres febrly），是一篇雜誌文章的標題〕，對立分界線的突然消除取消了某種結構的檢驗，而且我們不能把這種現象看作類似於夢境以及字詞遊戲的製造者或探索者。[94]

(2)另一個重要的研究方向是韻脚。韻脚在聲音，即在意符的層次上製造了一個聯繫領域，於是出現了韻脚的聚合體。相對於這類聚合體來說，有韻的論述顯然由一個轉變爲組合式的系統片段所構成。根據這種現象，韻脚就相當於對組合式與系統之間距離法則（特倫卡法則）的踰越，它也相當於近似性與差別性之間的一種有意義的張力關係，一種結構的醜聞。

最後，毫無疑問，整個修辭學就是一個有關創造性踰越的領

域，我們如果記得雅克布遜所做的區分，就可理解，任何轉喻系列都是一種組合式化了的聚合體，它被凍結後吸入組合式，而延喻系列則是一種固定化的組合式，它被併入了一個系統。在轉喻中選擇是鄰近性的，而在延喻中，鄰近性變爲選擇場。於是情況似乎是，創造活動正是發生於這兩個平面的交界地。

# IV. 原指意義與引申意義

## VI.1 中截的系統

我們記得，一切意指系統都包含一個表達平面（E）和一個內容平面（C），意指作用則相當於兩個平面之間的關係（R），這樣我們就有：ERC。現在我們假定，這樣一個系統ERC本身也可變成第二個系統中的單一成份，這個第二系統因而較第一系統更具引申性。這樣我們就面對著兩個密切相關聯但又彼此脫離的意指系統。但是兩個系統的「脫離」可按兩種完全不同的方式發生，它取決於第一系統進入第二系統的方式，這樣也就產生了兩個對立整體。

在第一種情況下，「第一系統（ERC）變成第二系統的表達或意符面」：

```
    2          E R C

    1      E̶ R̶ C̶
```

或者表示爲（ERC）RC。這就是葉爾姆斯列夫稱作的「引申意義的符號學」，於是第一系統構成了原指意義平面，第二系統（按第一系統擴展而成的）構成了引申意義平面。於是可以說，一個被

「引申」的系統是一個其表達面本身是由一意指系統構成的系統。通常的引申意義顯然是由複合系統群構成的，這些系統的分節語言形成了第一個系統（例如，文學中的情況就是這樣）。

在第二種（對立的）產生的例子中，「第一系統（ERC）不像在引申意義的中似地成為表達平面，而是成為第二系統的內容或是意符平面。」

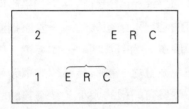

或表示為：ER（ERC）。「一切後設語言都屬此類：後設語言是一種系統，它的內容平面本身是由一個意指系統構成的，或者，它是一種以符號學為研究對象的符號學」。這就是雙重系統擴展的兩種方式：

引申意義　　　　　　　後設語言

## IV.2.引申意義（引義）

引義現象尚未被系統地研究過（在葉爾姆斯列夫的《導論》

中可看到一些有關論述）。但是毫無疑問，未來的研究可能屬於一門引義符號學，因爲社會不斷由第一系統（人類語言供給它的組成）來發展第二意指系統開始，而且這種有時明顯有時隱蔽的發展非常近似於一門眞正的歷史人類學。引申意義本身既然是一個系統，它包含著意指、意符和把二者結合在一起的過程（意指作用），對於每個系統來說首先都需要釐淸這三種成份的庫存。

引義的意符群被稱作引意項（connotateur），它們是由原指意系統的諸符號（意指和意符的結合）所組成的。一些原指意的符號指以被放在一起來形成一個單一的引義項——如果這一個引義項只有一個單一的引義意指。換言之，被引義系統的單元和被直接意指的系統的單元並不必然具有同樣的大小。被直義的話語的較大片段可構成被引義的系統的單一單元（例如一個本文的語調，由若干字詞構成，但卻具有單一的意指）。不管引義以什麼方式「加於」原指意義的信息之上，它也不會將其耗盡。有「某些被原指事物」的存餘（如果沒有，就不會有論述了），引義項最終永遠是不連續的、「不規則的」符號，這些符號被傳遞它們的原指意義的信息自然化了。

至於引申意義的意指，它的性質既是一般的、全面，又是分散的，或許可以說，它是意識形態的片段：例如，全體法文信息可指涉「法文」這個意指，一部作品可指「文學」這個意指。這些意指與文化、知識、歷史密切交流，可以說正是因此外在世界才滲入符號系統。總體來說，「意識形態就」是引申意義的意指「形式」（在葉爾姆斯列夫的意義上），而「修辭學」則是引義項的形式。

# IV.3.後設語言

　　在引義的符號學內，第二系統的意符是由第一系統中的符號所組成；在後設語言中情況正相反：第二系統的意指是由第一系統中的符號所構成。葉爾姆斯列夫對後設語言概念明顯地做了如下說明：如果說操作程序（operation）是一種「描繪」（description），建立於無矛盾性（一致性）、充分性、簡單性等經驗原則之上，那麼科學符號學或後設語言就是一種操作程序，而引義的符號學並不是一種操作程序。顯然符號學是一種後設語言，因爲作爲一種第二系統，它接收了被研究的系統的第一語言（或對象／語言），這個對象系統是透過符號學的後設語言被意指的。後設語言概念不應限於科學語言，當一般語言，在其被直義的狀態中，接收了意指作用客體的系統時，它就成爲一種「操作程序」，即後設語言。時裝雜誌即爲一個典型例子，它「說出」衣服的意指作用，就像人在說一種語言，然而這只是理想化的說法，因爲雜誌通常並不展現純直接意指的論述，這樣我們就看到一個複雜的系統，在其中，處於直接意指層次上的語言就是後設語言，但在這裡這個後設語言本身也介入了引義過程中，其關係可圖式如下：

| 3.含蓄意指： | Sa：修詞學 | | Se:意識形態 |
|---|---|---|---|
| 2.直接意指：<br>元語言 | Sa | Sé | |
| 1.眞實系統 | | SaSé | |

## Ⅳ.4.引義與後設語言

原則上說，沒有什麼可阻礙一個後設語言反過來成爲一個新的後設語言的語言對象，例如，符號學的情況就是這樣，當它被另一門科學「說出」時，如果我們同意把社會科學定義作一種一致性、充分性、簡單性的語言結構（葉爾姆斯列夫的經驗原則），即定義作一種操作程序的話，那麼每一門新科學都將表現爲一種新的語言，它將把在它之前的後設語言當作對象，在同時指向到根本上爲其「描述」的眞實對象，在某種意義上，社會科學的歷史就是後設語言的一個歷時面，而且每門科學當然包含著符號學，都包含著它自身的衰亡的種子，這種衰亡是以談論它的語言的形式表現出來的。在後設語言一般系統內部的這種相對性，可使我們修正符號學家當初對於引義過於肯定的形象。完整的符號學分析，除了所研究的系統和進行這一研究時所最常用的（直接意指）語言以外，還需涉及引義系統和對其進行分析時所用的後設語言。我們可以說，社會作爲引義面的掌握者，「說出」被研究的意符系統，而符號學「說出」其意指，因此社會似乎具有一種對世界進行解碼的客觀功能（其語言是一種操作程序），世界用第二系統的意符把第一系統的符號自然化或藏起來，但是歷史本身卻使其客觀性不能長存，因爲歷史是不斷更新其後設語言。

# 結論：符號學研究

　　符號學研究的目的在於，按照全部結構主義活動的方案（其目的是建立一個研究對象的模擬物）⑨，重建不同於語言結構意指系統的運作。爲了進行這種研究，必須一開始（特別是在開始時）就誠然接受一種限制性原則。這個原則即相關性原則，它也是借取自語言學的⑨。我們只「按某一觀點」來描述所收集的事實，因此在這些多種多樣的事實中我們只注意從這個觀點看是那些特徵，而排除所有其它特徵（這些重要的特徵被認爲是有相關性的——pertinent）。例如，音位學家只根據聲音產生意義的角度來研究聲音，對聲音的物理性質與發音性質並不關心。符號學研究所採用的相關性，按定義來說涉及的是研究對象的意指作用，人們只按對象具有的意義關係來研究對象，而不涉及，至少還未（即在系統被儘可能充分地建立起來之前）涉及對象的其它決定因素（如心理學、社會學、物理學等因素）。我們自然不能否認這些其它的決定因素，它們每一個都可成爲另一種相關性，但我們應當用符號學方式研究它們，就是說，把它們在意義系統內的位置和功能必需被決定。例如，時裝顯然具有經濟的和社會學的涵義，但符號學家將既不研究時裝經濟學也不研究時裝社會學，他只研究在時裝的哪一個語義系統層次上，經濟學與社會學取得了符號學上的關聯。例如，在服裝記號形成的層次上，在聯繫的限制因素（禁忌）的層次上，或引義的論述層次上。

　　相關性原則顯然使分析者面對著一種「內在性」（immanence）情境時有其後果，他將從一個系統的「內部」對其進行觀察。

但是，因為被研究的系統的限制不可能預先在其限界之內被認識（因為問題正在於建立這個界限），所以一開始內在性只能使用於一個性質混雜的現象整體，人們需要「處理」這些現象以便認識其結構：這個現象整體可以由研究者在進行研究之前加以定義，這個現象整體即「本文全體」（corpus）。本文全體是一批有限資料的選擇，由研究者預先確定，帶有某種（不可避免的）任意性，研究者將對這個本文全體進行研究。例如，如要建立今日法國人的飲食系統，就必需預先決定要研究哪類資料（是雜誌上的菜單？餐館的菜單？日常生活見到的菜單？或被傳述菜單）。一旦確定了這個全體本文，就要嚴格行事，即在研究過程中不再增添任何新資料，但將對其進行完全徹底的分析，使一切有關資料在研究之前都收入該系統中去。

那麼怎樣去選擇作為研究對象的全體本文呢？這個問題顯然有賴於有關系統的性質：飲食現象的本文全體不能與汽車式樣的本文全體採取同樣的選擇標準。現在我們只能試探性地提出兩個一般性的建議。

一方面，本文全體應當夠寬廣，以便研究者能合理地期待其成份可充滿一個有相似及相異的系統，毫無疑問，當研究者分析一套資料時，到了一定時候他將遇到一些已經判定的事實與關係（我們已看到，符號的認同性構成了一種語言結構現象），這類「重複」越來越頻繁，直到不能再發現任何新材料為止，這套本文全體就飽和了。

另一方面，本文全體應儘可能保持齊一性，首先是內質的齊一性：人們顯然喜歡研究由同一內質構成的資料，如語言學家只關心聲音的內質；同樣，一種理想的飲食本文全體應只包括單一類型的資料（如餐館的菜單）。但現實經常呈現的是混合的內質，

例如時裝雜誌上的衣服與書寫語言，電影中的形象、音樂和言語等，於是研究者必需接受多重性的本文全體，但又十分仔細地研究有關諸內質的系統化的接合（尤其是要明確區分真實與接收了真實的語言結構），這也就是為這種內質的多重性提供一結構性的解釋。

　　然後是時間的齊一性：從原則上說，本文全體應最大限度地刪除歷時性因素，它應相當於一個系統的狀態，一個歷史的「交會區」。在這裡我們無意涉及有關同期性和歷時性的理論爭辯，而只打算從操作程序的觀點說，本文全體應儘可能地聚合一個同期性整體。這樣我們將寧可有一個雖然多種多樣卻在時間上凝聚的本文全體，而不要一個狹窄但時延較長的本文全體，例如，在研究報紙現象時，在同一時間內出版的各種報紙的樣例就比在不同年代出版的同一種報紙的樣例為好。有些系統建立了本身的同期性系列，例如時裝年年改變；但對另一些系統就要為它們選定一段短的時間，縱使冒著在歷時態中進行研究的危險。這種最初的選擇是純操作性的，因此必然帶有任意性，我們不可能猜測系統變化的節奏，因為符號學研究的基本目的（也就是最終顯示的目的），正是要去發現系統本身的特殊時代性以及形式的歷史。

羅蘭・巴特

於巴黎高等研究院

# 註　釋

① 「一個概念肯定不是一件事物，而且也不再只是對一個概念的意識。一個
　概念是一種工具和一種歷史，即捲入一個經驗世界中的可能性與障礙的
　叢束。」（格蘭格爾：《經濟學方法論》，第 23 頁）

② 這是李維史陀指出過的危險（《結構人類學》，第 58 頁）。

③ 這一特點已爲柯亨（不無懷疑地）注意到（〈現代語言學和唯心主義〉，載
　於《國際研究》，1958 年，5 月，第 7 期）。

④ 讀者將看到，語言結構的最初定義是在分類學的層次上作出的：它是一
　種分類原則。

⑤ 《語言學學報》第 1 卷，第 1 期，第 5 頁。

⑥ 葉爾姆斯列夫：《語言學論集》，哥本哈根，1959 年，第 69 頁。

⑦ 〈語言學中的定量分析的力學〉，載《應用語言學研究》，第 2 卷，迪得爾
　出版社，第 37 頁。

⑧ 馬丁內：《普通語言學原理》，阿爾芒·柯林出版社，1960 年，第 30 頁。

⑨ 引自哥得爾編：《普通語言學教程原稿匯編》，米納爾，1957 年，第 90 頁。

⑩ 參見第 IV 類。

⑪ 雅克布遜：〈兩種語言觀與兩類失語症〉，載他所撰的《普通語言學論集》
　中，巴黎，1963 年，第 54 頁。艾伯林：《語言的單元》，海牙，1960 年，
　第 9 頁。馬丁內：《語言的功能觀》，牛津，1962 年，第 105 頁。

⑫ 參見《寫作的零度》，巴黎，1953 年。

⑬ 多羅日夫斯基：〈語言結構和言語〉，載《布拉格語言學會刊》，第 XLV 卷，
　瓦特索維，1930 年，第 485～497 頁。

⑭ 梅羅－龐蒂：《知覺現象學》，1915 年，第 229 頁。

⑮ 梅羅－龐蒂：《哲學的禮讚》，格里馬出版社，1953 年，

⑯格蘭格爾：〈人文科學中的事件與結構〉，載《應用經濟科學學會會刊》，第 55 期，1957 年 5 月。

⑰參見布勞戴爾：〈歷史與社會科學：長區段〉，載《年鑑》，1958 年，11～12 月。

⑱《結構人類學》，第 230 頁，以及〈人的數學〉，載《精神》，1956 年，10 月。

⑲「在行為之外，在言語發出時刻之外絕不存在對形式的預先設想，而且根本對此就沒有考慮，除了一種非創造性的無意識活動即分類活動之外。」（索緒爾：載上引哥德爾前引書，第 58 頁）

⑳《音位學原理》，第 19 頁。

㉑參見下文第Ⅳ類。

㉒參見Ⅱ.4.3.。

㉓沙利爾：〈第四福音書中的記號概念〉，載《哲學與神學科學評論》，1959 年第 3 期，第 434～448 頁。

㉔聖・奧古斯丁對此闡述得很清楚：「一個記號是這樣一種東西，它除了本義以外還可在思想中表示其它的東西。」

㉕參見上文Ⅰ.1.8.有關轉換詞和指示符號的部分。

㉖瓦隆：《論思維活動》，1942 年，第 175～250 頁。

㉗Ⅱ.1.3.和Ⅱ.1.1.的論述雖然是初步的，但都涉及到作為所指的「記號」、「符號」、「指號」、「信號」的形式問題。

㉘其實對於形象來說情況有所不同，因為形象不只是意指性的，也是「交流性的」。

㉙參見巴特：〈論李維史陀的兩項最近的研究：社會學與社會邏輯學〉，載《社會科學通訊》（聯合國教科文組織），第 1 卷，第 4 期，1962 年 12 月，第 114～122 頁。

㉚參見下面第Ⅱ.4.2.。

㉛波爾果、布洛克和羅曼等在《語言學通報》第Ⅲ卷，第1～27期上也討論
　了這個問題。

㉜哈里格和馮・瓦特伯格：《作爲詞彙學基礎的概念系統》，柏林，科學院
　出版社，1952年第25卷4期，第140頁。

㉝關於特里爾和馬托里的著作參見：吉羅德：《語義學》，P.U.F.出版社，第
　70頁以下。

㉞這是我們在記號和象徵問題上在此企圖做的（參見前面Ⅰ.1.1.）。

㉟冒寧提出的例子：「語義分析」，載《應用經濟學學會會刊》，1962年3
　月，第123期。

㊱今後最好採用格雷馬斯提出的區分法：語義學等於內容上的相互關聯，
　符號學等於表達上的相互關聯。

㊲參見佛朗塞：《音樂的知覺》，弗林，1958年，第3部。

㊳參見Ⅲ.2.3.。

㊴參見第Ⅲ類（系統和組合段）。

㊵參見以下Ⅱ.5.2.。

㊶參見奧爾梯蓋：《話語和象徵》，奧比爾，1962年。

㊷參見第Ⅳ類。

㊸拉普朗施和列克萊爾：〈無意識〉，載於《現代》

㊹本維尼斯特：〈語言記號的性質〉，載於《語言學通報》，1939年第1期。

㊺馬丁內：《發音變化的機制》，弗朗克，1955年。

㊻參見冒寧：〈人類語言通訊與動物的非語言通信〉，載於《現代》，1960年
　第4～5月號。

㊼另一個例子是公路規則。

㊽參見後面Ⅲ.3.5.。

㊾索緒爾：《普通語言學教程》，第115頁。

㊿我們是否應當想到，在索緒爾之後歷史學也發現了同時態結構的重要

性？經濟學、語言學、人種學和歷史學實際形成了主導科學中的四經典。

(51)索緒爾，載哥德爾前引書，第 90 頁。

(52)同上，第 166 頁。顯然索緒爾不是在相續的組合段平面上，而是在潛在的聚合體平面上進行記號的比較的。

(53)索緒爾：《普通語言學教程》，第 170 頁以下。

(54)聚合體 (paradigma) 原指一個詞的詞形變化表，相當於一個變形模式。

(55)雅克布遜：〈兩種語言觀和兩類失語症〉，載於《現代》第 183 期，1962 年 1 月，第 853 頁以下，轉載於《普通語言學論集》，子夜出版社，1963 年，第 2 章。

(56)問題只涉及很一般的兩種極端，因爲實際上我們不能把隱喻和定義相混淆（參見雅克布遜上書第 220 頁）。

(57)參見巴特：〈記號的想象〉，載於《批評論集》，法文版，1964 年。

(57)在這裡「音聲學」(glottiqu) 屬於語言結構，不屬於言語。

(59)曼德布洛特從非連續性觀點對語言學的演進和氣體理論的演進作了對比(「宏觀統計語言學」)，載於《邏輯、語言和信息論》，PUF出版社，1957 年。

(60)葉爾姆斯列夫：《語言學研究》，第 103 頁。

(61)《機器語言與人類語言》，赫爾曼，1956 年，第 91 頁。

(62)稱其爲「原則上」，因爲必須排除第二分節層的區分單元這類情況，參見本節中以下論述。

(63)參見前面II.1.2.。

(64)馬丁內在其《原理》一書第 4 章中用新的方法研究了意指單元的組合段切分問題。

(65)參見前面II.1.4.。

(66)含蓄意指記號的一般情況即屬類。(參見第IV類)。

(67)簡單說明如下，一個感嘆詞“oh”似乎可以以單元形式構成一個組合段，但

實際上言語在此應被重新放入其語境中去：這個感嘆詞是對一個「無聲的」組合段的應答。（參見派克：《在人類行為結構統一理論中的語言》，格林達爾，1651 年。）

⑱轉引自哥德爾前引書，第 90 頁。

⑲馬丁內：《發音變化的機制》，伯爾尼，1955 年，第 22 頁。

⑳轉引自哥德爾前引書，第 55 頁。

㉑同上，第 196 頁。

㉒參見弗雷有關音素的分析，前面 II.1.2.。

㉓這一現象在一種單一語言的詞典中很明顯，這種詞典似乎給一個單詞下了肯定的定義，但由於這個定義本身是由一些需加以說明的詞構成的，這種肯定性將不斷在其它場合被延遲（參見拉普朗施和列克萊爾：〈無意識〉載於《現代》，第183期，1961年7月）。

㉔索緒爾：《教程》，第 11～40 頁。

㉕康提紐提出的所有對立都是雙元性的。

㉖它也是一種否定性的對立。

㉗語言學的機制要求在要傳遞的信息量與這一傳遞所需的能量（時間）之間保持一種不變的關係（馬丁內：《語言學協會的工作》，第 1 卷，第 11 頁）。

㉘索緒爾：《教程》，第 124 頁。

㉙弗雷：《索緒爾研究》，第 6 期，第 35 頁。

㉚狄斯托貝：《數理邏輯學》，第 75 頁。

㉛李維史陀：〈毛斯著作導論〉，載於毛斯：《社會學與人類學》，P.U.F，1950 年。

㉜巴特：《寫作的零度》，色伊出版社，1953 年。

㉝在 etalon／jument 這組對立中共同成分出現於所指平面上。

㉞康提紐未提及特魯別茨柯伊提出的漸近對立，如德文中的 u／o 與 u／o

的對立。

㊗參見巴爾特：《時裝的系統》，色伊版。

㊜在此我們未論詞形變化系統內部詞項秩序的問題，索緒爾不關心這個問
題，而雅克布遜則相反，他認爲在詞形變化表中主格或零格即首格（參見
《論集》第 7 頁）。當我們研究作爲能指聚合體的隱喻時和當我們要確定隱
喻系列各詞項之一是否具有某種優越點時，這個問題將變得非常重要（參
見巴特：〈眼的隱喻〉，載《批評》，第 195～196 期，1963 年 8～9 月）。

㊝《敎程》，第 174 頁。

㊞《言語分析導論》，麻省劍橋，1952 年。

㊟《語音變化的機制》，第 73 頁。

㊠較初級的感覺如嗅覺與味覺仍是「類比性的」。參見貝勒維奇《機器語言
與人類語言》，第 74～75 頁。

㊡《詞彙學手册》，第 1 期，1959 年（〈複雜語義單元和中性化〉）。

㊢顯然這是時裝雜誌的話語，它起著中性化的作用，簡言之這表現爲從AUT
型（chandail或sweater）不相容析取型向VEL（chandail或sweater均可）
相容性析取型的過渡。

㊣《索緒爾研究》第 9 期，第 41～46 頁。

㊤參見拉普朗施和列克萊爾的上引文章。

㊥參見巴特：〈結構主義的活動〉，載於《批評論集》，色伊出版社，1964 年，
第 243 頁。

㊦參見馬丁內：《原理》，第 37 頁。

# 概念索引

# 附錄：巴特研究

他總是大量寫作，總是
全神貫注、熱情洋
溢，而又
不知疲倦。這種令人目眩的創新精神似乎不只
是因為他
是才智之士，更因
他具有異乎尋常的精力

# 寫作本身：論羅蘭・巴特*

蘇珊・桑塔格

---

最佳詩作將是修辭學的批評
　　——瓦勒斯・史蒂文斯（引自1899年的一本雜誌）

我很少忽略自己
　　——保羅・瓦萊里（引自《與太斯特先生共度的夜晚》）

---

　　教師、文學家、道德家、文化哲學家、急進觀念的鑑賞家、多才多藝的自傳家……，在二次大戰後從法國湧現的所有思想界的大師中，我敢絕對肯定地說，羅蘭・巴特將是使其著作永世長存的一位。正當巴特處於三十年來著述不絕的人生鼎盛之際，一九八〇年初當他穿過巴黎一條街道時竟被一輛貨車撞倒致死，惡耗傳來，友人和敬慕者無不爲其盛年早逝感到悲痛。但是人們在悲痛回顧的同時也認識到，他那卷帙浩繁、主題隨時改變的著作集，正像一切重要的成果一樣，具有一種回溯的完整性。巴特本人研究工作的發展，現在看來是合乎邏輯的，甚至於還是相當完整的。它甚至於以同一課題開始和結束，這就是在人的意識經歷中運用的典型手段——作者的日記。結果，巴特平生發表過的第一篇文章，對他在紀德的〈日記〉中發現的那種典型的意識加以

---

＊譯自蘇珊・桑塔格（編）：《巴特文選》，英文版，1983年，希爾和王出版公司，紐約。

讚揚，而在他死前發表的最後一部作品則表現了他對自己日記活動的沈思。這種對稱性儘管屬於巧合，卻很恰如其分，因爲巴特的寫作雖然涉及萬千主題，歸根結底不過是一個大主題：寫作本身。

他早先的主題是一位自由派作家的立場，表現在文化新聞、文學討論、戲劇與書籍評論等各領域。此外還應加上來自和流傳於討論班和講壇上的一些論題，因爲巴特的文學經歷還伴隨著一種（十分成功的）學術界的經歷，而且從某一方面來說它就是一種學術界的經歷。可是他的聲音永遠是獨特的和自我關涉的（self referring），其成就屬於另外一個更高的量級，甚至高於以驚人的敏識去實踐無比活躍的多學科探討時所可能達到的程度。儘管他對有關記號和結構主義的這門未來可能成立的學科有過突出貢獻，他一生活動的精華所在仍然是文學性的：一位作家，在一系列學術活動的支持下，組織著有關他自身心靈的理論。當他目前以符號學和結構主義爲標誌的名聲界域(如其必然會的那樣)瓦解之時，我想巴特將表現爲一位相當傳統的孤獨的漫步者(promeneur solitaire)，一位甚至比他狂熱的崇拜者現在所承認的更爲偉大的作家。

他總是大量寫作，總是全神貫注、熱情洋溢，而又不知疲倦。這種令人目眩的創新精神似乎不只是由於巴特作爲一個才智之士，作爲一個作家所具有的異乎尋常的精力。這種創新精神似乎包含著一種近乎「立場」的東西，這是一切判批性的話語必定具有的。他在發表於一九五三年的第一部書《寫作的零度》中說道：「文學有如磷光體，它在將要熄滅之際才閃爍出最大的光輝」。在巴特看來，文學已經是一種「身後之業」了。他的著作肯定了一種強烈光輝的規範，它甚至就是這樣一個文化時代的理想，即是

這個時代認為自己（在多種意義上）將要完成自己最後的表白了。

撇開其才華橫溢不談，巴特的作品包含著和近代人類文化風格有聯繫的一些特徵，這個時代假定著在自己之前存在有無窮無盡的話語，假定著理智活動的精緻化：正是著作本身喜歡緊湊的陳述，它極其不願意令人生厭或平淡無味，也正是寫作迅速地覆蓋著大片的領域。巴特是一位富有靈感的、有獨創性的文章和「反文章」的從業者，他拒絕長篇大論的形式。他的語句通常是複合式的，受逗號支配並愛用分號，其中塞滿了措詞緊密的思想意蘊，這些思想觀念被鋪陳得像是一種流暢的散文材料。這是一種論說風格。明確可辨的法文，其明顯的傳統可在兩次大戰之間發表於《新法國評論》（*NRF*）上的那些措詞緊密、風格獨特的文章中找到。*NRF* 雜誌社語言風格的典型形式，可在每一頁上傳達較多的觀念而保持著那種風格的活力和鮮明的音色。巴特運用的語彙數量甚大，相當講究，而又毫無忌諱地精雕細琢。就連他那些不那麼機敏的、充斥著術語行話的作品（大部分發表於 1960 年以後），也都充滿著韻味。他總是設法大量運用生僻新穎的詞語，他的散文雖然才氣縱橫，卻始終在追求著表達的簡潔性，因此往往情不自禁地是格言式的（我們甚至可以通讀巴特的作品，抽引出各種絕妙的字句——警語與格言，把它們匯集成一本小書，正像人們對王爾德和普魯斯特的作品所做過的那樣）。作為一位格言家的巴特的力量在於，在開始進行任何理論論述之前，他已顯示了對結構理解的天賦敏感性。作為一種借助於正相對立的詞語進行壓縮表達的方法，箴言或格言必顯示出情境或觀念的對稱性和互補性，後者設計了前者的形態。一位善於進行格言表達的天才，對素描比對油畫顯然更敏感，格言天賦是可被稱作形式主義氣質的東西的表徵之一。

　　形式主義的氣質正是許多在知識超飽和時代進行思索的才智之士共同具有的一種敏感性。比較一般地顯示這種敏感性特點的東西，就是它對趣味標準的依賴以及它對任何不具有主觀性標記看法的公然拒絕。雖然它肯定是斷言性的，但它堅持認為自己的論述只不過具有臨時的效力（如果換一種做法就會變成……壞的趣味）。甚至於連深富這種敏感性的人通常也決心反覆申述自己作為業餘愛好者的身分。一九七五年巴特對一位採訪者說：「在語言學領域內我只不過是一位業餘愛好者。」巴特在自己晚期的著作中不斷否認人們強加於他的體系建立者、權威、導師、專家等等似是而非的庸俗稱號，以便為自己保留享受歡娛的特權和自由。對巴特來說，趣味的運用通常就意味著去稱讚。他選擇這樣一種角色，就意味著他暗中承擔了發現不熟悉的新事物以便加以稱讚的責任（這就需要與通行的趣味適當的相左才成），或者是以不同的方式去對一件熟悉的作品加以讚揚。

　　他的第二部書就是較早的一個例子，這部書發表於一九五四年，是關於法國歷史學家米歇萊（Michelet）的。透過列舉在這位十九世紀的大史學家史詩般的記敘文中反覆出現的隱喻和主題，巴特揭示出一種更內在的敘事活動：米歇萊自身的歷史和「往昔人物的抒情式的復活」。巴特永遠追求另一種意義，一種更反常（往往是烏托邦式的）的話語。他最喜歡指出平淡無味的和反動的作品中所包含的特異性和破壞性，透過高度的想像力投射去顯示對立的一極。例如在他論述沙特的文章中指出，在譫妄的理性中實際起作用的是一種感性理想；在論述傅立葉的文章中指出，在感性的譫妄中實際起作用的是一種唯理主義的理想。當巴特提出某種引起爭辯的見解時，他的確扮演著影響文學準則的主要角色。一九六○年他寫了一本有關萊辛的小冊子，這本書使學院派

批評家大感憤懣（隨後開始的爭論以巴特對其誹謗者的完全勝利結束），他還寫過有關普魯斯特和福樓拜的文章。但是更通常的情況是，巴特以他的基本上是對抗性的「本文」（text）概念爲工具，將其才智用於這個含糊不淸的文學主題，一件不重要的作品（比如說，巴爾扎克的《薩拉辛》、夏多布里昂的《蘭西的一生》）可以成爲一傑出的「本文」。對巴特來說，把某種東西看成一個「本文」，正意味著去中止通常的評價（在重要文學與次要文學之間加以區別）而推翻現有的分類方法（體裁的區分，藝術門類的區別）。

　　雖然每種形式和價值的作品在「本文」的大民主之中都有公民身分，批評家仍傾向於避開一般人所接觸的本文和所了解的意義。現代文學批評中的形式主義派（從其最初階段，如史克洛夫斯基的疏異化主張以來）就是這樣進行教誨的。它責成批評家拋棄陳俗的意義，選擇新鮮的意義；它是一種責成搜尋新意義的訓令：令我吃驚（Etonne-moi）。

　　巴特的「本文」和「本文性」（textuality）概念也提出了同樣的訓令。它們把有關結尾開放與多義性的文學現代主義觀念，輸入了文學批評之中，從而使批評家正如現代派文學創作者一樣成爲意義的發明者（巴特斷言，文學的目的是把「意義」，而不是把「某種意義」放入世界中來）。決定批評的目的在於改變和調整意義（使其增減或倍增），實際上就是使批評家的努力以一種迴避性活動爲基礎，從而使批評（如果它能存在下來的話）重新以趣味爲主導。因爲，歸根結底正是趣味的運用可識別熟悉的意義，正是趣味的意識形態使熟悉的東西變成粗俗的和廉價的。因此，巴特的最明確的形式主義，即他認爲批評家應當重新構造的不是一部作品的「信息」（message）而只是其「系統」（即其形式和結構）的這種主張，或許最好被理解作對明顯成分具有解放作用的

迴避，以及理解作一種良好趣味的重要表徵。

對現代主義的（即形式主義的）批評家而言，其既定評價的作品業已存在。那麼此外還有什麼可說的呢？偉大作品的標準已經確定了，我們還能爲它增添或恢復些什麼呢？「信息」已被理解或已過時，我們不必再關心它了。

在巴特爲自己選擇論題（他具有極其流暢的、靈巧的概括能力）時所擁有的衆多手段之中，最重要的就是他作爲格言家召喚出一個生動的二元體的本領：任何事物都可以或者分裂爲自身和其對立物，或者分裂爲兩種自身，於是其中一項就與另外一項相對而產生了一種出乎意外的新關係。他說道，伏爾泰的旅行的眞意是：「顯示一種不動性」；波特萊爾：「不得不保護戲劇性免受劇院之害」；艾菲爾鐵塔：「使城市變爲一種大自然」等等。巴特的寫作充滿了這類顯然是矛盾的、警句式的表達，其目的在於進行某種概述。格言式思想的本性正在於永遠處於一種進行總結的狀態，表示最後意見的企圖是一切有力的造句法所固有的。

巴特所展示的分類法卻不那麼精緻，甚至追求一種僵化的明晰性，但作爲一種論述的工具則相當有力，進行分類的目的是使自己捲入一場爭論，把要討論的問題分割爲兩個、三個，甚至四個部分。論證往往以下述宣稱開始，如敘事單元有兩個主類和兩個子類、神話以兩種方式有助於歷史研究、拉辛式的愛情有兩個側面、有兩種音樂、有兩種閱讀羅舍弗考爾德作品的方法、有兩類作家、對攝影有兩種興趣等等，一位作家有三種修改作品的類型、拉辛作品中有三個地中海和三個悲劇地點、有三個理解《百科全書》插圖的層次、在日本木偶戲中的場景有三個領域和三種姿勢、有三種說話和寫作的態度，它們相當於三種使命：作家、知識分子和教師，以及有四種讀者，有四種記日記的理由，如此

等等。

這是法國思想論述中故弄姿態的撰述風格，是法國人有欠準確地稱作笛卡兒式的修辭學策略的一個部分。雖然巴特運用的一些分類法是標準型的，如符號學的典型的三元體——意符、意指和符號，但很多分類法都是他為了進行論爭而發明的。這正如他在晚近一本書《本文的喜悅》中所說，現代藝術家企圖摧毀藝術「其努力具有三種形式」。這種嚴格分類的目的不只是去勾勒一幅思想地圖，巴特的符號學從來不是靜態的。其目的往往在於使一個類去破壞另一個類，就如他對攝影感興趣的兩種形式（他稱作「斑點」和「描像器」）那樣。巴特提出分類法以使問題保持開放，為未編碼的、被迷惑的、難處置的、戲劇性的東西保留地盤。他喜歡標新立異的分類法和過細的分類法（如傅立葉的分類），而且他對精神生活所做的大膽的身體性的隱喻，強調的不是形態分佈而是變換。正如一切格言家都慣於用誇張修辭法一樣，巴特收集了戲劇中，往往是色情劇或粗野的情節劇中的一些觀念。他談到意義的顫抖、抖動或震顫，談到意義自身的顫動、聚集、鬆散、分散、加速、發光、折疊、沈默、延擱、滑動、分離、施加壓力、碎裂、斷裂、分裂、被粉碎等等。巴特提出了某種類似於思維詩學的東西，它使主題的意義與意義的流動性，與意識自身的運動學等同了，並使批評家被解放為一名藝術家。在巴特的想像中，二元式和三元式思維術的運用永遠是暫時的、可予修改、變動、壓縮的。

作為一名作家，他偏愛簡短的形式，並曾計畫開設一個專門研究這個問題的討論班。他特別喜歡極短的形式，像日本俳句和語錄體。而且正像一切真正的作家一樣，使他入迷的正是「細節」（他的用語）——經驗的簡短形式。甚至作為一名散文家，巴特

大多數情況下也只寫簡短的文章，他所寫的書籍往往是短文的集合，而不是「真正的」書，是一個個問題的敘述而不是統一的論證。例如他的《米歇萊》一書就列舉了這位史學家的各種主題，使它們與從米歇萊豐富多彩的著作中摘出的大量簡短的片段相配合。使用語錄體進行見聞記敘式論證的最嚴格的例子是《S／Z》，這本出版於一九七○年的書是他對巴爾扎克的《薩拉辛》所作的典型註釋。他總是從展示其他人的本文過渡到展示他自己的思想。在收入有關米歇萊一書的同一套大作家叢書（《千古名家叢書》）中，最終他在一九七五年把有關自己的一本也列入了，這就是這套叢書裡那本眨眼的怪作：巴特本人寫的《羅蘭·巴特》。巴特晚期幾本書的高速編寫既表現了他的多產性(不饜足和輕率)，又表現了他想破壞任何建立系統的傾向。

針對系統論述家的敵意，一個多世紀以來一直是良好思想趣味的一個特徵。齊克果、尼采、維根斯坦就屬於這樣一群人，他們都斥責系統的荒謬，這類議論的獨特性儘管超凡不俗，但其論點卻令人受不了。蔑視系統的現代形式是反對法則、反對權力本身的一個特徵。較早和較溫和的對系統的反對表現在從蒙田到紀德的法國懷疑主義傳統中，這些作家都是他們自身意識的品味家，他們都要貶低「系統的硬化症」，巴特在自己論述紀德的第一篇文章中使用了這個詞。在拒絕系統性的同時逐漸發展了一門突出的現代文體學，其始源可至少上溯至斯太恩和德國浪漫主義作家：這就是反直線敘事形式的發明，在小說中取消了「故事」，在非小說類著作中放棄了直線性論述。對產生一種連續系統的論述的不可能性（或無關聯性）的假定，導致改變一些長篇幅的著作形式（論文和厚書）和重新構造小說、自傳和散文等樣式。巴特是這種文體學的特別富有創新性的實踐者。

　　浪漫主義的和浪漫主義的感覺傾向在每本書中都可察覺到一種第一人稱的表演，於是寫作就是一種戲劇化的行為，可對其施以戲劇化的加工。其中有一種策略是使用多種假名，齊克果就是這樣做的，這樣就隱藏了和增多了作者的形象，例如自傳型的作品總要對不情願用第一人稱說話表白一番。《羅蘭‧巴特》一書的習慣用法之一是，自傳作者有時稱自己為「我」，有時又稱自己為「他」。巴特在寫自己的這本書的第一頁上宣稱，全書內容「應看作是由一部小說中的角色在講述」。在表演（performance）這個基本範疇內，不僅自傳和小說之間的界限，而且散文和小說之間的界限都模糊不清了。他在《羅蘭‧巴特》中說：「讓散文表明自己類似於小說吧！」寫作表現了新形式的對戲劇性的自我關涉的強調：寫作成為強迫去寫和拒絕去寫的記錄（把這種觀點進一步加以引申，寫作本身就成為作家的主題了）。

　　為了達到一種理想的分散性佈局和一種理想的集中性佈局，有兩種寫作的策略被廣泛地使用著。一種是全部或部分地取消通常的話語區分或分割，如章節、段落，甚至標點，即一切被看成是從形式上妨礙作家的聲音連續產生的東西，許多寫哲理小說的作家如布洛赫、喬埃斯、斯泰因、貝克特等都喜用這種不分段的寫作方法；另一種策略正相反，即增加切分話語的方式，發明分割話語的新方式。喬埃斯和斯泰因也使用這種方法；史克洛夫斯基在其二〇年代以來發表的佳作中用單句段的方式寫作。由單句段方法產生的這種多重的開端和收尾可使話語具有盡可能地分化和多音性的特點。在說明性話語中其最普通的形式是：短的、一兩段的話語單元為空白處隔開。「論……」（Notes on……）是常用的文學標題，巴特在自己論紀德的文章中即用此形式，在後來的作品中也常常再用這種形式。他的很多寫作都採取中斷手法，

有時其形式是在引用的原作選段後交替插入分離性的評述，如《米歇萊》和《Ｓ／Ｚ》就是如此。用片段或「短文」的形式寫作產生了新的連載式的（而非直線式的）文章佈局。這些片段可以任意加以呈現。例如，可以給各片段加上序號，維根斯坦十分精於這種方法。又有可以給各片段加上嘲諷性的或突出強調的標題，巴特在《羅蘭・巴特》一書中就採取這種寫作策略。標題可以增添某種可能性，如可按字母順序排列各組成部分以進一步突出序列的任意性，《情人話語的片段》（1977 年）一書就使用這種方法，此書的實際標題引起有關片段性的聯想，即它是一段愛情話語的片段。

巴特後期的寫作屬於他在形式上進行最大膽的嘗試之列：一切主要作品都以連載的而非直線的形式組織起來。純粹的文章寫作保留給了文學的懿行（如序言之作，巴特寫過不少）或新聞式的即興之作。然而晚期寫作中這些表現力甚強的形式只是揭示了他的一切作品中暗含著的一種欲望：巴特渴望對斷言性表達具有一種優先性關係，這就是藝術具有的快樂性。這種寫作的理解排除了對矛盾的恐懼（用王爾德的話說：「藝術中的眞理表明，眞理的對立面也是眞理。」）。因此巴特不斷把教授比作表演，把閱讀比作色情感受，把寫作比作勾引。他的聲音越來越富個人色彩，越來越充滿了「個人氣質」（grain），如他自己所說的那樣。他的思想藝術越來越明顯地成爲一種表演，正像許多其他偉大的反系統論家一樣。但是尼采用許多不同的腔調對讀者高談闊論，往往咄咄逼人──狂喜、訓斥、誘哄、激怒、嘲弄、拉攏；而巴特卻總是用彬彬有禮的溫和姿態來表演。沒有粗暴的、預言家般的自詡，不和讀者爭辯，不企圖不被理解。這是演戲似的引誘，絕不是侵犯。巴特的全部作品都是對戲劇性和遊戲性的一的探索，是

以各種巧妙的方式邀請人們品味風韻，邀請讀者以歡悅的（而非獨斷的或輕信的）態度對待思想。無論對巴特還是對尼采來說，其目的都不在於給予我們特別的指教，而在於使我們勇敢、精審、敏識、智慧、超脫，而且在於給我們以愉悅。

寫作是巴特的永恆事業。或許自福樓拜（在其書信集中）以來沒有任何人像巴特這樣才華洋溢和感情充沛地思考過究竟何為寫作。他的許多著作都致力於描繪作家的天職：從早期收在《神話學》中的有關作為被他人注視的作家的揭露性研究，如〈休假中的作家〉一文，到後來更熱心的論作家寫作的文章，即那些作為英雄和殉道者的作家，如〈福樓拜和句子〉一文，它寫了作家的「風格的苦惱」。巴特那些論作家的傑出文章應當看作是他為作家職責所作的各種形式的重要辯解。儘管他充分尊重福樓拜設定的具有自責味道的誠實標準，他卻敢於把寫作想像為一種快樂，他論伏爾泰的文章（「最後的快樂作家」）和對傅立葉的描繪的要點就是如此，這兩位作家都不曾為惡的意識所折磨。在他的晚期著作中他更直接地談論了他自己的實踐、顧慮和狂熱。

巴特把寫作解釋成一種在觀念表達上複雜的意識形式，其方式既是被動的又是主動的，既是社會性的又是非社會性的，既是呈現個人生活又是不呈現個人生活的。他的作家職責觀排除了福樓拜認為是不可避免的那種隔絕性，巴特似乎否認在作家必然具有的內在性與其名利快感之間有任何衝突。可以說，福樓拜的觀念為紀德有力地修正了，後者具有素養更高、非刻意追求精確感、對排除狂熱更為執著和處置有術。的確，巴特在自己的全部寫作中所勾勒的那幅自畫像（作為作家自我的肖像），已充分潛存於他論述紀德「自我主義」的《日記》的第一篇文章中了。紀德提供給巴特一個高貴的作家範型：無所不適、不拘一格、從不喋喋不

休或牢騷滿腹、旣胸懷袒蕩……而又適度地以自我爲中心，不會
多受別人意見影響。他指出，紀德如何很少由於廣泛閱讀而改變
自己（「如此徹底的孤芳自賞」），他的「發現」如何絕不會導致「自
我否定」。而且他讚揚瀰漫於紀德內心的猶豫不決，注意到紀德
「處於各種相互抵觸的思潮的交會口，決然沒有輕易應付之策
……」。於是巴特也同意紀德這樣的看法：寫作是稍縱即逝的，它
應甘於渺小。他對政治的態度也與紀德類似：在意識形態充分活
躍的時代願意去採取正確的立場，具有政治性，但最終又不具有；
或許這就意味著，說出任何其他人很難說出的眞理（參見巴特
1974 年中國之行後所寫的短文）。巴特與紀德頗多相似之處，他對
紀德的許多論述都可不加改變地用於他自己。值得人們注意的
是，在他開始自己的文學生涯之前一切已安排就緒（包括他那「永
遠自我更正」的計畫）。（當他於 1942 年爲學生結核療養院刊物撰
寫這篇文章時，正在療養院中修養的他，時年 27 歲，以後五年間
他也尙未進入巴黎文學界）。

　　當巴特在紀德的心理和道德思想影響下開始經常寫作時，紀
德的重要作品已成過去，其影響已微乎其微（他死於 1952 年）。
而且巴特披戴上了戰後有關文學責任辯論的盔甲，這個詞是由沙
特提出的，它要求作家接受一種戰鬥性的道德態度，沙特把這種
態度同語反複似地稱作「道德承諾」（commitment）。當然，紀德
和沙特是本世紀法國兩位最有影響的道德主義作家，這兩位法蘭
西新教文化之子的作品卻提出了相反的道德和美學的選擇。但正
是這種兩極化傾向，作爲另一位反叛新教道德主義的新教徒巴特
要想加以避免。巴特儘管是一位溫和的紀德派，卻也熱情地接受
沙特的模式。雖然他與沙特文學觀的爭辯潛存於他的第一部書《寫
作的零度》之中（書中並未提及沙特的名字），他與沙特想像觀的

一致以及這種一致性的熱情卻浮泛於巴特的最後一本書《描像器》中（「獻給」作為《想像》一書作者的早期沙特）。即使在其第一本書中，巴特也接受了不少沙特有關文學和語言的觀點，例如把詩歌與其它「藝術」比較，把文學等同於散文和論辯。巴特的文學觀在他後來的寫作中越變越複雜了。雖然他從來未曾討論過詩歌，他的文學標準卻接近詩人的標準：語言經受了劇變，從其無用的環境中被移位、被解放了，語言可以說自存自在了。雖然巴特同意沙特的看法，認為作家的職責包含著一種倫理的律令，他卻堅持說其性質相當複雜和含混不清。沙特所要求的是目的的道德性，巴特所乞靈的是「形式的道德性」，這就是說那種使文學成為一個問題而非一種解決的東西，使文學成其為文學的東西。

然而，把文學設想為成功的「交流」和立場的選擇，卻不可避免地成為一種隨遇而安的觀點。在沙特的《什麼是文學？》(1948年) 一書中闡述的工具性文學觀，使文學變成一種永遠不合時宜的東西，一種在優秀的倫理鬥士和唯藝術論者（即現代派作家）之間徒勞無益的（不恰當的）鬥爭（可將這種文學觀中潛在的庸俗氣味與沙特關於視覺形象不得不說的那些看法中所包含的敏識與銳見相對照）。沙特結果被對文學的熱愛（他在自己的傑作《詞語》中描述過這種愛）和傳道士般地對文學的輕蔑扯得四分五裂，這位本世紀偉大的文士之一的晚年是在用貧脊的觀念痛責文學和自己之中度過的，他所用的觀念就是「文學的神經症」。他所宣揚的為道德承諾而進行自我設計的作家觀，已不再使人信服了。沙特因此被指責為把文學歸結成了政治，對此他辯解說，不如更準確地指責他高估了文學。一九六〇年在接受訪問時他宣稱，「如果文學不是重要事物，就不值得一個人花上個把小時去操心它了」。「這就是我用『承諾』一詞時的意思」。但是沙特把文學誇張為

「重要事物」，這表明了對文學的另外一種方式的蔑視。

人們也可責備巴特過份重視文學，責備他把文學當成了「重要事物」，但他至少提供了這樣去做的一個良好的實例。因爲巴特理解（而沙特卻不理解）文學歸根到底只是語言。正是語言成爲重要事物。這就是說，一切現實都以語言的形式呈現出來，這是詩人的銳見，也是結構主義者的敏識。而且巴特把他所謂的「對寫作徹底的探索」視作當然之理（而把寫作當作交流的沙特卻不這樣看）。馬拉美、喬埃斯、普魯斯特和他們的繼承者都從事過這種探索。沒有任何大膽的嘗試是有價值的，除非可以把它看作一種徹底的態度，這種徹底性將同任何明確的內容脫離，或許這就是我們所說的現代主義的實質。巴特在如下意義上也屬於現代主義的精神，即後者認爲必須也承認相反的立場。按現代主義標準看待的文學，但不一定是一種現代主義的文學。寧可說，一切種類的相反立場均可接受。

沙特和巴特之間最顯著的區別或許是氣質上的深刻差異。沙特具有一種理智上專斷而又天眞的世界觀，這種世界觀渴望的是簡單、決斷、一目了然。巴特的世界觀則是無可改變地複雜、自我專注、典雅、不求決斷。沙特熱切地、過於熱切地尋求對決，他的偉大一生的悲劇，他運用自己巨大才智的悲劇，正在於他使自身單純化的意願。巴特則寧可避免對決和躲避極端化。他把作家定義作「站在一切其它話語交匯點上的觀望者」，這正好是行動者或傳播教訓者的形象的對立面。

巴特的文學理想境界具有與沙特幾乎正相對立的倫理性格。它產生於他在欲望和閱讀，欲望和寫作之間所建立的聯繫之中，這就是說他堅持認爲，他自己的寫作比任何其它的東西更加是欲望的產物。「快樂」、「喜悅」、「欣喜」等詞語不斷出現於他的著作

中，具有一種力量，使人想起了紀德，它們旣具有感官的誘力又富於破壞性。正像一位道德家（淸敎徒的或反淸敎徒的）會一本正經地區分性生殖與性快樂一樣，巴特也把作家分爲兩類，一類是寫重要事物的人（沙特所說的作家），另一類是不寫什麼重要事物而只是去寫的人，後者才是眞正的作家。巴特認爲動詞「寫」（write）的不及物涵義不僅是作家幸福的源泉，也是自由的模式。在巴特看來，不是寫作對自身以外事物（對社會的或道德的目標）的承諾使文學成爲一種對立和破壞的工具，而是寫作本身的某種實踐，這就是過渡的、遊戲的、複雜的、精緻的、感官性的語言，它決不能成爲力量的語言。

巴特對作爲無用而自由之活動的寫作的讚揚，在某種意義上就是一種政治觀。他把文學看作一種對個人表白權利的永久更新，而一切權利最終都是政治性的。不過巴特對政治仍然採取一種躲躲閃閃的態度，而且他是現代重要的拒絕歷史的人物之一。巴特是在二次大戰災難的後果中開始發表作品和漸有影響的，但令人驚訝的是，對此他從不提及，甚至在他的一切作品中，就我記憶所及，他從未說過「戰爭」這個詞。從最好的意思上說，巴特理解政治問題的平和態度馴化了政治。他絕對沒有瓦爾特・班傑明一類的悲劇意識，後者認爲文明的每一業績也是野蠻的一項業績。班傑明的倫理重負乃是一種殉道精神，他總情不自禁地要使它同政治掛鈎。巴特則把政治看作對人類（和思想）主體的一種壓抑，對此必須以智克之。在《羅蘭・巴特》一書中，他宣稱自己喜歡「輕鬆信奉的」政治立場。所以他或許從未被那種對班傑明來說以及對一切眞正現代主義來說十分重要的計劃左右過，這就是去探索「現代」的本性。巴特未曾被現代性的災難所折磨或被其革命性的幻想所誘惑過，他具有一種後悲劇時代的感覺。

他把現前的文學時代稱作是「一個從容啓示的時代」,能夠說出這種語句的作家眞是幸福呀!

巴特的很多著作都呈現出快樂的面面觀,他在論述布里阿——薩瓦林:〈關於趣味的生理學〉的文章中把這種快樂稱作「欲望的偉大歷險」。他從自己所研究的每件事物中收集一快樂的型式,把思想實踐本身比作情慾行爲。巴特把心靈的生命稱作欲望,並熱心維護「欲望的多樣性」。意義絕不是「一夫一妻制」的。他的愉快的智慧或快樂科學提出了有關一種自由而寬廣的、心滿意足的意識的理想;提出了有一種生存條件的理想,在這種條件下無需抉擇於善與惡及眞與僞之間,在這種條件下不一定要去辨別是非。吸引著巴特的本文和活動,往往是那些他可以從其中讀到反抗這類對立的東西。這就是巴特爲何把作爲一個研究領域的時裝解釋爲色情的緣故,在色情中不存在對立物(「時裝尋求等價性、適當性,而不是眞實性」),在這裡人們可以使自己獲得滿足;在這裡意義(以及快樂)十分豐富。

爲了這樣來解釋,巴特需要一種主導性的範疇,使一切事物都可透過這個範疇來間接地加以測定,這個範疇可以導致最大量的思想活動。包容最廣的範疇是語言,最廣義的語言就是意義形式本身。因此,《時裝系統》(1967年)一書的主題不是時裝,而是關於時裝的語言。當然,巴特認爲,關於時裝的語言亦是時裝的一部分,他在一次採訪中說:「時裝只存在於有關它的話語中」。這種假定(神話是一種語言,時裝也是一種語言)成爲當代思想活動的一種主導的、往往是具有還原論的常規。在巴特的著作裡這種假定較少具有還原論味道,而具有較多的擴散性,這就是對於作爲藝術家的批評家來說因過於豐富而產生的困擾。去規定語言之外不存在理解,就是去斷言處處都有意義。

　　巴特透過擴大意義的範圍使這個概念具有至高無上的地位，以便達到這樣一種自鳴得意的矛盾性，即空的主題反而無所不包，空的記號可賦予其一切意義。巴特按照這種意義可擴大繁衍的欣快性（euphoric）認識，把作爲「紀念碑的零度」的艾菲爾鐵塔理解作「意指一切」（引號爲巴特所加）的「純（實即空的）記號」(巴特的矛盾論證法的特點在於爲不受功用性的約束的主題作辯護：正是艾菲爾鐵塔的無用性使它作爲一個記號來說無限地有用，正如眞正的文學的無用性也就是它在道德上有用的原因一樣)。巴特在日本找到了一個具有這種解放作用的意義欠缺的世界，它旣是現代化主義的又是非西方的，他指出，日本充滿了空的記號。巴特提出了一種互補性的對立觀來取代道德主義的對立——眞僞對立和善惡對立。在五〇年代有關神話的一篇文章中他寫道：「它的形式是空的，但存在，它的意義欠缺，但充實」。有關許多主題的論證都具有這種同一性的頂點：不在即存，空即實，無個性即個性的最高實現。

　　正如宗教理解包含的那種令人愉悅的味道一樣（它可在最平常而又無意味的事物裡瞥見豐富的意義，它可用最欠缺意義的事物來充作意義最豐富的載者），巴特著作中才華橫溢的描述也顯示著理解的一種迷醉般的經驗。而這種迷醉狀態（無論是宗教的、美學的還是性的）永遠是用空與實、零態與最大的充盈等各種隱喻來表示的，二者旣相互交替又彼此等價。把主題轉換爲關於主題的話語這個過程本身也和如下的步驟相同：使主題空無以便再使其充實，正是一種理解的方法在導致迷醉的同時促成了超脫。而且他的語言觀也支撐了巴特的感受性的兩個方面：索緒爾的理論（語言是形式而不是實體）在承認意義豐富性的同時，也與一種對雅緻的、即嚴謹的話語的趣味保持絕妙的一致。巴特的方法

在透過否定性空間的理智等價程序創造出意義以後，卻從不談論主題本身：時裝是關於時裝的語言，一個國家（日本）是「記號的帝國」——最終的認可。因爲作爲記號而存在的現實與最大的禮儀觀念相符：一切意義都被延遲，都是間接的、雅緻的。

巴特有關非個性化、嚴謹、雅緻的理想在他對日本文化的欣賞中得到最優美的說明，即在題爲「記號的帝國」（1970 年）的書中和論文樂木偶戲的文章中。〈寫作中的教訓〉這篇文章令人想起克萊斯特的〈論木偶劇院〉一文，它同樣地稱讚憩靜、輕鬆和擺脫掉思想、意義，擺脫掉「意識的無秩序」的優雅。文樂中的木偶正像克萊斯特文章中的木偶一樣，被看作是體現了一種理想的「無爲、清明、敏捷、精緻」既寧靜無爲又狂放不羈，既空洞無物又深不可測，既無自我意識又極富感官性——巴特從日本文明各個方面中感覺到的這些品質，展現了一種有關趣味和行爲的理想，這是一種廣義而言的唯美主義者的理想，自十八世紀末葉唯美派以來就廣泛流傳了。巴特並非頭一位把日本看作唯美主義理想國的西方觀察家，在日本你可以隨處看到唯美觀念，並自由自在地實現個人的唯美觀。在日本文化中唯美主義的目的占有中心地位，不像在西方被看成反常的，這樣的文化必然引起強烈的反應（1942 年有關紀德那篇文章中已提到日本）。

在以審美眼光看待世界的各種現存方式中，或許以法國的和日本的方式最意味深長。法國具有一個文學傳統，雖然另加上兩項民俗藝術：烹調與服裝。巴特的確把飲食的主題當作意識形態、當作分類法、當作趣味，他經常談到風味，似乎他也把時裝的主題同樣地加以看待。從波特萊爾到考克多，許多作家都認眞看待時裝，而且文學現代意義的奠基人之一馬拉美曾編過一份時裝雜誌。在法國文化中唯美主義理想比在任何其它歐洲文化中都

更明顯和更具影響，這種文化能夠在先鋒派藝術觀和時裝觀念之
間建立一種聯繫（法國從不接受英美國家認爲流行風尙是不嚴肅
的看法）。在日本，美學標準似乎充滿了整個文化，早在近代反諷
風格開始之前就已如此，這些標準早於十世紀末葉即已形成，如
在清少納言的《枕草子》中，這是一種講求精美享受的生活態度
的概略，其寫作方式在我們看來具有令人驚訝的現代分離的形
式，如筆記、軼事和列舉。巴特對日本的興趣表現出一種不那麼
自以爲是、更爲單純和更爲精緻的唯美主義態度的傾向，這種態
度比法國的更空靈、更優美，也更不加掩飾（沒有波特萊爾詩作
裡醜中之美一類的形式），它是前啓示性的，細膩而又澄明。

　　在西方文化中，唯美主義始終表現出兩種或此或彼傾向，唯
美態度具有誇張的性格。在較老的一種形式上，唯美主義在趣味
上是任性的排它者，這種態度使他可以喜歡、安於、贊同最少量
的事物，把事物化歸爲對事物的最瑣細的表達（當趣味表示其增
增減減時，喜歡選用有親切味道的形容詞，如在讚揚時用「快樂」、
「使開心」、「迷人的」、「悅人的」、「適合的」等詞），優雅與最大
的拒絕相當。這種態度轉化爲語言時，在沮喪的諷刺語，在輕蔑
的諧句中得到最充分的表現。在另一種形式中，唯美主義者支持
的標準使他得以喜歡最大量的事物，擭取新的、非常規的，甚至
不合法的快樂源泉。明顯反映這一態度的文學手段是他按字母順
序排列的特殊目錄（《羅蘭‧巴特》一書中即包括這種目錄），即
怪誕的審美上的重疊作用，它使明顯不同，甚至互不協調的事物
與經驗同時並列，運用其技巧使這一切都成爲人工對象和美學對
象，在這裡優雅相當於最機智的領受。唯美主義者的姿態搖擺於
從不滿足和永遠找尋一種滿足方式，但實際上喜愛一切這二者之
間。①

　　雖然唯美主義趣味的兩個方向都以超脫爲前提，但排它者的類型更爲冷靜。包容者類型可能是熱情洋溢的，甚至是感情奔放的。用於讚揚的形容詞傾向誇張外露，而不是收斂克制。巴特富有豐富的排它型的唯美趣味，而且更傾向於它的現代的、民主化的形式：審美方面的齊一性，所以他才想在如許多事物裡找到魅力、愉快、幸福和快樂。例如，他對傅立葉的論述最終即是一種唯美主義者的讚揚。他談到了構成「整個傅立葉」的「瑣碎細節」，巴特寫道：「我爲一種語言表達的魅力所吸引、迷惑和折服……傅立葉的文字真是妙語如珠……我抗拒不了這種快樂；它們對我來說似乎是『眞的』。」同樣，另一位不必須處處找到快樂的閒蕩者在東京街頭的人潮中可能體驗到的壓抑性，對巴特意味著「量變到質變」，這是一種作爲「無窮的快樂源泉」的新關係。

　　巴特的很多判斷和興趣無疑都是對唯美主義者的標準的肯定。他一些較早的文章爲羅伯–格里葉的小說大肆鼓吹，巴特因此獲得了引人誤解的現代派文學擁護者的名聲，實際上那些文章都是一些唯美主義的論辯。「客觀性」、「照字面理解」這些限制性嚴、內涵最少的文學觀念，實際上是巴特對唯美主義者主要論點之一的巧妙的重述：這就是，表面與深處同樣有效。巴特在五〇年代羅伯–格里葉作品中所發現的東西是一位唯美主派作家高度技巧化的新形式。在羅伯–格里葉身上他所熱情讚許的是「在表面上創立小說」的願望，從而阻止我們「依賴心理學」的願望。認爲深刻使人糊塗、具有煽動性的觀念，認爲在事物底部沒有人類的本質在活動的看法，以及認爲自由存於表層，存於慾望在其上浮動的大玻璃上的看法，就是近代唯美主義立場的主要論點，在過去的一個世紀中它體現於各種形式裡。（波特萊爾、王爾德、杜尚、凱支等）。

　　巴特不斷為反對深層觀，反對認為潛在的、深藏的東西才最
真實的觀念進行論證。文樂中的木偶被看成拒絕物質與靈魂，內
與外的相互對立。他在《今日神話》（1956 年）中聲稱，「神話並
不隱藏任何東西」。美學的立場不只把深層、隱蔽性等概念看成是
故弄玄虛和謊言，而且反對對立觀念本身。當然，談論深層和表
層已經是誤導了唯美主義的美學觀，重複了二元論，如它正好反
對的形式與內容的二元論，這一立場的最詳盡的發揮是由尼采完
成的，他的著作包含了對固定性對立（善與惡，對與錯，真與偽）
的批評。

　　但是，尼采雖然嘲諷「深部」概念，卻頌揚「高處」觀。在
後尼采的傳統中既無深度也無高度，只存在各種表面和景象。尼
采說，每一種深刻的性質都需要一種面具，並深刻地讚揚了理智
的狡獪，但當他說未來的一個世紀，即二十世紀，將是演員的時
代時，卻提出了最陰暗的預測。在尼采作品的底層存在著一種嚴
肅性和真誠的理想，這一理想使他的思想與真正唯美主義者（如
王爾德和巴特）的思想之間的重疊成為可疑的了。尼采是戲劇性
的思想家，但不是戲劇性的熱愛者。他對待場景的曖昧態度（歸
根結底，他對華格納音樂的批評是：它是一種引誘），他對場景真
實性的堅持，意味著有效的不是戲劇性而是準則。按照唯美主義
者的立場，現實和場景的概念正好彼此加強和融和，而且引誘永
遠是某種肯定的東西。在這個問題上，巴特的思想具有一種典型
的前後一致性。戲劇概念直接而又間接地充滿了他的一切作品。
（後來他在《羅蘭・巴特》一書中洩漏了秘密，他的作品中沒有
一篇「不曾處理某種戲劇，而場景是普遍的範疇，透過它的形式
可以看到世界」。）巴特把羅伯－格里葉的空洞的、「選集式的」
描述解釋為一種戲劇性間距化技巧（把一個對象呈現作「似乎它

本身只是一個場景」)。時裝當然是戲劇性的另一領域。巴特對攝影的興趣也是如此，他把攝影看作一個有關純粹魂魄的領域。當它在《描像器》中論述攝影時，幾乎看不到任何攝影師：主題是照片（實際上被當成現存的對象）和被照片迷住的人：作爲色情夢幻的對象，作爲死的象徵。

一九五四年他發現了布萊希特（當柏林劇團帶著「母親的勇氣」劇目訪問巴黎時），並幫助法國人了解他。他對布萊希特的論述不如他對戲劇性形式的論述更和戲劇性問題有關。七〇年代期間，他常常在研究班中使用布萊希特的材料，朗讀一些散文作品，以作爲批評敏銳性的範例。對巴特來說，重要的不是作爲敎化性場景創作者的布萊希特，而是作爲敎化知識分子的布萊希特。與此相反，對於文樂木偶來說，巴特看重的是戲劇性因素本身。在巴特早期作品中，戲劇性因素構成了自由的領域，這個領域之中只有角色具有身分，而我們可以改變角色；它也是這樣一個領域，在其中意義本身可被拒絕（巴特談到了文樂中木偶特有的「免除意義作用」）。巴特對戲劇性問題的討論，正像他對快樂的熱情頌揚一樣，是一種把意義本身改變成對邏格斯（Logos）理性消弱、減輕和阻擋的方式。

對場景概念的肯定是唯美主義者立場的勝利：傳播遊戲觀，也拒絕悲劇觀。巴特的所有思想活動都有排除其「內容」和目的的悲劇性因素的效果。這就是我們說他的作品具有眞正破壞性、解放性、遊戲性的意義所在。在主要的唯美主義傳統中，正是不合規範的話語具有排除話語「內質」的自由，以便更好地欣賞其「形式」。似乎是在各種所謂形式主義理論的幫助下，不合規範的話語受到了尊重。在有關其思想發展的種種論述中，巴特把自己描述爲永遠的生徒，但其實際意思是說，他始終是不受外界影響

的。他談到了自己在許多理論和導師的推導下工作過。實際上，巴特的作品既具有較大的一致性，又具有矛盾性。儘管他同一些教導性學說有著各種聯繫，然而他對學說的信奉只是表面性的。結果，一切理智上的新奇玩意兒都必然被拋棄了。他最後幾本書就是對他個人思想的一種揭示。他說，《羅蘭·巴特》是他抗拒自己思想、毀壞自己權威性的一部書。而在標誌著他登上最高權威位置——法蘭西學院文學符號學講座——一九七七年就職講演中，巴特極富個人特色地選擇了有關一種溫和的思想權威性的論題。他贊許教學是一種寬縱的而非強制的領域，在這裡人們可以精神放鬆，消除戒備，悠哉游哉。

巴特在《寫作的零度》結尾一段中曾把語言本身愉快地稱作一種「烏托邦」，現在則把它作為另一種形式的「權力」加以批評，而且他在努力傳達他對語言成為「權力」的方式的感受時，在演講中使用以下這種很快招致議論的誇張的措詞：語言的權力「簡直就是法西斯」。假定社會被各種無所不在的意識形態和壓制性的神秘性作用所控制，必然導致巴特對後革命的而又自相矛盾的自我主義的擁護：他對毫不妥協的個人性的肯定乃是一種破壞性行為。這是唯美主義態度的一種典型的引申，這種肯定於是具有了政治性：一種徹底個人的政治。快樂主要被等同於不被認可的快樂，個性肯定的權利又被等同於非社會自我的神聖不可侵犯性。在他的後期著作中，反抗權力的主題表現在對（作為被偶像化的共同參與的）經驗賦予越來越具私人性的定義和賦予思想以一種遊戲式的定義。巴特在最近的一次訪問中說道：「最大的問題是去勝過『意指』、勝過法律、勝過父親、勝過被壓制著，我不說駁倒，而是說勝過。」唯美主義超脫的理想、自私性的理想考慮到了對熱情而執著的共同參與性的表白：狂熱與迷戀的自私性

（王爾德談到了他自己內心中的「狂熱與漠不關心的奇妙的混合……，我會一念之下走上絞架，而直到最後一息仍是一名懷疑論者」）。巴特不得不熱情洋溢地一面去不斷重申唯美主義的超脫觀而一面又加以破壞。

正像一切偉大的唯美主義者一樣，巴特善於從正反兩面來對待它。於是他既使寫作等同於對待世界的一種寬厚態度（寫作是「永久的生產」），又使其等同於對待世界的一種挑戰（寫作是超出權力界域的「永久的語言革命」）。他既需要一種政治又需要一種反政治，既需要去批評世界又需要去超越道德考慮。唯美主義的激進態度是放縱不羈，甚至多求務得的心靈的激進態度，但它仍然是一種真正的激進態度。一切真正的道德觀都是以一種取捨觀為根據的，而可能成為隨遇而安的唯美主義的人生觀，確實為一種偉大的取捨觀提供了某種不只是優雅的、而且是潛在上強而有力的基礎。

唯美主義的激進態度渴望多樣化以及使多樣的事物同一化，並充分承認個性的特殊地位。巴特的著作（他承認他是由於不可擺脫的迷執而從事寫作的）中既有的連續性又有迂迴性，包含著各種觀點的累積以及最終將它們都擺脫掉；總之，是連續行進和隨興所至的混合體。在巴特看來自由是一種狀態，它始終是多元性的、流動性的、隨理論而搖擺不定的，其代價是遲疑不絕、憂心忡忡、深怕被當成欺世盜名者。巴特所描繪的那種作家的自由，從局部上說就是逃逸。作家是他本身自我的代言人，這個自我在被寫作凝固下來之前始終在逃避之中，正如心靈始終在逃避著理論，「說者非寫者，寫者非存在者」。巴特想要走自己的路，這是唯美主義人生觀中的絕對律令之一。

巴特在全部作品裡都把自己投射入其主題中。他就是傅立

葉：不爲罪惡所惑、疏遠政治、「那種必要的清瀉」，他於是「把它吐個乾淨」；他就是文樂戲中的木偶，不具人格，飄忽不定；他就是紀德，那位無年齡變化的作家（永遠年輕、永遠成熟），那位自我主義者的作家，那位具有「同時性存在」或多重慾望的成功典型；他就是一切他稱讚的主題中的主題（他必須以自己特有的方式進行讚揚，或許同他想爲自己設計確定的、創造性的準則有關）。因此巴特的很多作品現在看來都帶有自傳性。

　　最後，他的作品從直接意義上說也具有自傳性。對個人與自我的勇敢的思索成爲他的後期寫作和研究班授課的中心部分。巴特的很多作品，特別是最後三部書都包含著尖銳的有關失落（loss）的主題，它們爲他的色情觀（以及他的性慾）、他的嗜好、他體驗世界人生的方式加以坦率的辯護。這些書從藝術角度說也是反懺悔式的。《描像器》是一本「元書」（meta-book），是關於一本甚至更具個人性自傳的思索，他曾打算在這本書中寫一九七八年逝去的母親的照片，但後來擱置了下來。巴特從一種現代主義的寫作模式開始，它優於任何有關意圖或單純表現性的觀念，它是一種面具。瓦萊里強調說：「作品不應賦予書中人物以任何可歸結爲作者個人及其思想的觀念。」②但是他對非個人性的這種信奉並未妨礙他的自我表白，它只是自我體察構想的另一種形式，即法國文學中那種最高貴的構想。瓦萊里提供了一種非個人的、超脫世俗的自我專注的理想。盧梭提供了另外一種理想、熱情洋溢、自譴自責。巴特作品中的很多主題都屬於法國文學文化的經典話語之列：對優雅的抽象、特別對情感的形式分析的喜愛、對單純心理描繪的輕視，以及對非個人性特點的調情（福樓拜自言：「包法利夫人，這就是我！」但在信中又強調自己小說的「非個人性」——與自己毫無聯繫）。

　　巴特是由蒙田倡導的偉大法國文學構想的最後一名重要的參
與者，這個構想就是：以自我作為天職以及以生活作為對自我的
一次讀解。這一事業把自我解釋為一切可能性的匯聚地：貪婪、
不畏矛盾（無可失去，凡物可得）。把意識的運用解釋作人生最高
目的，因為人們唯其充分自覺才可獲得自由。法國特有的烏托邦
傳統就是這樣一種現實觀，這個現實將為意識所補償、恢復和超
越。這個傳統也是這樣一種心靈生命觀，這是一種慾望的生命，
充滿著智慧和歡樂，這樣的傳統同德國和俄國文學中具有高度道
德嚴肅性的傳統相去甚遠。

　　巴特的寫作不可避免地要以自傳來結束。巴特有一次在研究
班上說道：「人必須在當恐怖主義者和當自我主義者之間進行抉
擇。」這樣一種取捨似乎是純法國式的。思想的恐怖主義是法國
精神實踐中主要的、受尊敬的形式，它被容忍、遷就和鼓勵著、
粗暴的陳述方式和無恥的意識形態翻雲覆雨的「雅各賓」傳統、
不斷指責、評判、漫罵、過度讚揚的訓令、偏好極端立場，只是
偶爾才採取溫和態度，以及偏好故意的挑釁。與此相比，微不足
道的自我主義又如何呢！

　　巴特的聲音變得越來越內向，他的主題也變得越來越內向。
肯定他個人的特性（但不加以破解），是《羅蘭‧巴特》一書的主
要題旨。他寫了身體、趣味、愛情、孤獨、性的凄涼，最後，死
亡，或準確地說：慾望和死亡，這是論攝影一書的雙重主題。就
像在柏拉圖對話錄中一樣，思想家（作家、讀者、教師）和情人
（這是巴特自我中的兩個主要形象）合為一體。當然，巴特是相
當地從字面上，儘可能地從字面上來表示其文學色情學的。〔本文
進入（enters）、充滿（fills）、給與（grants）快感〕。然而到頭
來他竟是一位十足的柏拉圖主義者。《情人話語的片段》中的獨白

表面上像是一樁椿失戀故事，最後卻以典型的柏拉圖式的靈愛觀而告終，結果低級的愛轉化爲無所不容的高級的愛。巴特自認，他「想要揭穿眞象，不再去解釋，而是由意識本身中產生一種良藥，從而接近一種不可歸約的現實觀、清澈澄明的偉大戲劇和預言式的愛。」

　　當巴特放棄了理論時，他對現代主義的錯綜複雜標準就不那麼重視了。他說，他並不想在自己和讀者之間設置任何障礙。他的最後一部書是（對母親的）回憶，是性愛的沈思，是攝影形象的論述，最後的乞靈，總之，一部關於憐憫、自棄、慾望的書，他在這本書中放棄了華麗風格，觀點本身被平鋪直敍出來。攝影的主題明顯地免除了或消除了形式主義風格的矯揉造作。巴特在選擇攝影作爲寫作主題時，趁機採用了最熟知的一種現實主義：照片的吸引力，是由於它所表現的對象。而且照片可以引起進一步排除自我的慾望（他在《描像器》中說：「看著某些照片，我就想變成一個無文化的原始人」）。蘇格拉底的甜蜜和嬌媚變爲哀怨和絕望：寫作是擁抱，又是被擁抱；每一種觀念都是向外延伸的觀念。他的觀念和他本人似乎都在分裂，當他對他所謂的「細節」越執迷時，就越有這種感覺。在《沙特、傳立葉、羅約拉》一書的序言中，巴特寫道：「如果我是一個作家而且死去，當我的一生由某位友好而公正的傳記家的努力而被歸結爲一些細節、一些偏好、一些波動變化，或者說，歸結爲『傳記』（biographeme），它們的特徵和變化將超越任何個人命運的侷限，並像伊比鳩魯的原子一樣觸及某個未來的、註定遭到同樣分解作用的軀體的話，我會非常高興的。」這甚至是在展望到自身必死性時那種觸及其他軀體的需要。

　　巴特的後期著作中充滿了他已到達某種事物（作爲藝術家的

批評家的活動）終極的信號，並企圖成為另一類作家（他表示過想寫一部小說的意圖）。他欣然承認了自身的弱點和孤獨感，越來越欣賞一種類似於神秘的清瀉（kenosis）作用的寫作觀。他承認，不只是思想系統（他的思想處在一種融化狀態），而且連「我」都必須加以拆除（巴特說，真正的知識有賴於「摘除『我』的假面具」）。不在的美學（空的記號、空的主題、意義的消除）是偉大的非個人化構想的全部意旨，它也是唯美主義者美好趣味的最高姿態。在巴特的寫作行將終結時，這一理想又改變了調門。一種非個人化的精神的理想出現了，或許這是每一位嚴肅的唯美主義者立場（試想王爾德、瓦萊里）特有的終結點。在這一點上唯美主義觀開始自我毀滅了：其結果或者是沈寂，或者變成了其它的東西。

　　巴特身上懷有他的唯美主義立場不可能加以支撐的精神努力。結果他必然要超越這一立場，在他最後的作品和教學活動中就是這樣。最後他採取的是一種不在的美學，並把文學說成是主客觀的涵蘊。柏拉圖式的「智慧」觀出現了，當然其中摻雜了一種世俗智慧：懷疑獨斷論、熱衷於快樂的滿足、憧憬理想的境界。巴特的氣質、風格、感覺走完了自己的旅程。從這個角度來看，他的作品現在似乎更加精細和敏銳，並以遠遠超出任何其他現代同代人的智慧力量，揭示了和唯美主義態度有關的重要真理，這就是體驗、評價、解釋世界的「新近的」方式，在這個世界中生存、吸取力量、找尋安慰（但最終找尋不到）、享受歡樂、表現情愛。

# 人怎樣對文學說話*(1971年)

朱麗葉·克莉思蒂娃

> ……一種寫作的熱情，它一步步地追隨着資産階級意識的解體。
>
> ——引自羅蘭·巴特：《寫作的零度》

　　當資本主義社會在經濟和社會領域正奄奄一息之時，話語也以在以前所未有的速率逐漸失效和趨於瓦解。各種哲學發現，各色各樣的「教導」，各種科學的或美學的形式主義，一個接一個地彼此互不相讓，而又逐次消失，旣未留下信從的聽衆，又未留下值得注意的追隨者。在不管什麼「領域」裡，任何一種教導術、修辭學、獨斷論都不再引起人們的注意了。它們在整個學術界以某種改變了的形式延續著，或將繼續延續著。只有一種語言越來越成爲當代性的，這就是已逾三十年之久的、與《爲芬尼根守靈》中的語言相當的那種語言。

　　結果，文學新潮派的經驗由於其本身特性而被嚴厲地批評作爲新話語的（以及一種新主題的）實驗場，於是導致了一種改變，「或許其重要性和所牽扯到的問題正如標誌了從中世紀向文藝復興時期過渡的改變一樣。」（《批評與眞實》，第 48 頁 ③）。它也拒絕一切那些不論是停滯不前的還是學術折衷主義的話語，它在

---

*譯自克莉思蒂娃：《語言中的欲望》，英文版，1990年，哥倫比亞大學出版社，紐約。

並非必要時就已預先獲得了自己的知識，並發明了另外一種有獨
創性的、流動性的和變換性的語言。它在這樣做時，刺激和揭示
了那些目前正尋求著它們自己準確政治表述的、深刻的意識形態
的變化，這是與從未停止過剝削和支配的資產階級「自由主義」
的崩潰相對立的，是與修正主義和一種教條主義的倉促結合相對
立的，後者從未停止過進行壓制及在其（革命的）偽裝下隨風搖
擺。

　　文學是怎樣完成對舊世界的這種顛覆呢？主體和歷史共同具
有的否定性是怎樣透過其實際經驗出現的呢？這種否定性能夠清
除意識形態，甚至清除語言，以便擬制新的意指工具。它怎樣使
主體的粉碎與社會的粉碎都壓縮入象徵與現實之間、主體與客體
之間的新關係格局中去呢？

　　對這些當代意識形態反叛的研究，是圍繞著一種文學「機器」
的知識來進行的。我對羅蘭・巴特著作的評述就是按照這樣的觀
點來展開的。巴特是現代文學研究的先驅和奠基者，正因爲他使
文學實踐存於主體和歷史的交义點上，並因爲他把這一實踐當作
社會架構中意識形態分裂的徵兆加以研究，而且因爲他在「本文」
範圍內探索那種象徵（以符號學方式）控制這一分裂的準確機制，
因此他企圖形成一門研究的具體對象，其多樣性、多重性和流動
性使他得以防止舊的話語的飽和性。這種知識在某種意義上說已
經是一種寫作，一種本文了。

　　現在我將評述我認爲在巴特著作中的一個主要部分，這一部
分旨在詳細闡發文學在話語系統中的關鍵作用，這就是寫作的概
念、被看作否定性的寫作、語言理想的非實體化、將非象徵化的
現實轉爲寫作架構的作用、寫作中主體的慾望、在書寫本文中身
體的動力學，以及最後歷史的考慮、在可能的文學知識內原語言

的地位（「科學」與「批評」的分裂）等等。

　　這篇評論將是「與典籍本文有關的」，甚至是啓發式的，其唯一抱負只在於引起注意和提請讀者參照羅蘭・巴特的本文。我能怎樣估量他作為一名作家的天才呢？我既不想寫一篇對任何一個特殊本文的科學分析，也不想進行全面的評詁，而只打算去探取一種「觀點」———一種位移（displacement），這或許可以說明這一工作的正當性。換句話說，既然我將必須從巴特的全部本文中進行刪選，那我就從新潮派本文的觀點出發，從往往是繼巴特的寫作之後而來的當前新潮派傾向出發，從而使巴特的構架移位。因此我的「觀點」是：文學新潮派運動使我們能在巴特的著作（它本身是該運動的一部分）中讀解當前話語與意識形態變化的當代因素。

## 一、發現

　　寫作的概念（《寫作的零度》）既改變文學實踐的概念，又改變了對這一實踐的可能的知識。「文學」變成了寫作；「知識」或「科學」變成了寫作欲望的客觀表述，二者的相互關係既牽扯到「文學的」個人又牽扯到吹毛求疵的「科學的」專家，從而使關心的重點置於主體所在之處———既透過其身體和歷史的經驗而置於語言之內。於是寫作就是歷史在一已被一主體運用的語言之內所形成的一個部分。對寫作欲望的實現，要求（原語言的）主體產生粘著和離異的雙向運動，在其中他可透過一（語言的、符號學的等等）代碼的約束力來抑制其對意符的欲望，而這種約束力本身是被一種種（烏托邦的？）倫理學所支配的。這就是在社會之內去插入一種由社會核查的實踐，傳達社會不能理解或聽懂的東

西，同時也重建一種已發生內在破裂的社會話語的內聚力與和諧性。

因此，紐結就這樣形成了，按此文學將同時從各種觀點加以考慮：語言、主體—生產者、歷史、原語言的主體。它們也都在「進入」各門或者已經建立、或者正在建立中的科學，如語言學、精神分析學、社會學和歷史學。這些因素不僅彼此分不開，而且它們特有的混合方式是這種知識可能性的條件。巴特的寫作或許在於這種雙重的必要性：(1)各種科學方法都是同時的，它們形成了一個有秩序的系列，並導致巴特的符號學概念；(2)它們是被文學「可能知識」的主體的審慎和明顯的存在所控制，其方式是透過他當前提出的對本文的讀解，本文像他本人一樣都是位於當代歷史中的。

## 1.技術主義的幻想

如果沒有第一種必要性，我們就會看到文學實體被分割爲「各種科學」，它們都聯接於文學實踐，靠文學而存在（歷史學、社會學，但在更現代和更間接方式上還有各種形式主義，不管是語言學的還是語言學以外的，是俄國的還是新批評派的）。文學證實著一切人文科學的一切假設，它賦予語言學家和歷史學家以其剩餘價值，其條件是它始終存在於知識的陰影裡，作爲一種消極因素，而從來不是作爲一種動因。這就是說，文學並未被描述爲一種準確的對象，這個對象被一種尋求其眞理的、自足的和有限制的理論加以完整地描繪，它並未導致專門知識，而是導致這樣一些學說的應用，它們只不過是意識形態的運用因爲它們是經驗的和被切割的。

如果沒有第二種必要性，我們就會產生這樣一種技術主義的

幻想，認爲「文學的科學」只需重覆科學的規條（如果可能的話，即語言學的，或者甚至更「嚴格地」說，音位學的、結構語言學的，或生成語法的規條），以便使自身躋入尊貴而無定形的「大衆傳播中的研究」領域。

巴特的全部寫作可能並非都遵從（或者至少是並非都以同一方式遵從）這些從其全部作品中抽引出來的必要性。也可以肯定說，他的同事或學生都傾向於忽略它們。然而大多數巴特的本文都符合這兩種必要性。巴特的寫作往往以「隨筆」的形式發表，它們爲文學樹立了一種典範，並使文學成爲一種新客觀性話語的對象。但是同樣的話語卻在那些（更富科學性或更像散文家的）人的作品中失敗了，他們雖仿效巴特卻略去了其文學程序中的某些成分。「隨筆」這個詞不應被理解作顯示了某種修辭學的卑微性，也不應理解作是對理論性較弱的話語的評定（如人文科學中的「嚴格性」衛道者的看法），而應理解作一種最嚴肅的方法論的迫切需要。文學科學是一種永遠沒完沒了的話語，一種對所謂文學實踐法則探索的永遠開放的陳述活動。這一探索的「目標」是顯示這樣一種程序，透過這一程序，這門「科學」、它的「對象」，以及二者之間的關聯產生了出來，而不是把某一種技術經驗應用於一種漠不相關的對象上。

## 2.重新鑄造的軸心：歷史的主體

巴特的發現符合什麼樣的認識論，意識形態、或其它方面的要求呢？這種發現相當於一種重新鑄造。也許採取較不誇張的二分法要更愼重一些，如：文學和語言、文學和精神分析、文學和社會學、文學和意識形態等等。這分二分法清單還可繼續加長下去。

巴特企圖確定文學實踐中特定的和不可比較的因素。如果巴特的貢獻似乎是注意到了我們時代特有的技術支配論的要求（構成一切所謂「人的」領域的專門化話語）並遵循著經驗批評性的假定（一切都指實踐都可歸入從某一精確科學中借取來的形式主義之內），實際情況卻正相反，參照比較這些要求和前提正是爲了克服它們。在那些遭受語言異化和歷史困扼的文明中的主體看來，巴特的研究顯示出，文學正是這樣一個場所，在這裡異化和困扼時時都被人們以特殊方式加以反抗。

文學作爲一個意符和一種歷史之間的分界線地區，似乎是某種特殊形式的實踐知識，在這裡主體浸沒於該意符中，而歷史將其法則強加於他。正是這裡集中了語言通訊和社會交換以外的東西，因爲語言通訊和社會交換遵從著經濟技術進化的規則。因此這種社會交換以外的東西的集中和沉積，按其定義來說並不是通訊科學或社會交換科學的實際對象。它的位置跨越科學爲本身規定的對象，它穿過諸科學卻又存身於別處。當前階段的資本主義工業科學描繪了、如果不是支配著，通訊和技術的全部可能性，這個社會使其一部分分析活動可應付這種「位置的欠缺」。

我們的社會不論是頹廢還是受其壓制者所影響，它總能看到藝術是支配社會基本規則的標誌，正如親族結構作用是所謂原始社會的標誌一樣，前者甚至比後者更明顯。於是社會可以使這種「藝術」成爲一種「科學」的對象，以便理解它不可能像古代神話一樣被簡單地歸結爲一種（按照某種語言學方法被製作出來）認識的技術程序或被歸結爲社會功能（使其與某種經濟需要聯繫起來的）。但是相反，「藝術」揭示的是一種特定的實踐。它被凝結於一種具有極其多樣表現的生產方式中。它把陷入衆多複雜關係中的主體織入語言（或其它「意指材料」之中，如「自然」和

「文化」關係），不可窮源的意識形態傳統和科學傳統（這種傳統
因此是有效的）和現時存在之間的關係，以及在欲望和法則，身
體，語言和「原語言」等等之間的關係中。

於是，我們在這樣一種關係網中所發現的東西，就是陷於本
能衝動和語言內社會實踐之間的主體的功能，這個功能今日被劃
分爲若干不可交流的、多重的體系：像一座通天塔，文學特意將
其打開、改造並寫入一個新的永恒矛盾的系列中。這就是在基督
教─資本主義時代達到其顛峰的主體，達到成爲其有力而隱蔽
的、受壓制而富革新性的秘密性動力。文學逐漸地描繪了這一過
程的產生和鬥爭。巴特概述了科學的各種可能性，科學在這種文
學即這種寫作之內尋求著主體的力量發展。

我們還沒有理解涉及到有關文學實踐主體而非有關神經學或
心理學主體的思想的作用場所遭受改變的重要性。由巴特勾勒的
這個方案雖然實際上爲精神分析學所認可，卻仍然展現著一個不
同的「主體」，我們知道，這個主體正是精神分析學在檢查「我」
和「他人」之間種種曲折的關係時所難於對付的。「文學的」和（一
般來說）「藝術的」實踐，把主體對意符的依賴轉變爲對其相對於
意符和現實的自由的檢驗。在這一檢驗中，主體既達到了其界限
（意符的法則），又達到了其位移的（語言學的歷史的）客觀可
能性，爲此它把「自我」的各種張力納入歷史的矛盾中，而當主
體把張力併入這些矛盾並使它們在彼此鬥爭中相協調時，逐步擺
脫了這些張力。併入作用（inclusion）是「藝術」的一個基本特
性，正是透過這種併入作用，一個所謂的「自我」成爲外於自我
之物，它被客觀化了，或準確些說，它既非客觀的又非主觀的，
而是同時成爲二者，因此成爲它們的「他者」，巴特爲這個「他者」
起了一個名字：寫作。寫作作爲語言以下和語言以外的實體，作

爲超語言（translanguage），是一種分界域，在這裡主體的歷史
發展得到了肯定，這就是一種非心理學的、非主觀性的主體，即
一種歷史的主體。因此寫作假定著另一個主體，這個主體頭一次
地成爲明確反心理學的，因爲最終決定著它的不是通訊（作爲與
他者的關係）的問題，而是主體在一種經驗———一種必要的實踐
之內的超越的問題。因此，巴特可以說，「藝術是對偶然性的一種
征服」（《批評文集》，第 218 頁），並說它像結構主義的設計一
樣，「表明意義的位置，卻並不爲其命名」（《批評文集》，第 219
頁）。

### 3.文學：人文科學正在失去的一個環節

因爲文學實踐專注於語言和意識形態內的意義過程（從「自
我」到歷史），它始終是所謂人文科學的社會交流性或主體超越結
構正在失去的環節。沒有什麼比這一點更「自然」的了，因爲文
學實踐陳述卻並未爲其命名的這個意義位置，正是人文科學尙未
達到的唯物辯證法的位置。

把這種實踐插入社會科學體系，要求對「科學」概念本身作
出修改，以便一種類比辯證可以引起作用。這就是說將在此程序
內保留和描繪一個偶然性領域，其目的在於去理解這一實踐：一
個被確定位置的偶然性作爲客觀理解的條件，一個在原語言的主
體和研究的寫作中，以及（或者）在主體構成的語義的及意識形
態的手段的關係中被發現的偶然性。一旦這一領域被確定了，文
學實踐就可以看成是一種知識可能的對象：話語的可能性出現於
對其不可能的、但又能被其確定的一種現實之中。這裡的問題是
與不可能的原語言有關的，它構成了巴特開創性工作的第二部
分。在有關文學主體的問題上，巴特第一個指出了這種不可能性，

從而爲哲學家或符號學家開闢了道路。

　　這種方法實際上要求引入語言學、精神分析學等等學科，只要它們尊重這個方法的制約因素。巴特的研究爲這些學科提出了一個新的領域，一個新的對象，一個新的認知主體。這些學科正開始零零星星地注意到這一點。

## 二、語言和寫作

　　透過在偶然性與必然性之間建立的原語言去發現一種新對象，似乎是今日一切科學中的通性。這些限制本身往往成爲一種不過是現代化的新康德主義的意識形態托詞，它的科學生產力剛一跨過「精確科學」的門檻，立刻就跌入了一種認識論的閘壩，後者阻礙著有關說話的和認知的主體的科學理論（精神分析學）和有關歷史的科學理論（歷史唯物主義）。

　　同時很顯然，正是黑格爾的辯證法（它的超越論掩蓋了自從笛卡爾、康德和啓蒙時代以來所取得的客觀進步），頭一次指出了在有限和無限以及在理論基礎和客觀性之間互相作用的主要輪廓，這是當代科學的障礙物。它透過在其基礎上強加上一種紐結而導致這一結果（沒有它是看不到這些紐結的），對立面（主體和歷史）就是相互交織在這個紐結之中的。我們在巴特思想的十字路口上當然會遇到它們。

### 1.本文中的知識

　　文學展示和掌握這些對立因素已有一個世紀了，它透過語言，並在我們社會的意識形態內，一心一意地運用著一種它並不必然加以反映的「知識」。如果它因此運用話語的理性方面，就首

先透過在語言的物質成分內駕馭矛盾去避免黑格爾的超越性，這些語言的物質成分猶如通過具體主體生物性的歷史性的身體而成爲的意義和觀念的產物。因而任何語音單位都旣是數又是無窮量，是過剩量和有意指作用的東西，因爲它同時也是一個無窮微分。任何語句都旣是句法，又是非語句；旣是合乎規範的單一性，又是混亂的多重性。任何語句都旣是神話，又是熔合器，在其中的語句被產生並由其本身的歷史、主體的歷史和上層結構的客觀歷史而衰滅。任何語言鏈都具有一種發送源，它使身體與其生物學的和社會的歷史相聯繫。特殊的主體借助於語言以外的、生物學的和在社會中不可預見的不確定代碼，爲日常通訊的常規語言編寫密碼，這些代碼不可能被有限數量的演繹的或「推理的」運算加以證明，而是在「客觀法則」的必然性之內起作用。這個特殊的主體（旣非認識的主體，也非索緒爾語言的主體，而是一段本文的主體，它是旣支離破碎又前後一貫的，由不可預見的必然性所調節），這個「主體」正是巴特在稱作寫作的文學中追求的對象。於是不言而喻，寫作的實踐及其主體是現代科學激變的同時期產物，甚至是其先驅者，它們的意識形態的實踐的對應物。在主體陳述、「感覺」和「體驗」的方式，與客觀知識在沒有主體情況下所得到的東西之間保持著一致性的諸單元，縫合（suture）往昔主觀主義意識形態和生產力及知識手段，發展二者之間裂縫的操作符號，這兩方面都在這些裂縫之前發生並將其超越。

## 2.兩種發現渠道：辯證法與社會學

摩里斯・布朗肖對黑格爾、馬拉美和卡夫卡的研究使我們注意到，巴特的寫作與寫作主體的觀念獲得了一種新的認識論身分。他們放棄了對傅立葉、沙特、巴爾扎克等對絕對精神的撲朔

迷離的思辨和對語言本質的思索，神話的、政治的和新聞的話語、新小說派、《太凱爾》雜誌；而且由於社會學（馬克思主義、沙特）、結構主義（李維史陀）和文學新潮派活動的聯盟，一種新的性質是以隱含的三重命題爲基礎的：

(a)寫作的物質性（在語言內的客觀實踐）堅持同各語言科學（語言學、邏輯學、符號學）接觸，但也堅持一種相對於這些科學的區分作用；

(b)它沒入歷史中一事導致對社會的和歷史的條件的思考；

(c)它的性多元決定論使其朝向精神分析學，並透過後者通向一系列身體的、物理的和實體的「秩序」。

寫作作爲一種知識的對象是從語言領域（意義）裡辯證法的變換中出現的，而巴特是使寫作成爲一門科學的唯理派經驗主義者。似乎巴特的有關寫作生產的含混性正表現在這裡。正是出於這一立場，他才使自己與任何先驗的或實證主義的現象學根本對立。正如這種相同的含混立場有時能夠導致對現實的和象徵的世界進行全面的象徵化那種「天眞的」形式主義誘惑一樣。

### 3.語言學和現象學的理想世界

巴特認爲，意指系統既屬於又不屬於語言學，像《寫作的零度》、《符號學原理》、《時裝系統》這類看來頗爲不同的著作所具有的深刻的統一性，表明了巴特思想中不斷起作用的矛盾。

由於意指系統具有如此明顯的語言學性質，巴特建議修改索緒爾的著名立場：「語言學不是一般記號科學的一部分，甚至不是主要部分，反之符號學是語言學的一部分。」（《符號學原理》，第 11 頁）這一必要性似乎是出於嚴格性和肯定性的考慮，因爲語言是主要的意指系統，並最容易被理解。

　　但同時意指系統又是超語言學的，這些系統是作為穿過語音學範疇，來組織其它的組合系統。

　　圓環已經結成了：穿過俄國形式主義只有助於使我們比以往更堅定地回到《寫作的零度》一書中超語言學的、甚至語言學的立場（「在寫作中基本上存在著異於語言的『情況』」——第20頁，）並使我們能夠證實它們。

　　我們會批評這一程序中的「意識形態」因素，如果我們只把它看作從複雜的意指實踐向中立的和普遍的可理解性還原的話。但這樣一來就等於忽略了巴特受如下願望支配的路線，他想測定一幅地圖（通信不等於寫作），並因此使符號學的系統化同一種批評的寫作（我們將再談這個問題）結合起來，從而破壞原語言的「中立的和普遍的」立場。

　　巴特的符號學本文（它們都是符號學的本文，如果我們願意保留這個詞，不用它來指形式化，而是指對意指過程中辯證法則的研究），首先要求一種意指性觀念的非實體化。它們的意義首先是否定的（「沒有任何現存的符號學是最後不能被看成符號破壞論的」，《神話學》，第9頁），這種否定性反對著語言和一般象徵功能的透明性。一種語言學方法所發現的現象學觀念的存在，在巴特看來，是最隱蔽且有待於建立的另一種秩序的門面。在實體化的、不透明的語言學範疇和結構背後，有這樣一種情境在引起作用，在其中由其與他者交流的型式所規定的主體，開始否定這種交流，以便形成另一種方式。作為對先前所謂「天然語言」之否定的這「語言」，因此就不再是交流性的了。我將稱其為轉換性，或者甚至稱其為死的，不論對「我」還是對「他者」來說都如此。它在兩可之間的經驗中導致一種反語言（喬埃斯），導致一種獻祭語言（巴太伊），在其它方面不過是指出了同時是脫裂的社會結

構。雖然這另一種情境仍被理解作意指性的，但它只是部分語言學性的。就是說，它只是部份地依賴於由語言科學建立的觀念性存在，因爲它只是部份地交流性的。反之，它通過展開這些語言觀念的現象實體而接近它們的形成過程。語言學單元和結構不再決定寫作，因爲它不只是或不專門指向另一人的話語。在邏輯上先於語言學實體和其主體的精力、釋放和量化性能（cathexes）的移位和推進，標誌了「自我」的構成和運動，並被象徵秩序和語言秩序的表述所顯示。④ 寫作將是衝動（其中最具特徵的是死亡衝動）的位移、推進、釋放、性能的辯證法在象徵秩序中的記錄，它作用著並構成著意指，但也超過意指，它將透過運用意指過程（移位、壓縮、重複、逆反）的最基本法則使自己併入語言的直線性秩序中去，它將支配其它輔助網絡並產生一種超意義。對此巴太伊寫道：「反之，寫作永遠值根於某種超過語言的東西之內，它像一粒種子而不是像一條線一樣地展開，它顯示了一種本質並抑制著一種秘密的威脅，它是一種反交流，它是一種恐嚇行爲。因此一切寫作都將包含著本身既是語言又是強制力這樣一種對象的含混性：在寫作中存在著一種異於語言的『環境』，似乎存在著一種目光的威力，它傳達著已不再是語言性的一種意圖。這種目光可以清楚地表明語言的熱情，如在文學寫作方式中一樣，它也可表達懲戒的威脅，像在政治寫作中那樣……在文學的寫作方式中符號的統一性不斷地爲語言之下或之外的區域所吸引。」（《寫作的零度》，第 20 頁）

　　這段寫於一九五三年的文字後來成爲一九六九年《S／Z》一書中的分析方法。


　4.神話、歷史、美學

　　神話的觀念性存在遭受了類似的非實體化作用，這些觀念性存在像結晶體一樣由歷史主體實踐中構成，「神話不是由其信息的對象所確定，而是由它表達這一信息的方式所確定：存在著神話的形式界限，但不存在實體的界限。」(《神話學》，第 109 頁)

　　雖然這一立場與巴特適巧陷入的結構主義方法有顯著的類似性，他的計畫卻是根本不同的。雖然神話可以是一個結構，它只是作為一種歷史生產才可被理解，因此應當在歷史中而非在音位學中去發現其法則。「我們可以想像十分古老的神話，但不存在永恆的神話，因為正是人類歷史把現實轉為言語，而且是歷史本身制約著神話語言的存亡。不管神話是否是古代的，它只能有一個歷史基礎，因為神話是一種由歷史選定的言語。它不可能從『事物本性』中逐漸產生。」(《神話學》，第 110 頁) 於是與在神話中尋求「人心永恆結構」的結構主義相反，巴特或許更接近於李維史陀最近申明的觀點 ⑤，巴特透過或超過話語現象，去追溯其社會的歷史的多元決定作用。但因為巴特以另一種經驗開始，他的立場也就不同於結構主義立場。對他來說，歷史是與意指性主體深處的展開不可分的，歷史正是由於這個主體才是可讀解的。「於是歷史使作家面臨著與語言有關係的若干種道德態度間的必要選擇；它迫使作家根據在其控制以外的諸可能性來意指文學。」(《寫作的零度》，第 2 頁)

　　這種強迫性的但非可被掌握的必要性迫使作家必須去意指，這種必要性是一種主要經驗的產物。「結構主義」的思考透過主體和歷史「在深處」展開象徵功能而導致這種必要性，這就是「美學」。「結構主義」並未使歷史脫離世界，它企圖使歷史不僅與內容相關（這已經做過無數次了），而且也與某些形式相關；不僅與物質相連，而且也與可理解性相連；不只與意識形態相連，而且

也與美學相關。」(《批評文集》，第 219 頁)

### 5.使迷惑和使客觀化：布朗肖與沙特

兩種不同的比較或許將有助於我們更清楚地理解產生巴特寫作的那種非實體化方略。作爲一種超語言學的表述，它接近於布朗肖的「入迷的」寫作活動和沙特的「作爲個人客觀化表現的作品」。在這兩種看起來互不相容的極限之間，巴特指出一種辯證的近似性，或準確些說，一種被轉換的辯證法的共同因素。它把寫作於區分二者的區域之內，把它當作可由理解闡明的一種操作程序。

寫作的概念首先在《寫作的零度》中提出，其後他又以各種方式繼續進行分析。寫作具有「迷惑」(fascination) 的特徵（在前引該書第 20 頁文字中可以從字面上看出），布朗肖曾在「致力於時間的不在」的一種「寫作活動」中對「迷惑」問題加以思考，而且它穿過了否定性與肯定性，使自身置於辯證法之外，置身於一種「存在的失去中，在這裡存在是欠缺的」，它存於一種炫目的光亮中，沒有形像，無固定形態，它是一種非個人式的「人」，它的伊底帕斯情結似乎是基底。⑥在巴特看來，寫作是熟悉目的論辯證法的這種復舊性的。這種復舊性使否定的方式被吸收入一種肯定的相似物中（書寫的因素），但它只是一個類似物，因爲被書寫的東西在不可把握的、非個人的、超主體的、無名稱的、音樂式的超語法化本文多重體中，永遠是已經破碎的。⑦《S／Z》就是這樣一個本文，它的符號學網絡借助於有代表性的去勢行動，既掩蓋了又揭露了被去勢者的聲音、音樂和藝術，他們似乎是由切割 (incision) 而釋放出的光亮。然而如果這種破裂現象容許書寫態勢的炫目光亮「在空間即是空間定位的迷亂作用之處」⑧閃

爍，並暗示著推動寫作主體的正是一種母性之光，那麼這種光亮只能投射到研究的地平線上。符號學家在這種炫目光亮的掩護下，在他要照亮的昏暗的形式黑夜中，對炫目的這一側進行掃視，於是對巴特來說，寫作與其說是一種炫目之光，在此過程中主體由於迷亂作用而成為其根由，不如說是邏輯上在此迷亂「之前」的一種操作程序，他透過語言的語義容量遵從著此程序的運用，並在其形式化表現的嚴格性中來呈現它。

正是根據這種語義操作程序的蹤跡，迷惑作用顯得像是一種客觀化作用。主體的雲霧凝結為有自身歷史並處於歷史中的個人實踐之中，而本文表現為一個主體（米歇萊、巴扎克、羅約拉、薩得、傅立葉）的作品，這個作品超越了生活，但主體的生活也分擔著作品的結構。於是形式化表現中摻入了一種客觀性的主體，對後者來說這種形式化表現就是實踐。人們需要一種雙重方法來對待本文：它必須透過語言的網絡來顯現，但也須透過傳記來顯現。每一種方法的比例已經核定有利於書寫的成分，然而後者僅只是釋放著、書寫著和理解著「生命體驗」而已。

因此並不存在本文的「絕對」匿名性，除了在研究的第一階段以外，而且僅只當非個人性構成著有關操作程序的「上」限時才如此。但是在稟賦著傳記、身體和歷史的主體之內還存在著分割性的客觀化，主體的這些因素應被挿入本文以便確定其「下」限。

這種作為客觀性實踐的辯證寫作觀也為沙特探索過，即便他並未將其完成。⑨巴特首次將其實現於有關米歇萊的論說中。因而語言不只是空洞而無限的意義萌生活動，透過語言學的和符號學的關係和單元來開闢自己的道路，而同時它也成為一種實踐，一種針對異質性和物質性的關係。⑩

　　但是，如果寫作是「人」的客觀化表現，是對這種客觀化表現的超越，並賦予它歷史的可理解性，而且如果由於同樣的原因寫作被看作是一般符號學的「實踐」（praxis）觀的基礎（而不被看作是對以一種「實踐」理論爲基礎的符號過程的解釋，如通行的存在主義的方法所認爲的那樣⑪），那麼巴特的目標就是徹底分析性的，並消除了那些存在主義思想所特有的，以及從思辯哲學繼承來的實體因素。他代之以一種意指性作品，這些實體透過這個作品而被構成（「作品」和「個人」的）。「整體性」以及「表現」和「生命體驗」，無疑是在此程序中遭受損害最大的存在主義柱石。從此以後，企圖根據把傳記和作品聯結起來的搖擺運動去做出概括，而不細緻地檢驗意指性本文織體向符號學家提供的各種方式，那將是過於天眞或幾乎不可能了。

### 6.清晰、夜、顏色

　　寫作陷於客觀化作用和迷惑作用之間，在介於態度（involvement）和無神論之間，將受到科學研究之光的照射。巴特所提出的現代化方略旣出現於他的嚴格的符號學的作品中，又出現在他的一切本文所固有的系統化層次中，這種現代化方略旣符合又透過這種科學之光產生作用。它透過證明、分析、綜合等程序演繹地、謹愼地、一貫地、耐心地發揮作用。它說明著、證明著和闡釋著，象徵的過程是在其聯接方式中起作用的。

　　巴特投射到幾乎是非個人性的寫作實踐上的光亮避免了意義的躲閃（它的黑暗一側，與匿名性的炫耀一致）和歷史的神秘主宰，即「形式」的事件序列，它伴隨著時間中的基礎與上層結構的序列。這樣一種符號學的理性之光不考慮主體消失是否荒謬，或是無意義？這種唯理主義旣不承認作爲詩的否定性，又不承認

作為運動的客觀性。

　　這種使符號學的和倫理的話語充滿活力的理解之光把詩人甩到一邊，「他聽見的是並不理解的語言」（布朗肖）。是否這是因為，如黑格爾說的，詩的作品被抽出了倫理的實體呢？是否在這種作品中任何固定的明確性都被無意識所吸收，在這裡任何（語言的或主體的）實體都是流動性的和耀眼的，像被用乾的一種墨水呢？是否在這種作品中主體在多重意義的外表下並不是「空的」，而是一種「主體的剩餘」，它透過荒謬性而超過了主體，以象徵的形式程序與荒謬性相對，其作用是去確定意義和主體呢？面對這種瀰漫著詩的剩餘的形式之夜，面對著這種未由語言的主體主人照亮的夜的形式，巴特的光亮失效了。從主體在非個人性與母性之「人」中的黑暗顯現裡，它只保持了經典的系統性，但未保持住被壓制的詩的鬥爭強度，只保持了被多元化了的支配作用，而未保持進行多元化的否定性。類似地，作為連續序列的歷史被分割為人的經驗。歷史只被概略地敘述，它被充滿了欲望之流中的諸原子所取代，這些欲望可透過它們口頭的（傅立葉）或針對客體的（薩拉辛）連接物被讀解。這些原子出現在它們各自的時間中，但卻是一種不流動的時間，這種時間把諸原子帶來或帶走，卻並不傳遞它們，並不結合它們，並不弄空它們，而只是進一步使它們充實。於是（真實的或文學的歷史就是巴特在其有關米歇萊的論述中稱作一種「熱誠的歷史」的東西，這是對社會或文學系統中嚴格的立法機制的一種軟化作用，一親密性的補充物，它具有著那種「孕育著雙性群眾的德性」的形式（《米歇萊論米歇萊》，第 53 頁）。透過理解的篩選，時間和運動為「個性」或「話語」所體現，這就是一種撒滿了無時間的「型式」的歷史性。「在這裡不再有延續性，一分鐘和一個世紀相當」，或再準確些

說：「不再有世紀、年代、月份、日期、小時……。時間不再存在，時間消失了」。(同上書，第 55 頁)

但這種逃脫了符號學理解之光的夜與運動的附加物，將由批評家的寫作在語言本文織體之內產生出來，本文織體可產生光亮並融入寫作，使其陰暗和染上色澤。

### 7.作爲否定性的語言：死亡與反諷

因此，語言在被抽乾了實體和觀念性之後，變成爲主體與客體之間以及象徵與眞實之間的分界域。它被理解爲物質的界限，上述兩個方面按此界限彼此辯證地構成對方：「語言作爲可能性的最初界限否定地發揮作用。」(《寫作的零度》，第 13 頁)

在「結構主義」內部，巴特大概是第一位把語言看作否定性的，這與其說是由於哲學的選擇，不如說是由於他的研究對象之故。對他來說，文學是語言過程特有的否定性經驗和證明：「作家就是視語言成爲一個問題之人，他體驗著它的深度，而不是體驗著它的工具性或美感。」(《批評與眞實》，第 46 頁) 寫作在經驗著這種否定性的歷程時，成爲爭執、斷裂、逃避和反諷。在寫作之內，否定性對語言的統一性和對統一性的動因起作用。寫作在和主體一同工作時，打破了個體主人的、偶然性的、表面性的觀因素，使後者成爲一種無機的自然。⑫一種被分割成分的粉碎過程。「在資產階級意識形態之外不存在語言場。……唯一可能的反駁旣不是對抗也不是摧毀，而只是偷竊；把文化、科學、文學中舊的本文加以分割，並按照僞裝的程式改變其特性」；寫作能夠「超過一個社會、一種意識形態、一種哲學爲它們自身建立的法則，這些法則建立的目的是要在歷史可理解性的洶濤中使上述幾個方面彼此一致。」(《薩得、傅立葉、羅約拉》，第 10 頁)

　　但是這種否定性達到了一種肯定性的邊緣，因爲它在語言和主體的內部引起作用。意指的物質性遵循那些也涉及到身體的和歷史的物質性的嚴格而抽象的法則，阻止了絕對否定性的運動，後者可能借助否定的神學而只存在於意指內。在寫作中否定性被表達著。新的意指過程歡迎否定性，以便把語言重新塑造爲一種普遍性、國際性的和超歷史的寫作語言。巴特選擇的作家是分類家、代碼和語言的發明家、圖誌學家、多面手。他們列舉、計數、綜合、連結、表述，他們是新語言的建築師。這至少就是巴特在從《寫作的零度》、《Ｓ／Ｚ》直到《薩得、傅立葉、羅約拉》一系列作品探索的軸線，他在他們寫作的「血肉」中穿進穿出，以便發現新語言的新綜合結果。

　　對於批評家來說，他觸及並越過了語言中的這種意義破壞作用，所依靠的僅只是語言的和（或）自我指示性的傳遞軸。但是批評性寫作的表達程序必須與作家的表述程序區分。在文學批評中，寫作程序作用的定性被一種肯定性加以把握。它最終被一種意義所阻扼，這種意義清楚地揭示了批評家的寫作是完全被他人的話語所引發、維持和決定的。這就是說，它在傳遞關係的辯證法中起作用。「雖然我們不知道讀者如何對一本書說話，批評家本人則必須生產一種特殊的『語調』，而這種語調歸根結底只能是肯定性的。」（《批評和眞實》，第 78 頁）。批評家不可能把「自我」融入產生著多面手的那種快速運行、自我調節的無機自然，但他仍然鎖接在他的儲備著多義性並認可它們的「我」之上的。「批評家就是那種不能產生小說中的『他』的人，但他也不可能把『我』拋回純粹的私生活中去，就是說，他不能放棄寫作。這是一種我的失語症，雖然他的語言中的其餘部分仍然是完整的，但卻以無限的曲折性爲標誌，這種曲折性（正如在失語症中一樣）是某一

特殊記號的經常阻塞硬加於言語的（同上書，第 178 頁）。他透過絕對同音異義過程，從他的混濁不清的「我」開始，然後移向某一他者的寫作，之後又回到這同一個「我」，它在此過程中變成了語言：批評家「面對著……他自己的語言」，「在文學批評中必定與主體對立的不是對象，而是對象的屬性。」（同上書，第 69 頁）「象徵必須尋找象徵」。（同上書，第 73 頁）

因此，批評家使自己捲入語言這個否定的操作程序，並透過他者的中介從寫書的否定性中持了一種弱化的但持續存在的效果。作家的死的衝動變成了批評家的反諷，因為每當一種倏忽即逝的意義被這樣一位讀者凝結起來時，就產生著反諷。弗洛伊德（Frued）在《笑話與其對無意識的關係》一書中正是指出笑的這種機制。它是一種具有在意思和無意思之間兩種意義的釋放行為。為了使其發生，一種意義的類似物必須在轉瞬即逝的片刻出現。批評家的任務正在於在一片否定性的汪洋大海中去凝聚一個意義的小島，看來沒有什麼比這件事更滑稽的了。因而在巴特看來，批評家可能「發展了科學正好欠缺的東西，它可以總括在一個詞裡：『反諷』，反諷不過是由語言向語言提出的一個問題」（《批評與真實》，第 74 頁）。肯定其我而並非放棄其我的批評家，利用反諷手法參與著書寫程序，這種反諷只構成了此程序中（眾多因素中）的一個因素。因為拉伯雷、斯威夫特、勞特雷蒙和喬埃斯是反諷式的。當我們把他們假定為（或者當他們把自己假定為）選擇一種意義的主體時，這種意義永遠是古老的，已經過時的，即可笑又飄忽不定的。

8.否定性的客觀化

既然語言即是否定性，它是一種超出其主體中心並包含著構

成客體的擴大的中心的運動，它是順從（甚至在其否定活動性中）
法則的。寫作或許是其它法則的書寫活動，雖然它們不可能與象
徵功能中固有的否定性規則分離。當巴特談到「形式眞理」、「等
式」、「必要性」，甚至「法則」時，就指的是這些法則，「人是被
其語言顯示和表達的，是被超越其謊言範圍的一種形式現實所揭
示的，不論這些謊言的產生是出於自私還是慷慨。」（《寫作的零
度》，第 81 頁）「如果寫作眞的是中立的，而且如果語言不是一種
麻煩的和固執的行爲，而是達到了一種純等式狀態，後者不過像
一個代數式一樣明確，當它與人的最內在部分相接觸時，那麼文
學就消失了」（同上書，第 78 頁）；「語言的社會的或神話的性質
被取消了，以有利於一種中立的和惰性的形式狀態」（同上書，第
77 頁）；「如果福樓拜的寫作中秘藏著一個法則，如果馬拉美的寫
作假定著一種沈默，而且如果其他人的寫作，如普魯斯特、塞林、
奎諾、普雷維爾的寫作都以各自的方式建立在一種社會性自然的
存上，如果所有這些寫作方式都含蘊著一種形式的不透明性，並
以一種語言和社會的問題爲前提，從而把言語確定爲一種對象，
它必須在手藝匠、巫師或雕刻家的手中接受安排。」（同上書同一
頁）

9.辯證的法則，書寫的法則：現實的寫作

寫作的實踐成爲區分和聯合由風格證實的主觀性的分水嶺（
「從一種亞語言出發，它被形成於肉體和外在現實結合之處。」
同上書，第 11 頁），這是透過被社會歷史所代表的客觀性實現
的。於是寫作被看作是一種「自在」和「自爲」的整體。比個人
語言的否定的統一性更明確，它否定了它。比一個本身什麼也不
是的外在客體更準確，它規定了它，正是透過借助否定性語言返

回單個說話的人的途徑。簡言之，它使人返回他者，後者既不是主觀性個人又不是外在的客體，它是黑格爾的「自我運動」本身，並提供著法則的成分：「這個激厲原則的確定性就是區別，如果概念本身是法則的話。」⑬

　　雖然對巴特來說，寫作所書寫的法則是辯證法的，它卻不是黑格爾式的。我們記得，黑格爾說過「作爲不穩定顯相的穩定預感或圖畫的法則」⑭，必定使本身掌握無限性，以便削平物自身固有的這個區別和使其本身與現象保持一致。爲此，在第一個階段，「理解就認識到，它是一個在顯相領域內將要發生的不是區別的區別的法則。換句話說，它認識到，自我同一（gieichnamige）的東西即自我排斥的東西……」。⑮在第二階段，並在一段準確的過程之後，一個反轉的世界（可感世界的自在）被假定著，並始終出現於可感的世界中。這樣一種逆反的辯證法通向了黑格爾的無限性，後者由於自我同一性而存於再現作用之外。⑯

　　寫作確立了另一種合法性。寫作不是由理解的主體所支持，而是由一個被劃分的主體，甚至是一個被多元化的主體所支持，它不是占有一個陳述作用的位置，而是占有可轉移的、多重的和可動的位置。因此它在一個同音異義的空間內把現象的命名（現象進入象徵法則）和這些名稱的否定（語音的、語義的和句法的破壞）綜合起來。這種補充的否定（衍生的否定、對同名性否定之否定）離開了齊一性的意義空間（命名的、或者「象徵的」空間），並且無「想像的」中介地移向超越其自身的生物─社會「基礎」，移向不能被象徵化之物（我們可以說，朝向「現實」）。

　　換言之，寫作中他律的（heteronomical）否定性，一方面在理解（意義）的主體所實行的命名（話語和陳述）和多名性（polynomia）之間起作用，多名性即意義透過穿越無意思和顯示

主體壓抑的各種手段（多語式、多義式等）而繁衍。《寫作的零度》用「寫作」這個詞來表示這種他律類型；《S／Z》分析了該本文中命名與多名性，主體與其消失之間的矛盾。但同時在另一方面，他律的否定性在多名性及其本能的性能 (instincrual caihexis) 之間起作用。多名性是生物秩序和社會秩序的指示或意符（ideogram）。它是身體的一種非象徵性的記憶。在《寫作的零度》中，它就是表示包含在寫作中的這種他律的風格。的確，「作為一種參照的風格是屬於生物學或傳記性質的，不是歷史的……，與社會無關的和對社會透明的，它是一個封閉的個人過程……。一種在肉體和外界現實會聚處發展起來的亞語言」（《寫作的零度》，第 11 頁），「它的秘密是鎖在一位作家身體內的記憶」（同上書，第 12 頁），「由於其生物學的根源，風格是存於藝術之外的，即存於把作家與社會結合在一起的契約之外的」（同上書，第 12 頁）。巴特對傅立葉和薩得的研究暗示了展向這種生物—身體性的、超象徵性的和超歷史的性能的可能性。

在這兩個方面（命名與多名性之間矛盾和象徵性與非象徵化之間的矛盾），寫作的他律性並未在兩種「同一」之間起作用，這兩種同一彼此排斥或融為一個統一體。於是它也避免了黑格爾的和後黑格爾的「美學宗教」。它絕不是從零產生，但沒有一個根源，它包含著一種生產作用。「沒有根源」意味著，它是對一種第一層原初意義的疊加意義或一種壓制，在巴特看來，這種原初意義永遠是一種中立的象徵，一種無標記的代碼，一種未書寫的語言，一種空虛的意義。「它包含著一種生產」意味著，多名性的疊加意義（對第一種的，以及當一切說出和做完之後，虛無意義的壓制）可在語言中辨識，它是一種象徵性「空虛」的超性能，其形成是由於一種生物與社會的，以及本能的基礎，後者又是通過第一層

象徵作用（透過天然語言），而保持完整的，因此在某種意義上是在它之前的，這樣人們可以通過「初級過程」的、「能指邏輯」的相互作用來考察書寫行為，並穿越一個脫離書本的、戲劇化的主體的語言。因此對文學來說，語言似乎是「按照自然秩序的方式統一起來的全體歷史」（《寫作的零度》，第 10 頁）。「因此語言在文學的內部的風格幾乎超越了它。」（同上）；「另外一種寫作觀念是可能的，它既不是裝飾性的又不是工具性的，總之是次要的而非主要的，是在它所穿越的人之前的，而人是如此許多書寫現象的奠定者」（《薩得、傅立葉、羅約拉》，第 40 頁）。

顯然，寫作中的命名及其否定對異質性的系列起作用，並使（被第一層定—象徵作用所規定的）一個同名性 (homonomic) 意義的整分裂，以便重新導致在現實與象徵的向後、在事實之後二者之間的主體生產作用。這樣就提了一種寫作理論的條件。符號學可以是這類話語，如果它透過確認意義的他律性而從語言學開始，並進而與精神分析學和歷史交遇的話，因此它的名稱（「符號學」）關係甚小。

這條路徑已標誌清楚，寫作沿此路徑把被「命名的」「現象」以不同方式組織入一種新立法程序中。它似乎要否認黑格爾的現象和法則，因為它與「第一次」命名發生衝突，後者是法的領域。本文，作為另一個名稱（一個假名），一個反名和代名，「斜穿過各個話語以及『體裁』」。它只借助於分析敘述在語言成分中的位置來影響「文學史」的回憶。巴特的第一次研究，記錄了寫作中陳述空間的多重性，他所依靠的是本維尼斯特對語言中主體的語言學分析，這一研究的對象就是菲里普‧索萊爾的小說《戲劇》（「戲劇、詩、小說」）⑰，在這裡，人稱代詞的戲劇揭示了在寫作的架構中被多元化的主體的行徑。寫作的「多重主體」既非抒

情性的「我」、儀式性的「你」，也非史詩的、（或更散文化的）小說式的「他」，這個主體同時穿越過這三種話語動因的場所，引起了它們的衝突，並承受了它們不同的顯現。

既然寫作把「主體」破裂為多重行為者，破碎為「話語」和「歷史」內意義保持和喪失的諸可能位置，它書寫的就不是根源性的父法，而是其它的法則，他們可以從這些代詞式的、超名詞的動因開始，以不同的方式陳述自己。它的合法性是非法的、矛盾的、同形異義的，相對於黑格爾的法來說是異主性的，它與一致性和原初性抗爭著。雖然人們可以在寫作看到一種運動，它似乎使人想起壓縮現象的概念辯證法和反轉的無限性，但書寫的邏輯是特別使其在一個被分割的空間內產生的，這個空間轉變了唯心主義的模式。寫作向閱讀行為提供著一種非象徵的「現象」，後者是無名稱的，因為它是「實在的」，而且其新穎性是由從象徵的、統一化的事例中產生的無限性。一種命名過程被這種使現實象徵化的不可能性所取代，然而其轉換作用和未來使它們能被書寫（例如以代名詞的方式）。


## 10. 再現作用的復歸

同樣也是離開整體化的同音異義關係時，書寫法則不是假定對再現的超越，而是假定對它的滲入和更新。就這些法則是透過陳述過程而言，後者產生於由脫離書的主體占據的意義的多重的和不能命名的位置，而且就它們把這些陳述與其動因結合在一起而言，它們解放了由這些陳述的主體產生的新再現作用。這種對「在過程中」的世界的新再現，說明了對理解的一個主體的型式的壓制（一種新的象徵對應著由欲望組織的本能衝動所連接的那種新圖誌），也說明了對意識形態、習慣和社會規則的強烈批評（寫

作按其內在邏輯，否定了透過對現存世界的否定而得到的新世界）。

　　對於符號學的後設語言而言，這種新的再現似乎是一種「雙重編碼」⑱，似乎是服從「外在的」或補充的法則的語言的再分配。它表現為單純的名詞性的否定，因而也就是表現為一種同意異義的否定，使名稱被置於自身之外，使其成為其它複數化的名稱。但是，文學新潮派從這種否定中所把握的東西，是存於命名本身之外的；它不再是語言，或者只是隱喻地成為語言，因為有關的東西乃是材料，後者（透過衝動）在每一寫作中，按照一種特殊的型式，完成著一個永遠在變化過程中的句子。⑲

　　這就使重複有了理由。雖然我們可以在巴特的作品中發現與辯證原則、與新潮派活動的奇異表現，以及與當代文學理論方案的基礎有類似之處，這主要因為我們是根據今日所寫的東西來讀解它們的。我們使用的術語、我們研究巴特時面臨的問題，都是由這類新潮派活動引起的，新潮派的史詩般的節奏，透過以新的方式把一種其破壞性影響被人們忽略了的批評傳統（拉伯雷、喬埃斯）與本世紀先派的形式經驗、與對正在衰微的語言和社會秩序的反叛加以綜合，就瓦解了虛幻的社會神話學。

　　面對著這個本文時，而且如果我們接受巴特倫理設想的必要性，問題就仍然存在著：我們如何構成一個新異質性的有意指作用的身體，對於這個身體、文學，以及更明顯地，這種讓我們以新的和不同的方式來讀解的新「文學」，可以不再只是一個「對象」呢？沒有任何其他人的著作，可像巴特的著作這樣展示一條解答這個問題的研究途徑。

## 三、科學和文學批評：音樂

「批評家」和「學者」的話語，取代了一般被看作軟弱無力的後設語言，這些話語開始分化和結合，以詳細說明寫作立法的異主性。

「學者」在超再現性的和超主體性的齊一系統內描述著否定性：他的話語發現了一種被破壞的、被多數化了的意義的語言程式，它是作為一種他律程序的條件，或準確些說，作為其標誌的。「一般話語的對象不是某特殊意義，而是作品意義的多重性。」（《批評與真實》，第 56 頁）；「內容之條件的科學即形式之科學，將與其有關的東西是被產生的，而且從某種意義上說，是可被作品本身產生的意義的改變。它將不解釋象徵符號，而只解釋其多義性，總之，其象徵將不再是一部作品的充分意義，正相反，它將是支撐全體的空的意義。」（同上書，第 57 頁）；「我們將不對作為一種不變秩序的，而是作為一種龐大『運作』性安排蹤跡的可能意義全體進行分類……這種安排從作者擴大到了社會。」（同上書，第 58 頁）

對「批評家」而言，他承擔了指出他律的任務。這是怎樣進行的呢？透過話語中陳述的出現、透過引入主語的動因、透過採取被其「我」就是被其讀者的「我」所決定的一種再現性的、局部化的、偶然的言語。他在以自己的名字對某一他者說話時，引出了欲望：「在寫作內存在的一切欲望……都是清楚的」（《批評與真實》，第 33 頁），我們應當要求批評家「使我相信你說話的決定」（同上書，第 75 頁）；「從閱讀移向批評就是在改變欲望，不再是去欲望作品，而是去欲望某人自己的語言」（同上書，第 79

頁）；「作品被重要的虛構的寫作活動所交义，在此寫作中，人性在嘗試各種意指作用，即各種欲望。」（同上書，第 61 頁）；「除了某種欲望外，在文學作品中不存在任何其它主要的所指項（significutum）：寫作就是一種愛欲（Eros）。」（《批評文集》，第XVI頁）；同樣的寫作：在分類中同樣的感官快樂，同樣的對切分的熱望……同樣的對列舉的迷戀……同樣的形象實踐……同樣的對社會系統的色情和幻想的塑造。」（《薩得、傅立葉、羅約拉》，第 3 頁）；「描述的熱情被轉爲精神運用的熱情」（同上書，第 70 頁）；「語言的能量（其運用是一種典型的藝術效果）是一種形式，而且是世界欲望的形式本身」（同上書，第 68 頁）。「對於這樣一種以欲望爲其目的想像（而且人們希望符號學的分析會大量指出這一點），值得注意之點是，其實體是基本上可理解的；一個名字會促進欲望，一個對象則不會；意義會促進銷售，夢境則不會。」（《時裝系統》，第 10 頁）

應該破譯的網絡似乎分裂爲二。欲望，在這裡主體被捲入了（身體和歷史），以及象徵秩序、理性、可理解性。批評的知識結合了和統一了它們彼此之間纏結關係。

### 1.作爲異質性標誌的欲望

欲望使能指呈現爲異質性，反過來又透過能指來顯示異質性。因此，假定主體是經由其欲望而與能指相聯，就是說，主體透過意指而達到了象徵表現未闡明的東西，即使他對其進行了解釋：如將其看成本能衝動、歷史矛盾。

因而我們可以理解，巴特的作品爲什麼不只是對文學本文的科學法則的解釋。他的文學知識之所以是可貴的，正因爲它把作爲「現實的」異質性標誌的能指中的欲望侵入，連接到科學所標

點的「一種龐大操作程序的蹤跡上去。」或許人們可以假定，對巴特來說，「欲望」似乎是意指著相對於符號表現的異質性成分的識別，這是一種物質性矛盾的空間，在這裡「他者」是主體的另一個型式，兩性的另一種實踐。因此，在語言和寫作之間存在著「欲望」，但是在寫作和批評知識之間也在著欲望。因此並未形成一個由若干重疊的後設語言組成的等級系統，而是成一個由若干自由意指程序組成的流動系統，這個系統是靈活的，處於始終創生的狀態之中。愛特羅斯作為揭示者的這個欲望，不只是一種愛慾的方式，這種方式後來發現了自己的絕對的說明。它同時也是使知識與真理過程結合起來的巴特的審慎細心的標誌。這種審慎細心的道德含意被抹消了，如果我們認為，對有關陳述主體科學的中性真理的這種侵入，並未使此真理失效，而是引起人們對其運作程序、對其客觀生成作用的注意。在「人文科學」中一切偉大學者（從本維尼斯特到李維－史陀）的陳述，即多半是立法性的，喪失了任何一種主體的陳述，表明已被這種「謙遜」所沾染，並被「寫作」所影響。

在這種方法之內，陳述的理論基礎的單一性同寫作的他律性發展發生了矛盾。作為一種證明類型的「模式」本身，陷入於這一矛盾之中。它的可理解性在從語言學中抽出以後，例如按照所考察的對象（一個神話，一首詩或小說）被取得、因而被轉變之後，就不只是存於在純科學或任何其它系統性的規則之內，它根據後者以便賦予後設語言以一致性和賦予其對象以意義。這樣一種模式是的形式網絡，只能是這套本文全體的外側面，其內側面是由非象徵的「剩餘物」構成的，這種形式網絡只有在欲望的否定性中才可理解。沒有後者，模式就不會觸及意指運作程序的同音異義性以外的客觀性，這正是巴特的批評知識建議我們去研究

的。

## 2.作爲一種目標的慾望

巴特寫道：「似真性的批評家，通常選擇字面意義的代碼」，而新批評則「把其描述的客觀性建立在描述的一致性之上」。（《批評與真實》，第 20 頁）

主體的欲望把主體同能指聯繫在一起，它透過這個意指獲得了一個目標，個人以外的價值，自在的虛空，他者，儘管如此卻仍然是（如同它在科學中的情形一樣）一個主體的欲望。這種現象只發生在文學中。寫作正是這種「自發的運動」，它把對一個意指的欲望的陳述變爲客觀的法則，因爲特殊的寫作主體是「自和自爲」，不是區分的位置，而是在將區分克服之後所獲得的運動的位置。因此，它是這樣的位置，在這裡主觀與客觀的區別證明是無效的，在其被抹消之處，它似乎就依賴於意識形態了。因爲弗洛伊德在主體中，注意到了對意指的欲望未能獲得客觀價值，我們就可以得出結論說，文學實踐不存在於由精神分析學所探討的領域內。

巴特的研究，不是對這種「欲望成爲目標」現象怎樣在文學本文內發生的研究。他在把文學揭示爲一種可能的科學時，現身說法地爲這樣一門嚴格的科學研究舖平了道路。他自己的工作闡明，文學的特殊性存在於去意指非象徵物和不可象徵物（主體在其中凝合）的這種欲望和在歷史中被確認的客觀性二者間的過渡之中。

這是一種根本性的發現，對此，任何文學史、美學或風格學不可能想像到，如果它們仍囿於彼此分割的狀態的話。此外，在（欲望和客觀性的）每一側面上，巴特都在追求不可能以圖式化

形式掌握和驗證的東西，不論是規則性、代碼、程式、必然性還是代數學，簡言之，就是符號學。但是我們絕不應忘記，巴特的符號學圖譜中的這些顛峰是從一個基礎上拔起的，這個基礎不能加以公式化，它可被概括為兩個詞：欲望和歷史。因此，巴爾扎克、薩得和羅約拉都可在一個符號學圖式中被理解，這個圖式概括了他們的寫作的合乎規則的客觀性，它滲透進生物學的主體和描述的歷史之中。但同時，這些規則中的每一個都依賴於身體的、生物學的、生機的和歷史的因素。經驗的、不可控制的、無規則的、偶然的對象從此圖式以外的來源出現，前者支持著後者，使後者浮動，並產生著後者。巴特發現的特殊意義，正在於規則性與不可分類的客體多樣性之間的這種結合之中，即統一性與多元性的結合，即對客觀性同時加上對客體的主觀欲望的一種渴望。巴特教導我們，從文學實踐內部進行闡述的法則，永遠顯示了這種二重性，這種非對稱性和辯證法。他發現這些法則正是本文的基本原則，正如我們已指出的，它們構成了他自己的行進之規。

### 3.法則 (Law) 與規則 (Rule)

表面上，從巴特的本文分析內部開始產生的東西，就是對一種辯證的法則概念的粗略草圖。他為意指系統擬製的這些法則，並不具有支配著一種形式的、邏輯的程序的規則 (rule) 的意義；但它們的確傳達了有關在寫作使其成為目標的兩個層次（象徵與實現，主體與歷史）之間的一種辯證法，一種「運動」或一種「界限」的「精確性」（這些都是巴特的用語）的涵義。巴特的符號學法則，描繪了主觀性穿過歷史和在意指本文網絡（語言、形象等）內形成的客觀化作用。因此，我們可以理解，巴特的符號學不是一種形式化工作，他如此激怒語言純正癖者的表述方式都存在於

這種辯證法則秩序的領域中。

　　這種理論態度，使巴特能夠逡巡於精神分析學的邊緣，不致於在論述寫作問題時犯錯誤。在他的寫作中，他的文學知識、他對文學的理解，都佔據著一種無意識理論及其在寫作中的作用的位置。但是巴特有關「寫作」的概念和實踐，即作為代替「文學」的一個概念和作為一種程序的寫作，並不是與弗洛伊德的發現無涉的。「客觀的」他者的自在和自為，否定著和決定著「主觀的」因素，它是在語言之內起作用並遵循著一定法則的，指出這一點將足以為精神分析法則和辯證法則確立共同的基礎了。

　　然而對巴特來說，這一立場與其說證明是一種理論的場所，不如說是一種有關寫作的「實踐知識」。

## 4.音樂

　　對一段本文的讀解無疑是理論發展的第一個階段。其概念支承面被減弱了的一種讀解，是下述問題的領域：讀解主體的欲望，他的衝動、性、對音素網絡的注意、句式的節奏。使主體重新獲得一種感情的特殊義素、音樂、笑等等，不斷豐富、發展和繁衍著的最富「經驗性」的一種事件或讀解。讀解的我的身分在這裡失去了，被原子化了；這是一段享樂的時間，在這裡人們在另一個本文下，在他者之下發現了一段本文。這種罕有的能力正是論述「科學」和「批評」分界線之巴特著作產生的條件（巴特或許是唯一一位能理解其研究者的人）。「本文是一個快樂的對象」（《薩得、傅立葉、羅約拉》，第7頁）；「問題在於，把從我們欣賞的本文中產生的不可理解的『程式』的諸片段引入日常生活」（同上）。

　　同時，一種規則性已經出現，它把這些原子聚攏：一個架構

展示了欣快，並「使快樂、幸福、交流都依賴於一種穩定的秩序，或者更大膽地說，一種連接詞。」(《薩得、傅立葉、羅約拉》，第3頁)。一種和聲在我們周圍組織了聲音。「我」不是去讀解之人，規則性、構架、和聲的非個人性時間，抓住了為去讀解而被分散了的「我」。於是你在讀解時，正如你在聆聽音樂時一樣：「批評話語的度量是其精確性。正像在音樂中一樣……。」(《批評與真實》，第72頁)在我們達到說明性語言之前還剩下最後一步。我們必須透過發現一種代碼來找到去交流這一音樂的方式，同時允許已被說的東西和未被說的東西任意地飄浮。

### 5.外在的括入

在這裡巴特的目標是攫獲形成音樂、產生寫作欲望的法則。但同時，也是去體驗一位讀解者的欲望，去發現此欲望的代碼和將其記錄下來。因此後設語言並未解決一切問題。理論話語並不是被拋棄的主體話語，而是這樣一位主體的話語，他探索其欲望的法則，並在浸入意指和拋棄其未知身分（理論話語非比非彼）之間有著鉸接器的作用。其新穎性是在一個前置詞的不同用法中被度量的。他並不說關於（about）文學的話，而是對（to）文學說話，猶如對其作為激發者的他者說話一樣。由於這種不同的前置詞用法，巴特的話語就存於學者的有限制的話語之外，並促使他採取作為一種客觀必要性的「行話」：「『行話』是想像的產品（它像想像一樣引起震驚），是對隱喻性語言的接近，這種語言是思想的話語有朝一日所必需的」(《批評與真實》，第34頁)；「行話」是他者的語言，他者（但不是其他人們）即非自我者；由此而產生了其語言的試探性。」(同上，第31頁)但是客觀性又在何處呢？我們有什麼樣的「保證」來反對那種「歪曲」「對象」本

身的、即文學本文的真理的慾望可能性呢？

這種話語的辯證客觀性來自其「真理」，在一種外在於其「對象」的一種括入運作中構成著自身。其真理就在於產生這種括入運動（與經典科學的排除程序正相反），後者假定著和超過了其主觀的中心（它在科學中被拋棄了，在意識形態中被人格化了），其方法是透過關注一種認知的和永遠作爲在認識話語之外的（異於認知性話語的）區分（寫作），同時揭示著由此話語所表述的辯證法則。這片知識的新大陸，觸及了意識形態、宗教和「藝術」，這樣它就在其對象中透過一種外在的括入程序表述了自身。

自巴特所預見的這種對文學可能的理解，透過巴特所說的「批評的」作用，即借助於它所闡明和使其相互作用的欲望與異主性，具有一種科學無法得到的知識。它使認知主體捲入對語言的一種分析關係之中，捲入對徵象和其主體的不斷的質問，它以一種在哲學上毫不鬆懈的永久奮爭態度來這樣做。這樣一種話語宣佈了似乎爲一種最終意識形態更新所需要的東西：主體的覺醒。

這種覺醒出現的同時，使「現實」象徵化的意指的欲望也開始起作用，這個現實陷入了主體的過去，或者對社會來說它是可疑的了。與此同時也展現出同音異義的主體的欄柵，這個進行整體化的和被拋棄的主體對積極的、身體的和社會的物質性加以質問。這種同時性在文學中，特別在當代新潮派的文學中被完成了。的確，因此之故，這樣一種文學才會在當前產生功效。

今日文學能完成什麼任務呢？這個倫理學的和政治的問題，永遠出現在新聞界和學術界傳聞添加於新潮派的形式主義外表中。文學能完成什麼呢？也許沒有人知道，然而人們必須給出一個回答，如果他不想放棄時間的話：在其中形成著本文的歷史時間以及微觀時間這個「他者」。一個回答是：從何處？何時？巴特

的工作和他所倡導的文學批評趨勢（它仍然推動著他）也許是這
樣一種徵兆，他指出，這種寫作力量在我們時代和按照歷史的必
然性，穿透了一切並不逃避其主題性的話語：「知識」、「政治」，
以及就一般而言任何有意義的藝術。對巴特來說，有關這種寫作的
可能知識的構成是一種深刻的社會變化的徵兆，「其重要性和所
涉及的同樣問題，有如標誌著從中世紀向文藝復興過渡時的徵
兆。」（《批評與眞實》，第 48 頁）

# 註　釋

①我曾企圖把這種唯美主義態度歸入「集團」的名目之下，可以把它看成一種使審美趣味不那麼排它的技巧（一種喜歡的方式，喜歡的程度超過人們實際願意去喜歡的），以及把它看成使唯美主義態度民主化努力的一部分。然而集團趣味仍然以較老的高辨別標準爲前提，這種趣味同由安迪・華霍爾體現的那種標準成爲對照。他是那種將一切拉平的唯美主義的供應者和消費者。

②認爲從理想上說寫作是一種非個人性或不在性形式的現代派格言，促使巴特在考慮一本書時排掉「作者」。（他的《S／Z》的方法是，把巴爾扎克一篇短篇小說實際當作一個無作者的本文加以示範性的讀解）。一方面，巴特作爲批評家爲作家擬定了一份某種現代主義（如福樓拜、瓦萊里、艾略特）的訓諭，這是一份讀者總綱。另一方面，在實踐中他卻違反這個訓諭，因爲大部分巴特的寫作正是致力於個人特性的表白。

③本文提及巴特的書籍所使用的版本如下：

《批評文集》，英文版，西北大學出版社，1972 年。

《批評與眞實》，法文版，色伊，1966 年。

《符號學原理》，英文版，黑爾和王出版社，1968 年。

《米歇萊論米歇萊》，法文版，色伊，1954 年。

《神話學》，英文版，黑爾和王出版社，1972 年。

《薩得、傅立葉、羅約拉》，英文版，黑爾和王出版社，1976 年。

《時裝系統》，法文版，色伊，1967 年。

《S／Z》，英文版，黑爾和王出版社，1974 年。

《寫作的零度》，英文版，黑爾和王出版社，1967 年。

④「有關『精神能量』和『釋放』的概念及對作爲一種量值精神能量的處理，

自從我開始從哲學角度整理精神病理學資料以來，現已成為我的思想習慣」；弗洛伊德：《玩笑及其與無意識的關係》，英文版，1960 年，第 147 頁。

在巴特的著作中只是最近才援引弗洛伊德，而且從未加以發展。它從未涉及弗洛伊德學說中有關精神活動的經濟學概念（本能衝動的各理論，後設心理學）；然而控制著寫作概念的辯證語義學及其同說話主體的明顯關係，令人信服地使巴特的研究列入一種與這些弗洛伊德的立場一致的（或可以使其一致的）的思想之中。

⑤「……一套神話，它在因果上可以其每一個成分與歷史相聯繫，但它從整體來說拒絕著後者的進程，並不斷重新調節著它自己的架構，以便對事件之流提出最小的抗拒，經驗證明，事件之流強大得足以將其粉碎並以強勢將其捲走」。——克勞德·李維史陀：〈神話時間〉，載於《年鑑》，1971 年 5 月～8 月，26(3)，第 540 頁。

⑥「也許母性形象的力量從迷惑力量本身引出了其進發性。我們也可以說，如果母親運用其迷惑吸引力，這只是因為孩子先前完全生活在迷惑的目光下；它將一切魅惑的力量都集中於自身了。……迷惑基本上是與不確定的某人，完全無定型的某人的中性和非個人的存在聯繫在一起的。……寫作就是進入一種對孤獨性的肯定，在這裡，迷惑是作為一種威脅的因素起作用的。」摩里斯·布朗肖：《文學的空間》，法文版，加里瑪出版社，1955 年，第 24 頁。

⑦「拼寫錯誤」（paragram）概念與索緒爾的「換音造詞」（anagrams）概念有關係。克莉思蒂娃在其論文〈論超字符符號學〉中曾對此加以討論，該文收入她的《意指分析論》（編者）。

⑧布朗肖，第 22 頁。

⑨「作品向生活提出問題。但我們必須理解這是什麼意思；為個人客觀化表現的作品，實際上比生活更完全、更完整。肯定它有其生活之根源；它闡

明了生活，但它只在自身發現了它的完整說明。然而對於這完整的說明爲我們所知來說它仍然過於短促了，生活是由作爲一種現實的作品所闡明的，其完整的決定作用是存於其本身之外的，既存於產生它的條件之內，又存於藝術創造之中，後者實現著它，並透過表現它來將其完成。因此，作品（當我們探討它時）成爲一種假設和闡釋傳記的研究工具。……但我們也必須知道，作品從不揭示傳記的秘密。」——沙特：《方法的探求》，英文版，克諾普夫出版社，第 142～143 頁。

⑩「作爲一個人與另一個人的實踐關係的語言是實踐（praxis），而實踐永遠是語言（不管是眞的，還是欺騙的），因爲它不可能不意指自身而發生。……『人的關係』實際上是一種個人間的諸結構，它們的共同紐帶是語言，而且它實際存在於歷史的每一瞬間」——沙特：《辯證理性批判》第 1 卷，英文版，新左翼出版社，1976 年，第 99 頁。

⑪「從直接性中產生的第一種考慮是主體自身與其本質的區別過程。」黑格爾：《精神現象學》，英文版，麥克米倫公司，1949 年，第 804 頁。

⑫同上，第 315 頁。

⑬黑格爾：《小邏輯》，英文版，人文學出版社，1969 年，第 725 頁。

⑭黑格爾：《精神現象學》，第 195 頁。

⑮同上，第 202 頁。

⑯「這個絕對的區別概念，必須純粹作爲內在的區分、對作爲自我同一的自我排斥，以及作爲非相似的相似性，加以說明和把握。我們必須思考純流動，對立本身中的對立或矛盾。因爲在作爲一種內在區分的區分內，對立面不只是兩個因素之一（如果是這樣的話，它就不是一個對立面，而是一個純存在物了），它是一個對立面的對立面，或者說他者本身直接地和立即地出現於它的內部。無疑我使對立面和作爲此對立面的對立面的他者區別開來；這就是說，我使此對立面在一側，按其本身來把握，不考慮他者。然而正因如此，我完全按其本身把握此對立面，它就是它本身自我的

對立面，就是說它實際上直接將他者納入它自身之中。因此顛倒世界的超感覺世界同時超越了他者的世界並在本身之內擁有了他者；它是自我意識到了被顛倒 (für slch verkehrte)，即它是它自身被顛倒的形式；它是那個在單一統一體中的世界本身和其對立面。只有這樣，它才是作爲內在區別的區別，或區別本身；換言之，只有這樣，它才具有無限的形式。」同上。第 206～207 頁。

⑰太凱爾：《整體理論》，法文版，色伊，1968 年，第 25～39 頁。

⑱福納吉：「言語中的雙重編碼」，載《符號學》，1971 年，第 3(3)卷，第 189～222 頁。

⑲有關在主體相對於去勢作用的準確位置所控制的獨一性本文中，本能衝動通過語言的書寫活動的主體問題，參見索萊爾：「物質及其語句」載《批評》，1971 年 7 月號。

# 西中人名對照

## A

Aragon, L.　阿拉崗

## B

Balzac, H.　巴爾扎克

Barres, M.　巴勒

Baruzi, J.　巴魯吉

Baudelaire, C.　波特萊爾

Belevitch, V.　貝勒維奇

Benveniste, E.　本維尼斯持

Blanchot, M.　布朗肖

Borgeaud　波爾果

Braudel, F.　布勞戴爾

Breton, A.　布雷通

Brocker　布洛克爾

Brondal, V.　布龍達爾

Buyssens, E.　布依森

## C

Camus, A.　卡繆

Cantineau　康提紐

Cayrol, J.　凱洛爾

Celine, L.　塞林

Char, R.　沙爾·

Charlier, J.　沙利爾

Chateaubriand, F.　夏多布里昂

Claudel, P.　克勞戴爾

Cohen, M.　柯亨

Corneille, P.　高乃伊

## D

Daudet, A.　都德

Destoucbes　狄斯托貝

Durkheim, E.　涂爾幹

Mallarme, S. 馬拉美

Mann, T. 托馬斯・曼

Martinet, A. 馬丁內

Matore 馬托里

Maupassant, C. 莫泊桑

Merleau–Ponty, M. 梅羅-龐蒂

Merimee, P. 梅里美

Michelet, J. 米歇萊

Moliere, J. 莫里埃

Monnier, H. 蒙尼埃

Montaigne, M. 蒙田

Montherlant, H. 蒙特朗

Mounin, G. 冒寧

**N**

Nietzsche, F. 尼釆

**O**

Ortigues, R. 奧爾提格

**P**

Pascal, B. 巴斯卡

Pike, K. 派克

Pradon, J. 普拉東

Prevert, J. 普雷維爾

**Q**

Queneau, R. 奎諾

**R**

Racine, J. 拉辛

Renan, E. 雷南

Rimbaud, A. 倫姆堡

Rousseau, J. 盧梭

**S**

Sontag, S. 桑塔格

Sartre, P. 沙特

Saussure, F. 索緒爾

Sonden, T. 森登

Sorensen 索倫森

Stendbal, H. 司湯達爾

Sue, E. 蘇伊

**T**

Tarde, G. 塔得

Trier, J. 特里爾

Troubetskoy, N. 特魯別茨柯伊

Tubiana, J. 圖比亞那

## V

Valery, P.　瓦萊里

Vaugeas, C.　瓦格拉斯

Vauvenargues, L.　瓦渥納爾
格

Voltaire, F.　伏爾泰

## W

Wallon, H.　瓦隆

Wartburg, W.　特伯格

## Z

Zipf　吉普夫

Zola, E.　左拉

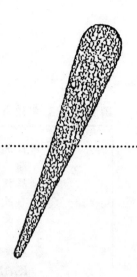

當代思潮系列叢書⑤

# 寫作的零度

原著〉羅蘭·巴特
譯者〉李幼蒸
執行編輯〉陳常智　邱瑞貞
出版〉久大文化股份有限公司
　　　桂冠圖書股份有限公司
發行人〉張英華
　　　賴阿勝
地址〉台北市敦化南路 385 號 5 樓之 4
　　　台北市新生南路三段 96-4 號
電話〉7763988　7763141
　　　3681118　3631407
電傳(FAX)〉886　2　7720432
　　　　　　 886　2　3681119
郵撥帳號〉1101022-4
　　　　 0104579-2
登記證〉局版台業字第 3717 號
　　　 局版台業字第 1166 號
初版一刷〉1991 年 7 月（印數：1～1,500）

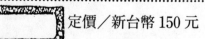

定價／新台幣 150 元

國立中央圖書館出版品預行編目資料

寫作的零度：結構主義文學理論文選／羅
蘭·巴特（Roland Barthes）着；李幼
蒸譯. --初版. --臺北市:久大, 1991
〔民80〕
　　面；　　　公分. --（當代思潮系列叢書
　　；25）
含索引
ISBN　957-41-0141-X（平裝）


1.結構主義（文學）
810.130　　　　　　　　　80002074